国家教育体制改革领导小组办公室组织编写

全面推进义务教育均衡发展

总 主 编　袁贵仁
本册主编　王定华

人民教育出版社

中国教育改革发展丛书·序

教育是民族振兴、社会进步的基石，是提高国民素质、促进人的全面发展的根本途径，寄托着亿万家庭对美好生活的期盼。党和国家历来高度重视教育。经过新中国成立六十多年特别是改革开放三十多年的不懈努力，我国建成了世界最大规模的教育体系，保障了亿万人民群众受教育的权利。教育事业的发展，极大提高了全民族素质，有力地促进了科技创新、经济发展、民生改善和文化繁荣，为实现我国从人口大国向人力资源大国的转变作出了不可替代的重大贡献。

纵观我国教育事业发展的实践历程，根本经验在于探索和走出了一条中国特色社会主义教育发展道路。这条道路，是中国特色社会主义道路的重要组成部分，凝结了中国共产党领导人民发展教育事业的基本经验，体现了中国国情和时代特征，反映了世界教育发展规律，继承了我国教育的优良传统，从根本上明确了“培养什么样的人、怎样培养人”“办什么样的教育、怎样办教育”等重大理论和实践问题。

2010年7月，党中央、国务院召开了新世纪第一次全国教育工作会议，颁布了《国家中长期教育改革和发展规划纲要（2010—2020年）》，确定了“优先发展、育人为本、改革创新、促进公平、提高质量”的方针，描绘了我国未来教育改革发展的宏伟蓝图，指明了教育事业科学发展的新方向，开启了我国从教育大国向教育强国、从人力资源大国向人力资源强国迈进的历史新征程。《教育规划纲要》的颁布，统一了思想，明确了任务。各级党委政府狠抓落实，社会各界关心支持，各级各类学校改革创新，广大教育工作者锐意进取，贯彻落实工作开局良好、进展顺利。两年来，教育优先发展的战略地位进一步落实，教育投入大幅增加，育人为本观念深入人心，教育改革有序推进，教育质量稳步提高，教育公平迈出更大步伐。全社会对教育的理论思考和实践探索不断深入，新思想、新经验、新成果不断涌现，教育事业进入了最好的发展时期，中国特色社会主义教育发展道路充满生机与活力。

组织编写出版中国教育改革发展丛书，集中展示近年来中国教育改革发展的重要成就，总结推广教育改革发展的成功经验，广泛汇集国内各方面专家学者关于教育改革发展的思想智慧，有利于全党全社会更好地了解教育、关心教育、支持教育，有利于深化教育改革、激发教育活力，有利于更好地凝聚共识，形成合力，推动《教育规划纲要》贯彻落实，促进教育事业科学发展。相信丛书的出版，必将进一步丰富和发展中国特色社会主义教育理论，为开创教育事业科学发展新局面，为全面建设小康社会和中华民族伟大复兴作出更大贡献！

二〇一二年七月

目　录

前　言 …… 1

第一章　北京市海淀区实施学区化管理的实践和探索 …… 5
一、域情教情 …… 5
二、亮点成效 …… 7
（一）明确学区化管理的发展点 …… 7
（二）发挥学区各学校优势 …… 8
（三）探索校际互助提高的有效途径 …… 9
三、探索与举措 …… 9
（一）找准发展点 …… 9
（二）构建携手互助同行的发展共同体 …… 13
（三）“六好”措施让共同发展落到实处 …… 17
（四）赢得教师、学生和家长全面肯定 …… 22
（五）将“携手工程”驶入深海作业区 …… 35
四、发展改革点评：优质资源不因分享而减少 …… 39
（一）传统强校不只是付出 …… 39
（二）薄弱学校水平提升迅速 …… 40
（三）共享的模式可以不断探索升级 …… 40

第二章　上海市以“新优质学校建设”提升薄弱学校水平 …… 41
一、域情教情 …… 41
二、亮点成效 …… 43
（一）突出人的发展理念 …… 44

（二）瞄准均衡发展目标 …… 44
（三）实施分层教育方法 …… 44
（四）构建绿色评价体系 …… 45
三、探索与举措 …… 46
（一）明确目标 …… 46
（二）明确步骤 …… 47
（三）因校制宜 …… 56
四、发展改革点评：把取得进步作为义务教育均衡发展的出发点 …… 72
（一）科学设定发展目标 …… 72
（二）科学设定发展内容 …… 73

第三章　四川省成都市标本兼治解决择校问题 …… 74
一、域情教情 …… 74
二、亮点成效 …… 76
（一）以六个一体化促进城乡教育高位均衡发展 …… 76
（二）以城乡教育一体化促进教育资源均衡配置 …… 77
三、探索与举措 …… 78
（一）因势利导，明确就近入学政策 …… 79
（二）强力治标，有效降低择校预期 …… 81
（三）着力治本，均衡配置教育资源 …… 89
（四）加强疏导，提供可选择的机会 …… 94
（五）着眼长远，不断缓解供需矛盾 …… 96
四、典型案例 …… 99
（一）集团办学带来的变化 …… 99
（二）实施就近入学 …… 102
五、发展改革点评：统筹城乡是推进义务教育均衡发展的根本之策 …… 104

（一）严格执行义务教育就近入学法律法规是前提 104
（二）深入推进城乡教育一体化发展是根本 104
（三）扩大优质教育资源规模是关键 105
（四）坚持综合治理是保障 105

第四章　湖北省武汉市通过推动教师合理流动缓解择校问题 106
一、域情教情 106
二、亮点成效 108
（一）促进了边远薄弱学校教育质量的提高 108
（二）传播了优良校风和先进办学理念 108
（三）促进了教师专业成长 109
（四）完善了教师人事管理的制度机制 109
三、探索与举措 110
（一）明确目标，健全制度 110
（二）统一认识，宣传发动 110
（三）完善措施，稳步推进 111
（四）创新机制，力求实效 114
四、典型案例 125
（一）江汉区“双向双赢”显成效 125
（二）硚口区架起城乡教师交流桥梁 127
（三）青山区另类“扶贫” 130
（四）黄陂区支教引来云中凤 132
五、发展改革点评：师资均衡是义务教育均衡发展的基础 135
（一）思想认识到位 135
（二）目标责任清晰 136
（三）政策体系完善 136
（四）体制机制创新 136

第五章　浙江省嘉善县实现城乡教师一盘棋 …… 138
一、域情教情 …… 138
二、亮点成效 …… 140
（一）缓解了教师职业倦怠问题 …… 142
（二）促进了城乡骨干教师合理分布 …… 142
（三）促进了学校干部队伍优化组合 …… 143
（四）促进了城乡学校均衡特色发展 …… 143
（五）提高了学生和家长满意度 …… 143
三、探索与举措 …… 144
（一）开展七项调研，摸清教育现状 …… 144
（二）首创五大类别，制定实施方案 …… 148
（三）建立四大机制，破解四大难题 …… 156
四、典型案例 …… 169
（一）优质学校培养农村教师 …… 169
（二）促进农村学校特色发展 …… 171
（三）带动薄弱学校由弱转强 …… 172
五、发展改革点评：推动教师城乡流动须以人为本 …… 174
（一）给予生活条件 …… 174
（二）给予发展政策 …… 175
（三）给予培养环境 …… 175

第六章　辽宁省大连市西岗区推行“小班化”教学 …… 176
一、域情教情 …… 176
二、亮点成效 …… 178
（一）新理念，创新均衡发展策略 …… 178
（二）新规范，办学行为深受欢迎 …… 178
（三）新活力，队伍素质整体提升 …… 179
（四）新作为，教育环境不断优化 …… 179

（五）新攀升，教育品质螺旋提高 …… 179
（六）新生机，薄弱学校焕发活力 …… 180
（七）新成果，教育科研提炼升华 …… 180
（八）新测量，数据平台日臻完善 …… 180
（九）新思路，区域特色明显增强 …… 181
（十）新整合，社会功能日渐明显 …… 181
三、探索与举措 …… 181
（一）“片区＋校群”网络化管理，破解发展规模薄弱化 …… 182
（二）“规范＋特色”差异发展，破解教育管理薄弱化 …… 185
（三）教师交流刚柔并济，破解师资均衡薄弱化 …… 188
（四）品质科研，破解教育理念薄弱化 …… 192
（五）创新培养模式，破解教师队伍薄弱化 …… 194
（六）优先投入，破解发展硬件薄弱化 …… 197
（七）回归原点，破解课堂质量薄弱化 …… 199
（八）构建信息生态环境，破解教育手段薄弱化 …… 201
（九）堵疏结合，破解政策引导薄弱化 …… 204
（十）活力小班，破解发展载体薄弱化 …… 206
四、发展改革点评：改造薄弱学校还需追求一个“巧”字 …… 211
（一）巧在化不利为有利 …… 211
（二）巧在注重细节安排 …… 211

第七章　河北省邯郸市率先解决择校难题 …… 213
一、域情教情 …… 213
二、亮点成效 …… 215
（一）加大投入谋发展，教育基础能力建设水平显著提升 …… 215
（二）创新举措促均衡，义务教育均衡发展走在全国前列 …… 215
（三）解放思想拓思路，助推教师队伍素质实现大幅提升 …… 216
（四）完善载体重实效，全面实施素质教育取得丰硕成果 …… 216

（五）教育改革求创新，进一步增强教育事业发展新活力 217
（六）学校发展求特色，基础教育进入内涵发展的新阶段 218
三、探索与举措 218
（一）强化基础能力建设，促进办学条件均衡 218
（二）实施九字方略，打造无择校城市 221
（三）坚持统筹政策，促进城乡一体化发展 223
（四）深化学区管理体制改革，促进县域均衡 224
（五）加强班级建设，促进校际均衡 225
（六）创新培训模式，促进师资均衡 226
（七）兴起校本革命，促进教育质量均衡 230
（八）创新素质教育载体，促进育人水平均衡 233
（九）加大政策倾斜力度，促进教育公平 234
（十）强化学校文化建设，打造特色教育品牌 235
四、典型案例 242
（一）薄弱学校转化 242
（二）新课堂创建 243
（三）特色学校创建 246
五、发展改革点评：推进义务教育均衡发展需要这样的好载体 249
（一）九字方略是义务教育均衡发展的形式载体 249
（二）六个缩小是义务教育均衡发展的内容载体 250

第八章　山西省晋中市多措并举实现义务教育均衡发展 251
一、域情教情 251
（一）体现教育公平的义务教育均衡发展成效显著 252
（二）体现教育协调发展的高中阶段教育普及水平明显提高 ... 252
（三）体现教育内涵发展的教育管理逐步规范 253
（四）体现社会满意度的政风行风建设全面加强 253

二、亮点成效 254
（一）瞄准教育现代化目标，办学条件发生了历史性变化 254
（二）深化教育制度创新，教育公平取得了新突破 254
（三）全面贯彻教育方针，教育质量效益得到整体提高 255
（四）优化行业作风，社会满意度和影响力不断扩大 255
三、探索与举措 256
（一）持续推进学校标准化建设 256
（二）制度化推进干部教师交流 260
（三）阳光招生均衡编班让学生享受公平起点 266
（四）率先实行优质高中指标 100% 分配到校 269
（五）全方位实施素质教育 271
（六）着力培养高素质专业化教师队伍 273
（七）“六大创建”和“百校行动”提升办学品位 277
（八）教育督导全覆盖保障义务教育均衡发展 279
四、典型案例 282
（一）创建教育盟区，推进城乡教育一体化发展 282
（二）“回流”带来大变化，农村学校现生机 286
（三）平遥岳壁三中绝处逢生，活力大增 288
五、发展改革点评：教育综合改革需要加大顶层设计 290
（一）做好顶层设计要确立基本架构 290
（二）做好顶层设计要在明确重点中强化统筹 291

第九章　浙江省海宁市实现义务教育阶段“零择校” 292
一、域情教情 292
二、亮点成效 293
（一）“零择校”的特点鲜明 294
（二）义务教育均衡发展的特点鲜明 295
三、探索与举措 297

（一）树壮士断腕之改革决心 298
（二）建全程追踪之改革态势 300
（三）行步步为营之改革策略 302
（四）夯实均衡发展的物质基础 304
（五）强化均衡发展的师资保障 306
（六）创建均衡发展的公平环境 308
（七）激活均衡发展的机制活力 309
（八）提高均衡发展的管理水平 313
四、发展改革点评：推进义务教育均衡发展的关键是决心 318
（一）下定决心 318
（二）接受监督 319
（三）标本兼治 319

附录　国务院关于深入推进义务教育均衡发展的意见 320
一、充分认识义务教育均衡发展的重要意义 320
二、明确指导思想和基本目标 321
三、推动优质教育资源共享 322
四、均衡配置办学资源 323
五、合理配置教师资源 324
六、保障特殊群体平等接受义务教育 324
七、全面提高义务教育质量 326
八、加强和改进学校管理 327
九、加强组织领导和督导评估 328

后　记 329

前　言

2010年7月，党中央、国务院召开了新世纪第一次全国教育工作会议，颁布了《国家中长期教育改革和发展规划纲要（2010—2020年）》（以下简称《教育规划纲要》），明确提出了全面推进教育事业科学发展的要求。在义务教育领域，科学发展最重要的体现就是均衡发展。《教育规划纲要》提出："教育公平的关键是机会公平，基本要求是保障公民依法享有受教育的权利，重点是促进义务教育均衡发展和扶持困难群众，根本措施是合理配置教育资源"；"在基本解决了有学上的问题之后，我们下一步的工作重点是要逐步解决义务教育资源配置不均衡问题，以满足人民群众上好学的要求。"

《教育规划纲要》把均衡发展作为义务教育的战略性任务，体现了义务教育的本质要求，体现了政府公共服务的法定职责，也体现了我国教育改革发展工作方针中促进公平和提高质量的要求。当前，各级政府和教育部门上下一心、团结协作，逐步形成了合力，为深入推进义务教育均衡发展付出了极大努力，形成了切合实际、卓有成效的做法，使义务教育均衡发展呈现良好态势。

——明确责任、分解任务，推进义务教育均衡发展有了协同机制。按照"分类指导、分期推进、一省一案"的原则，经与各省（自治区、直辖市）反复协商，2011年教育部同27个省（自治区、直辖市）和新疆生产建设兵团签署了28份义务教育均衡发展备忘录。2012年与新近完成"两基"国检的4个省份签署了备忘录。备忘录明确了省级政府推进义务教育均衡发展的举措和责任，确定了各省级政府义务教育均衡发展分阶段推进目标，汇总形成了全国推进义务教育均衡发展的时间表和路线图。签署备忘录的省份又与各地市或县市区签署义务教育均衡发展协议和责任书，层层落实政府责任。不少省（自治区、直辖市）已经把推进义务教育均衡发展作为地方政府政绩考核的重要内容。事实证明，政府的高度重视与责任的分层明确是义务教育均衡发展的强大推动力。

——加大投入、实施项目，推进义务教育均衡发展有了财力保障。推进义务教育均衡发展，办学条件均衡是基础，生源均衡是突破，师资均衡是关键。在办学条件方面，当前区域之间、城乡之间、学校之间义务教育学校硬件差距仍较明显。《教育规划纲要》颁布实施以来，中央财政继续加大投入，支持实施“全国中小学校舍安全工程”，启动实施“农村义务教育薄弱学校改造计划”。各地根据国家战略部署和区域发展实际，特别是随着义务教育均衡发展试点项目的展开，纷纷加大对农村、贫困地区、城市薄弱学校的投入力度，义务教育学校标准化建设正在有序推进。一系列工程项目的实施，消除了一大批沉积多年的校舍安全隐患，大大改善了学校办学条件，受到了广大师生和人民群众的欢迎，也为推进较高水平的义务教育均衡奠定了强有力的物质基础。在教师资源方面，“国培计划”、农村义务教育阶段学校教师特设岗位计划、农村边远艰苦地区学校教师周转宿舍建设试点项目、农村学校教育硕士培养计划等，提高了中西部、农村地区和城市薄弱学校的教师素质，为学校内涵的进一步发展创造了条件。

——建立标准、督导评估，推进义务教育均衡发展有了前进方向。迄今，多数省（自治区、直辖市）政府制定了义务教育学校基本标准，提出了学校规模、硬件条件、师资编制、学历、职称结构及培训、教育教学技术装备、校园环境和安全等方面的指标。标准化学校建设标准成为中央对省级政府、省级政府对地市县级政府推动义务教育均衡发展实效进行检查评价的重要依据。教育部出台了《县域义务教育均衡发展督导评估办法》。一些省、地、县经过长期的实践和研究，已经构建了专门评价义务教育均衡发展的指标体系，并建立了评估结果公开发布、行政问责机制。建立标准和实施评估，使工作有明确方向、有具体要求、有实实在在的抓手，是推动义务教育均衡的有力杠杆。

——点面结合、大力宣传，推进义务教育均衡发展有了示范引领。《教育规划纲要》明确把义务教育均衡发展作为我国教育改革十大试点之一。根据《国务院办公厅关于开展国家教育体制改革试点的通知》要求，各地踊跃申报义务教育均衡发展改革试点，其中通过国家教育体制改革领导小组办公室备案的均衡发展试点计 38 个，目前已全部启动。同时，教育部建立了信息公开和舆论引导机制，并于 2011 年下半年召开了义务教育均衡发展全国试点项目推进会，及时宣传中央和地方推进义务教育均衡发展的目标、思路、举措、先进典型和经验，接受舆论监督，以取得社会的理解和支持。特别是在 2012 年上半年，教育部又连续召开了 6 次“新闻通气会”，集中对北京市海淀区“携手工程”暨学区建设、北京市东城区探索“一长执两校”、上海市“新优质学校”建设、浙江省嘉善县推进教师交流、山西省晋中市多举措彻底解决义务教育择校问题等典型案例的经验和做法进行了充分介绍和宣传。

本书精选的案例集中体现了全国义务教育均衡发展的新探索、新成效和新经验。囿于篇幅，各地好的案例不能应收尽收。今后我们还将以多种形式对其他地区的典型经验和做法进行推介。

第一章　北京市海淀区实施学区化管理的实践和探索

一、域情教情

海淀区位于北京市区西北部，东与西城区、朝阳区相邻，南与丰台区毗连，西与石景山区、门头沟区交界，北与昌平区接壤，区域面积430.77平方公里，约占北京市总面积的2.6%。2010年常住人口为328.1万人。

近年来，海淀区经济总量始终保持快速、稳定的增长势头。2010年，全区工商注册单位总数19.8万户。初步统计海淀区实现地区生产总值2 771.6亿元，同比增长13.3%，占北京市生产总值的20.1%；规模以上工业企业完成工业总产值1 343.2亿元，同比增长13.0%；全社会固定资产投资完成567.0亿元，同比增长15.8%；社会消费品零售额实现1 296.8亿元，同比增长14.6%；区域财政收入1 032.47亿元，同比增长11.2%，地方财政收入完成190.94亿元，同比增长15.9%。

丰富的科技、教育、文化资源为海淀经济的腾飞奠定了基础。自20世纪80年代以来，中关村奇迹般崛起，完成了由“电子一条街”到“新技术开发试验区”，再到如今“一区十二园”科技园区的演变。一大批拥有核心技术的民族品牌正在中关村发展壮大，中关村已经成为中国高新技术产业的代名词，聚集着全国重要科技战略资源，蕴涵着技术创新的强大动力，是我国规模最大、自主创新能力最强的高新技术及企业的聚集地，始终引领着我国高新技术产业的发展方向。海淀园是在原新技术开发试验区的基础上发展起来的，是中关村科技园区的核心和主体。2010年，海淀园高新技术企业实现总收入7 054.7亿元。在中关村科技园区，海淀园的企业数和经济总量继续保持领先地位，总收入占中关村科技园区的半壁江山，在全国54个国家级高新区中也保持着领先位置，成为中国知识经济的人才中心、交易中心和体制、技术创新高地，正在向世界一流科技园迈进。

海淀区是全国著名的科教文化区，区内科研力量、科学仪器设备、图书情报信息、科研成果等均高度密集。海淀区高校在校大学生人数占全市的一半以上，是全国最大的高校群体；区内国有科研单位142个，其中中科院院所24所，占北京地区中科院院所数的60%，生活和工作在海淀区的两院院士约占北京市的60%，占全国院士总数的36%。

近年来，海淀区教育基础设施现代化水平稳步提升。为进一步改善办学条件，先后投入3.3亿元和4 000余万元，完成32所学校校舍抗震加固任务和24所学校食堂的改造工作；推进节能减排实验，建设节约型学校；建成教育信息技术培训基地，改善教师信息技术培训条件，研发建设第二、第三代互动教室；在推进小学规范化建设工程中，认定第三批21所小学素质教育优质校，使优质校总数达40余所。此外，海淀还有灿若星辰的图书馆、博物馆、档案馆及表演、影视、出版、体育等机构，烘托出海淀浓郁的文化氛围。

海淀区在全国甚至全球都是智力资源最为密集的地区之一，为海淀教育的发展创造了一个良好的氛围。

海淀目前中小学在校学生22万人，约占北京全市中小学生数量的五分之一。在区内，拥有152所幼儿园，117所小学，77所中学，17所中等职业学校和504家培训机构。培训机构中有像新东方这样全国知名的上市培训机构。

海淀区优质教育资源密集，共有 11 所市级高中示范校，3 所国家级、省部级重点职业学校，44 所小学素质教育优质校和 12 所市级示范幼儿园。海淀教育品牌的知名度和社会影响力逐年显著提升。

海淀区有十几个学区。海淀学区地处中关村核心地带，学区管辖 12 所学校和 1 所劳动技术教育培训中心，12 所学校分别为：中关村第一小学、中关村第三小学、中关村第四小学、中国人民大学附属小学、万泉小学、彩和坊小学、知春里小学、西颐小学、双榆树第一小学、双榆树中心小学、海淀外国语实验学校（小学部）、海淀区培智中心学校。其中海淀外国语实验学校属于民办学校，培智中心学校属于特殊教育学校，劳动技术教育培训中心是海淀学区学生实践基地。

海淀学区教育有较强的品牌优势，但由于历史和经济等诸多因素的影响，区域教育在校际之间存在着发展不均衡的问题，优质教育资源不能满足人民群众日益增长的强烈需求。“给每个孩子一所好学校、让每个孩子都有好老师、使每个孩子都得到个性发展”，减少甚至消除因择校带来的区域矛盾是现阶段海淀学区教育发展的核心问题。

二、亮点成效

公平、均衡、优质是国家中长期教育改革与发展的主题。促进教育的均衡发展不仅是政府的宏观战略，更是基层教育工作者要着重思考的实施策略。在学区化管理的改革中，海淀学区主要在三个方面取得了工作成效。

（一）明确学区化管理的发展点

思路决定出路。但办学思想的提出，绝对不是凭空臆想而为，也不是其他学区做法的简单移植和模仿，必须根植于自己的历史和现实。学区团队深入学区六所学校开展调研活动。在调研过程中，既看到大校已积淀的丰富的办学理念和经验，也看到发展中学校所蕴藏的勃勃生机，进一步明晰了自身的发展优势和不足。中关村一小和双榆树一小互派教师进校带班授课，率先进行海淀学区教师双向交流试点工作。万泉小学与西颐小学互派体育教师交流学习一年，还派中层干部到西颐小学工作两年，指导教师开展教育科研。中关村三小派教学干部到知春里小学工作。人大附小和彩和坊小学则围绕教学管理和班队会等主题开展了多次团队研讨交流活动。

（二）发挥学区各学校优势

实现优质均衡发展的大同理想，必须在尊重差异、发挥优势、彰显特色的基础上，积极营造一种和谐的、开放的、包容的、支持性的组织环境，使学区成为学校之间、校长之间、师生之间携手互助同行的学习发展共同体，从“共好”走向“更好”。海淀学区教育主管部门为创建“文化内涵丰富、生命意识浓厚、教育质量一流”的和谐学区；将“优势互补、资源共享、交流互助、携手共进”作为工作思路；初步搭建了“携手工程”发展框架：中关村一小与双榆树一小、中关村三小与知春里小学、人大附小与彩和坊小学、万泉小学与西颐小学结成“好伙伴互助”学校；根据海淀培智中心的特教优势、中关村第四小学的教师团队建设、双榆树中心小学的小班化以及海淀外国语实验学校的外语特色，将这四所学校作为学区的资源校，组织各校的干部教师团队走进学校观摩交流、经验共享。相继成立了名师工作室、教学指导组、师德教育实践基地、班主任名师工作室、红霞工作室，搭建了教师专业成长的支持平台，为学区各校的干部教师团队学习观摩、经验共享提供指导和帮助。

（三）探索校际互助提高的有效途径

通过“好书”共读、“好课”共品、“好伙伴”结对互助、“好经验”共享、“好邻居”联片教研、“好场所”共用等有效途径，提高了结对子、促发展的水平。通过“好书”共读活动在海淀学区已经形成了书香校园的教育生活常态。通过“好课”共品活动，教师的教学行为在悄然发生着变化，教学方式更加“目中有人”，一批批优秀的青年教师在此过程中得到迅速成长。通过“好伙伴”结对互助活动，增进了互派教师、互动教研、定期互访，进行校长、中层干部、教师和学生之间的对话交流。通过“好经验”共享活动给学校提供一个表达教育思想、分享教育智慧的平台。一次次活动的成功开展，更激励提升了展示者和参与者的教育激情。“好邻居”联片教研，这样的教学研讨因为地理位置近，可以节省时间，更便于沟通，教师们更愿意交流。“好场所”共用活动，不仅打破了学校之间的壁垒，提高了场所的使用效率，也使贡献好场所的学校的师生开阔了视野。通过资源共享，实现了资源利用最大化。

三、探索与举措

（一）找准发展点

1. 办学模式多元、规模不一，形成差异资源优势

海淀学区内共有 12 所学校和 1 所劳动技术教育培训中心，既有公办校，又有民办校及特殊教育学校，12 所学校的学生数量也不均等，既有 6 000 名学生左右的大校，也有 1 000 余名和不足 600 名的中小规模学校。多元的办学模式和多样的办学规模，使海淀学区拥有不同层次的教育资源。办学规模的不一为学区的整体发展提供了尊重差异的平台。

2. 教育资源丰富，但辐射效应尚未形成

海淀学区有四所素质教育优质校，这些学校在办学理念、办学特色、课程建设和学校文化等方面都获得了良好的社会效应及办学效益，有较好的办学影响和品牌效应。还有一些学校在办学特色方面积累了一定经验，具有一定的成熟度，但品牌及辐射效应还都尚未形成。同时，学区所属学校的设施设备还不能在区域内被其他学校共享，资源的使用效能不高。

3. 人才优势明显，但骨干教师资源分布不均衡

海淀学区有教师 1 300 余人，有多名在全国有一定影响的校长、特级教师。各类市、区、学区骨干教师比例达到了 50.2%，85.3% 的教师具有大学本科以上学历，但特级教师及市级、区级骨干教师分布极不均衡。72.9% 的骨干教师分布在占全学区学校总数 33.3% 的海淀区素质教育优质学校，仅有 27.1% 的骨干教师零星分散在 66.7% 的普通学校，且各校教师队伍的学习力、研究力和自我发展内驱力程度不一，导致了教师队伍发展的不均衡，也制约着整个学区教育水平的整体提升。

认真剖析学区发展现状，不得不承认，学区内学校发展水平是有差异的。如何发挥学区内优质资源的带动作用，通过整合资源、共享资源，带动学区所有学校共同发展，成为学区必须面对的主要任务。

刘畅担任学区校长伊始，在督导学校听课的过程中，还记得双榆树一小的老校长拉着她的手说：“目前我这学校各种发展条件都具备了，只是缺少优秀的教师啊，刘校长你能不能给我提供一些帮助呢？”由此刘校长深切感受到这些学校的校长、教师希望得到指导、帮助的强烈愿望。学区在中关村一小和双榆树一小开展教师双向交流的试点工作。中关村一小的唐春璐到双榆树一小担任五（1）班和五（2）班的数学教学工作，兼任五年级数学教学组长，并做新任教师赵伟的指导教师。唐春璐以她高尚的职业道德和深厚的教学功底，带领她所任教的年级组梳理教材、开展教学研究，提高课堂教学实效，使学生从中受益，使教师学有榜样。

4. 互派教师实践交流，促进教师的团队成长

双榆树一小的段继红到中关村一小担任四（6）班的语文教学和班主任工作，并拜年级组长、区语文学科带头人康歆洁为师，以满足学生需求为出发点，积极和组内教师研讨交流，很快融入中关村一小教师团队，受到学生喜爱、家长认可。试点工作的成功坚定了学区携手互助的信心。经过思考、讨论与论证，学区正式启动了“携手工程”。

中关村一小的唐春璐到双榆树一小任教一年，感触颇深，认为自己通过异地授课，对了解学生、掌握教育教学规律及有效的教育策略都是一个很好的机会与提高。她把中关村一小的自主教育的教学理念带入双榆树一小的课堂上，根据这里学生的特点，激发学生的学习兴趣，充分调动学生的学习积极性，尊重学生的想法，课堂上由教师讲变为学生讲；讲课时注意语言的浅显易懂和生动形象，这样孩子们每一堂课都是在快乐中学到了知识。作为一个教育者，自己的言传身教，一举一动，对开始懂事的十来岁的学生来说是何其重要，“喊破嗓子不如作出样子”。为了帮助学生养成良好的学习习惯，唐春璐把中关村一小的“堂堂清、日日清、周周清”的学习要求带到了双榆树一小，培养了孩子们“今日事，今日毕”的好习惯。她坚持每天和学生一起做作业，把每一页作业写得工工整整，作为样本呈现在讲台前，孩子们可以随时赏析。潜移默化的影响带来的是学生作业本书写干净、整齐，完成作业的主动性提高了。

唐春璐不仅承担两个班的数学教学工作，还要负责带同组刚刚走上教学工作岗位的年轻教师赵伟。他们针对学生的年龄和心理特点，一起研读课标，梳理教材，在课堂上大胆实践，采取了让学生出题、“小先生”助教、举办“数学超市”等教学策略，不断实践着中关村一小自主学习的理念，把学习的主动权还给学生。经过他们的努力，学生自主学习、探究的主动性、积极性有很大提高，数学课堂越来越活跃，孩子们在思维发展、空间观念的形成和数学经验的积累与运用上有很大的提升。唐春璐和赵伟在全校开展同课异构，受到了校长和教师们的肯定，更得到了学生的认可，学生越来越信任和喜欢她们了。

唐春璐说：

我是中关村一小普通教师的代表，虽然表面上是我一人在双榆树一小交流，但我身后是强大的中关村一小的数学教师团队。当我们有困惑时随时与中关村一小的团队交流，她们积极主动帮助我们释疑、解惑，并且把教学设计、课件、练习等教学资源与双榆树一小的教师共享。在双榆树一小工作我感到如家般的温暖，在这里我深深地感到领导创新进取的工作精神；教师互帮互学的工作热情；学生真诚朴实、活泼可爱的整体面貌。尤其是学校注重学生需求开展生龙活虎的小足球运动，充满民族特色的腰鼓队、古筝等活动场景至今历历在目。在和双榆树一小教师一起备课、上课的过程中，我也不断地梳理、完善自己的教育理念与经验，从而使自己教育价值观和看问题的视角越来越清晰——教育要有儿童立场和发展眼光。双榆树一小教师的耐心、爱心、细心使我懂得教育不仅是期待，更是等待。我也不断践行中关村一小的核心价值观——做最好的我，在中关村一小做最好的教师，到双榆树一小仍然要做最好的教师。

双榆树一小的教师段继红来到中关村一小，担任四（6）班的语文教学和班主任工作，她眼中的中关村一小是一所有深厚文化底蕴的学校，各项教研活动务实高效，学生的终身发展始终是教师们教学的出发点，课堂教学的重心是培养学生的自主学习能力，同时，学校还非常重视学生良好行为习惯的培养。在和中关村一小教师共同学习、工作的过程中，她注重激发学生的学习兴趣，管理班级严谨细致，耐心辅导学生，孩子们的进步让家长感到欣喜，她的努力也得到了孩子们的喜爱和教师们的肯定。

段继红回忆说：

给我印象最深的是一个叫孙忻琪的孩子，这是一个很腼腆的小姑娘，我经常在课堂上鼓励她，有意识地锻炼她当众表达的能力，一段时间下来，她已然变得非常活跃。当我结束了交流活动回到双榆树一小后，还接到家长的电话，说孩子很想念我，家长希望我和孩子见见面，满足孩子对教师的思念。家长的一番话让我十分感动。

段继红回到双榆树一小以后，感到自己的学校虽然不及中关村一小办学规模大、文化底蕴深，但是有自己的办学特色。学校年轻教师多，充满活力和创新精神，校园亮丽，各种专业教室设施先进，功能完备，充满文化气息。学校开展的“五个一”工程开阔了教师们的眼界，提高了教师们的境界。

基于在中关村一小任教一年的经历和感受，结合双榆树一小的学生情况，段继红和她的同事们一起开展了丰富多彩的实践活动：读书，培养孩子良好的人文素养；课本剧与手抄报，培养孩子们的语文积淀；小干部轮岗，培养孩子们的主人翁意识；实践，提升学生的社会意识与责任感……太多的每一次，带给她和学生的是成长的喜悦，是快乐的收获！当然，这不仅是她一个人和一个班，更重要的是整个年级组和学校的每一个班都在经历并收获着！

段继红说：

现在，我们还经常和中关村一小的老师们保持固定的联系，当时的教研组长康歆洁老师、经验丰富的刘慧珍老师、幽默风趣的周志刚老师……我们成为了一个和谐共进的团队，经常在一起分享经验，交流碰撞……

在中关村一小与双榆树一小两校互助的带动下，一些学校也纷纷自发地开展跨校教研活动。学校结对交流工作已成为双方优势互补、资源共享的良性互动发展过程。为“携手工程”全面实施做好了准备。

（二）构建携手互助同行的发展共同体

费孝通先生曾经意味深长地讲了一句16字箴言：“各美其美，美人之美，美美与共，天下大同”。海淀学区认为这16字箴言是对教育优质均衡发展的最好诠释，也启示他们：实现优质均衡发展的大同理想，必须在尊重差异、发挥优势、彰显特色的基础上，积极营造一种和谐、开放、包容、支持性的组织环境，使学区成为携手互助同行的发展共同体。

海淀学区把对“共好、更好”的期待凝练成共同愿景：创建“文化内涵丰富、生命意识浓厚、教育质量一流”的和谐学区；将“优势互补、资源共享、交流互助、携手共进”作为工作思路；初步搭建了“携手工程”发展框架：中关村一小与双榆树一小、中关村三小与知春里小学、人大附小与彩和坊小学、万泉小学与西颐小学结成“好伙伴”互助学校。在八所学校形成互助同行学校的基础上，充分尊重学校的特色和差异，根据海淀培智中心学校的特教优势、中关村第四小学的教师团队建设、双榆树中心小学的小班化以及海淀外国语实验学校的外语特色，将这四所学校作为学区的资源校。此后几年中，学区相继成立了名师工作室、教学指导组、师德教育实践基地、班主任名师工作室、红霞工作室，搭建了教师专业成长的支持平台，为学区各校的干部、教师团队学习观摩、经验共享提供指导和帮助。

近年来，海淀学区通过努力构建学区发展特色深知：强化管理队伍建设是引领学区均衡发展之源。学区内达成共识，提高团队凝聚力。教师优良的业务素质、学校良好的物质环境、领导干部人本化的管理是一所学校核心要素的前三位。但是学校发展的根本还在办学理念的引领，学区亦是如此。只有学区和谐发展，才能更好地带动学区各校均衡发展。

海淀学区当时共有 7 名团队成员，在继承学区优良的办学传统、良好的工作作风同时，如何在发挥团队成员的智慧与才干的基础上顺应时代要求，发挥学区管理职能，在原有发展基础上创新？大家达成了共识：一是做有思想的实践者；二是做学校工作的服务者；三是做干部、教师发展的支持者；四是做学区各项工作的协调者。在和谐的氛围中，海淀中心学区干部团队中的每一位成员各司其职，逐步成为各项工作的带头人，努力使学区成为各校的工作场、学习台、发展的支架、友谊的桥梁。学区干部团队的凝聚力也在这共融与交流中得到进一步加强，为海淀学区的均衡发展提供有力保障。

同时，学区努力加强各校书记、校长的学习，从而有效提高其领导力。

提高学校的办学水平，促进学区教育均衡发展，促进学校优质发展、内涵发展有赖于书记、校长的领导力。因此学区大力倡导各校的书记、校长必须学习思考、研究实践，努力成为研究型、智慧型的领导。近几年，在把强化各校书记、校长领导力的项目研究纳入学区管理中，做到了三个坚持。

一是坚持每周例会制度。除传达教委有关会议精神和要求外，学区还不定期地进行校长思维碰撞、头脑风暴，请各校书记、校长畅所欲言，分析学校优势劣势、发展现状，能为其他各校提供哪些帮助，或自身需要哪些帮助，以解决办学中的实际问题。每学期开学初，组织各校校长谈本学期重点工作、特色工作，也旨在为大家提供互相学习交流的平台。

二是坚持倡导书记、校长读书学习。学区先后向各校书记、校长推荐了《改善校长的思维和工作方式》、《好学校的核心要素是什么》、《优质校与理想校距离有多远》等文章，购买了《对话教育：国际视野与本土行动》、《道德领导抵及学校改善的核心》等书籍。书记、校长们先后互相推荐了《走向理想的校园生活》、《沉思录》、《学会正面思维》等书籍，使大家理念先行，拓宽思路，开阔眼界。

三是坚持将督导工作与书记、校长的交流互助相结合。在每学期的督导工作中，校长干部团队本着学习、交流互助的理念全员参与。被督导学校抓住机遇，全面梳理，诚恳地听取来自各方面的意见和建议。通过督导，使每一所学校在不同程度上有所启发，有所改进与提高。

学区和学校在和谐的气氛中学习，在平和的心态下交流。书记、校长在不断地碰撞与交融中，成长为理念先进、具有较强管理能力的学校领路人。

各校的中层干部是学校发展的中坚力量，学校要为他们创设研究指导平台，提高其执行力。要想把校长的思想转化为学校成员的行动，中层干部起着至关重要的作用。加强培训与指导，是学区提高学校中层干部执行力的重要措施。以教学为例，近几年学区以提高教学干部的教学管理能力为主要目标，努力发挥优秀教学干部的专业引领作用，打造教学干部管理团队，立足课堂教学，聚焦课堂实效，严把教育教学质量关。

几年来，学区先后开展了不同层面的教研和培训活动，各校都留下了学区负责团队的足迹，他们既侧重中小学校的发展，借助学区资源给他们以助力，又注意充分发挥优质校、特色校的示范和辐射作用。先后组织了不同类型的研讨会，特级教师、市区骨干教师的教学研讨会，“小班化教学”课题展示活动；召开了“研究、实效、质量”为主题的研讨汇报；开展了以“提高体育教师业务水平，促进团队发展”的案例交流，并推出学区体育骨干教师参加“全国亿万学生阳光体育启动仪式”的展示，努力做到“每天锻炼一小时，健康工作五十年，幸福生活一辈子。”还有携手工程探讨会、举行学区小小奥运会、学区少代会、学区德育师德教育实践基地、学区德育沙龙研讨、班主任名师工作室、教学研讨会……大家通过展示评析、反思总结等系列活动，将所研究的感悟和发现进行分享，在相互交流中分享团队成长的快乐。

每学期学区都要组织教学管理人员下校听课、评课，开展学科命题、调研，进行毕业试卷的审定、反馈……在大家自愿结合的基础上，有意识地安排经验丰富的教学干部和新步入教学管理岗位的干部组合在一起，使大家在过程中体验与发展。

有的教学干部在反思中写道：

说句心里话，成为我们学区教学干部团队中的一员我感到非常荣幸，在这样一个团结、研究氛围浓厚的团队中，我学到了很多在学校内学不到的东西。作为一名年轻的教学干部，更应该多学习、多研究，多向别的学校教学干部请教，我们学区的干部团队是非常好的资源。

以各校的教学干部和骨干教师的培养为目的，调动大家的积极性，在整合教学资源、提供研究平台、拓宽研究范围、加强干部学习等方面广开渠道。学区通过同伴互助、团队合作、行动研究等办法不断改善干部团队的教学理念、行为方式、角色定位和教学策略，引导干部由稚嫩走向成熟。这样的资源共享、互动双赢有效地推动了干部专业化发展，为学区均衡发展打下了基础。

（三）"六好"措施让共同发展落到实处

学校结了对子，但需要找到有效的途径才能把结对子变成共提高。海淀学区在实践中摸索出了一套有效的办法：践行"六好"措施。

1.“好书”共读

海淀学区认为没有共同的阅读就没有共同的精神家园，引领干部专业发展的过程应该成为过问其精神生活的过程。为了引导干部做有思想的实践者，学区每学期都为学校校长和干部们购买专业书籍，将报刊上的经典文章复印给干部们阅读，如《陶行知教育文集》、《夏丏尊教育名篇》、《朱自清语文教学经验》、《过去的教师》、《中国人的教育智慧》等书籍，各校之间也相互推荐。校长、教育教学干部、党务人事、财务人员都开展了不同形式的读书交流活动。从宏观理论到具体实践、从提高人文素养到法律法规的培训，不同层次的梳理与反思、总结与提升，逐渐形成具有向心力的学习型团队。这样，努力让干部们从烦琐的日常事务中跳出来，不断提升专业素质。阅读正在悄然改变着干部们的精神状态，他们也带动了教师和学生教学方式与学习方式的改变。“好书”共读使干部们理念先行，拓宽了思路，开阔了眼界，夯实了业务基础，增强了专业自信。目前在海淀学区，营造书香校园已经不再是提倡，而是一种教育生活的常态。

2.“好课”共品

高品质的课堂在于学生思想和情感的生成。为了引导干部教师关注教学过程，关注学生的需求，学区将目标达成、互动生成、学生表情愉悦作为评课的重要指标。聚焦课堂，开展诸如“师傅引路课”、“徒弟汇报课”、“带薪脱产培训汇报课”、“同课异构”、“特级送课”、“课堂接龙”等多渠道的“好课”共品活动，引领干部教师聚焦课堂、研究课堂、改革课堂。通过四年来的“好课”共品活动，教师的教学行为在悄然发生着变化，教学方式更加“目中有人”，一批批优秀的青年教师在此过程中得到迅速成长。有的教学管理人员说：我以前评课关注的是教师，“好课”共品活动引领我从关注学生需求的角度来评课，使我的“教学观”发生根本性的转变，使我懂得真正的好教师是有学生立场、发展眼光的教师；真正的好课是让学生站在中央的课，是使学生的学习兴趣、学习能力得到培养的课；教师因学生的进步而自豪，因学生的成功而精彩！

3.“好伙伴”结对互助

“好伙伴”互助学校互派教师、互动教研、定期互访，进行校长、中层干部、教师和学生之间的对话交流。中关村一小派张靖到双榆树一小担任四（3）班和四（4）班的数学教学工作。万泉小学与西颐小学互派体育教师交流学习一年，派中层干部到西颐小学工作两年。中关村三小派教学干部到知春里小学工作一年。人大附小和彩和坊小学围绕教学管理和班队会等主题开展了多次团队研讨交流活动。在 2012 年 3 月 27 日“携手工程”的研讨会上，两校英语教师同上一节课。

彩和坊小学六（4）班的刘瀛潞同学课后谈道：

> 人大附小的石老师给我们提供的课件让我们视野开阔，食物金字塔、BMI 指数（身体质量指数）让我们特别感兴趣。我们学校刘老师的认真劲儿让每个同学都不敢掉以轻心，而且学会关注身边的同学，小组合作让我们真正动了起来！

2009 年 10 月，学区还启动“青蓝工程”，开展班主任师徒结对活动，“紫禁杯”优秀班主任、班主任学科带头人在伙伴互助校跨校带徒弟。在此基础上，2012 年 2 月成立了由 23 名优秀班主任组成的班主任名师工作室，以“己欲立而立人，己欲达而达人”为核心价值观，并开通了工作室博客，在共享和互动中共同提升专业道德水平。多层面、立体化的结对互助活动传递给对方的是友谊、智慧和力量，唤醒了普通学校干部教师的专业自觉和专业自信，拓展了资源共享的深度。

4. **“好经验”共享**

为了充分发挥优质校、资源校在办学理念、校园文化、课程建设、教师专业发展、教学质量提高等方面的示范引领作用，学区倡导各校积极挖掘自身的潜力和资源，充分展示优势和特色，加强校际经验交流和研讨。四年来，学区带领各校德育、教学管理团队先后走进四所资源校，充分发现、挖掘、推广这四所资源校的资源优势，把这些独特的资源延伸、拓展到学区内其他学校。

在学区开展的“走进资源校”系列活动中，先后有六所学校到双榆树中心小学学习交流，研讨碰撞。教师们对学校“关注每一名学生，关注每一个学科，关注每一节教学”、“学困生导师制”、“为每个学生建立成长档案”、“根据不同学科的特点制定课堂评价方案”等成功经验展开讨论并重新审视、梳理自己学校的工作，反思不足，使学校在关注每个学生、精耕细作每节课上有了更多的改善与提高。

海淀培智中心学校是海淀学区、也是海淀区唯一一所特殊教育学校。目前，各校有特殊教育需求的学生与日俱增。为了寻求对有特殊教育需求的学生的专业支持，学区开展了“一帮一”巡回指导项目，由培智中心学校的教师帮助各校教师为学生进行问题诊断，积极开展心理治疗、书法治疗和感统治疗等多项有针对性的专业训练，使随班就读学生更好适应学校生活。成立了海淀学区师德教育实践基地，分期分批组织教师到培智中心学校学习，感受特教教师崇高的敬业精神、无私奉献的情怀和对待特殊儿童的爱心、细心和耐心。各校教师带着这样的感受、感慨和感动，回到自己的学校，将所学所悟致用于自己的学生，逐渐提高教师的人格修养，对学生的爱心更加浓厚，教育行为更加人性，使学生备加感受到了教育的温暖。

“好经验”共享活动给学校提供了一个表达教育思想、分享教育智慧的平台。一次次活动的成功开展，更加激励了展示者和参与者的教育激情。

5.“好邻居”联片教研

地域空间近，人的心理距离也近。学区组织地域空间临近的三四所学校开展教学互访。例如，学区体育核心组组织中关村一小、中关村三小、知春里小学的体育教师开展现场教学观摩，组织万泉小学、西颐小学、彩和坊小学的体育教师开展田径训练等活动。这样的教学研讨因为地理位置近，可以节省时间，便于沟通，教师们更愿意交流。

知春里小学、双榆树一小、双榆树中心小学、彩和坊小学和西颐小学在教师专业发展、学生进步成长等方面存在很多共性问题，为了聚焦难题，搭建推介、分享、学习、研讨的平台，一学期这五所学校轮流、定期做项目主持人，开展“五校联合教研”，使各校的“小智慧”凝聚成区域的“大智慧”。

6.“好场所”共用

“不求所有，但求所用”，学区鼓励各校场所向学区所有学校开放。例如，中关村一小的阶梯教室、中关村三小的多功能厅、万泉小学的礼堂、海淀外国语实验学校的大操场、中关村四小的体育馆都成了可以共享的教育资源，海淀学区劳技中心每学期为各校的三至六年级学生提供动手实践活动。“好场所”共用，不仅打破了学校之间的壁垒，提高了场所的使用效率，也使学校的师生开阔了视野。

海淀学区的“携手工程”经过几年的实践与探索，得到了各校领导的支持，开展的活动扎实有效。双榆树一小的刘昱旻校长感触颇深。他在海淀区当了十几年的校长，面对海淀教育有三个感受：人民群众对优质教育的需求越来越高，政府和教育管理部门对学校的投入与支持越来越大，学校与学校之间的差距越来越小。双榆树一小和中关村一小，一所是有着近三十年历史的普通学校，一所是素质教育的优质校，目前在设备、设施上基本没有什么差距，上级部门对每所学校的投入是均衡的。他表示现在要做的是在中关村一小的课堂上呈现出的面貌，也要在双榆树一小的课堂上同样能呈现，就是教师能根据每个孩子的不同学习需求采取个性化策略，做到因材施教，就是创设宽松民主的学习氛围，使孩子们越来越喜欢学校、喜欢学习，从而达到软实力的相对均衡。

双榆树一小与中关村一小就结成“好伙伴”互助学校。几年来，他们主要的做法是：每学年互派教师，双榆树一小教师走进中关村一小的课堂，中关村一小的教师走进双榆树一小课堂，两校教师在不同的学校里燃烧教育激情，释放教育智慧，体验教育成功。其间有许多感人的故事。例如，刘昱旻校长调到双榆树一小任职不久，当他看到交流到双榆树一小担任四（3）班和四（4）班数学教学工作的中关村一小张靖下课总在教室里，刘校长就问张靖为什么不回办公室休息，张靖说：

> 双榆树一小的老师们那么敬业，我也不能搞特殊。双榆树一小的孩子那么可爱，眼看一年的交流时间快到了，我真舍不得离开他们呀！

刘昱旻校长感慨地说：

> 近水楼台先得月，向阳花木易逢春。中关村一小刘畅校长作为教育部影子校长培训基地的指导校长，每年定期主持两周的培训课程，她都会将培训信息告知我。只要能抽出时间我就去参加学习和互动交流。在学习中，刘畅校长有三个理念深深影响着我：第一，“目中要有人”，即学校的全部工作应该是关注每个孩子和每个教师的成长需求；第二，共享共赢，共同分享海淀学区优质资源，使海淀学区教育资源利用最大化；第三，两个不选择：校长不选择家长，教师不选择学生，校长和教师的职责是提供支持和帮助，使学生在不同的起点上获得进步。与一些优秀校长互动交流也使我接收到更多的信息，使我知道别人在干什么，进一步思考自己要做些什么。

我认为有教育优质均衡发展的国家战略，有北京市、海淀区的时间表和路线图，有海淀学区“携手工程”的实施策略，有学校干部教师的积极作为，相信我们每个孩子都能在家门口享受优质教育。

（四）赢得教师、学生和家长全面肯定

满足每一个孩子的发展需求，创造适合的教育，是教育公平在学校的深层次体现。学区认识到，新课程改革推行到今天，教师缺少的不是理念，而是教育行为的改变，是教育策略的实施。2009 年，学区申报的课题“不同学生的学习需求与教师的教育策略研究”被立项为全国教育科学“十一五”规划课题。学区又组建了由学区 12 所学校共同参与的研究团队，开展了《我是这样了解学生需求的》征文活动，帮助教师树立“关注学生需求，做教育的有心人”的意识；编辑印刷了《适应学生需求的教师教育策略指导手册》，作为工具书分发到各校；利用网络信息平台，每天晚上 8:00 准时通过飞信将小策略发送到两百余名骨干教师的手机上，这些骨干教师又将策略转发给更多的教师。教师们以策略指导实践，又在行动研究中创新策略。学区共发送策略 270 条，教师在此基础上创新策略 110 条。

同时，学区开展了“春风师语”活动，引导教师以语言满足不同学生的需求。先后开展了“失当师语大晒场”活动和“春风师语”征集活动，共晒出失当师语 561 条，征集到“春风师语”1 350 条。在此基础上，又开展了“最佳春风师语 100 句”评选活动。

对满足不同学生需求的研究，使教师不仅关注学科知识教学，更关注学生的成长需求，师生关系因此变得更加和谐，教育智慧更加凝练，学生心目中的好教师越来越多，孩子们也更加阳光而自信。

海淀学区的“携手工程”实际上就是努力打造一个发展共同体，这个共同体不是通过植树造林造成一个整齐划一、标准一致的人工林，而是要根据各自的地形地势、植被条件和原有的物种帮助和催生一个丰富的“生态林”。

1. 校长们体会和感受至为深切

中国人民大学附属小学郑瑞芳校长说：

四年前我们在这个地方签订协议书的时候，我们就没有把彩和坊小学当成一所手拉手的学校，而是作为一所手牵手的学校。袁靖校长是一位有思想、非常实干的校长。四年来我们两校一起联合教研，一起教学互评，一起班主任互动，班队会互动展评，我们还带着彩小的教师一起到上海去观摩头脑奥林匹克比赛，等等，一起做了很多的工作。同时我们也学到了彩和坊小学的实干精神，袁校长对教育科研很重视，举办了好几次关于教育科研的大型活动，我们都去参加了，受益匪浅；另外，彩和坊小学的校园特别洁净、整洁，看得出孩子们有良好的行为习惯，这些都值得我校学习。所以说，通过四年的合作努力，我们达到了“互相帮助、共同提升、快乐成长”的目的。通过我们两校四年来的每一次活动，无数条丝带把我们的心连在一起；通过四年的共享、共赢，最后收获了一个个圆圆满满的硕果。

彩和坊小学袁靖校长说：

我们与人大附小相联系，一直本着“资源共享、优势互补”的原则，以课程改革为中心，从实际出发，虚心向人大附小求教学习。附小派特级教师到我校进行讲座，开展培训活动。每学期开展教研互动活动，包括体育、班主任、数学、心理辅导的多维互动，共同交流学校班级管理经验、体会，研究学科课堂教学实效性。我们这样互动的出发点，一是关注孩子，让孩子幸福快乐成长；二是关注教师，让教师在一次次的活动中共同得到发展。四年来，两校之间联系很多，附小给予我们很多帮助，每次研讨会都积极支持，非常感谢！看到人大附小的成绩，也激发了我们不断成长的动力。我们要学习人大附小先进的教育理念，进一步加强交流，相互学习，共同提高，以促进学校的共同发展。

万泉小学景小霞校长说：

虽然四年间西颐小学换了两位校长，但我们的亲情没有断，因为我们这两所学校是最近的。常言道“远亲不如近邻”，我们是近邻在一起，互相学习，互相帮助。我们先后互派教学干部、体育教师进行学习交流，一起搞教育教学的研究。从西颐老师的身上、从校长的办学上，得到很多的启发。特别是学校的特色教育——京剧搞得有声有色，干得那么好，做得那么精，有很多我们可学习的地方。再来看学区的“携手工程”，主题里出现最多的这个字是“共”。“共”字本身很有意思（我是教语文的，从语文的视角来看），两横两竖、下面还有一撇一点，说明我们相互依靠，横着纵着联系得紧紧的，下面“一撇一点”说明要一起发力，才能共同向前。“携手工程”让校长不仅是办好自己的学校，心中要有大爱，大教育观，共同发展。做教育要有境界，有胸怀，有气魄，学校才能越办越好。此外，在携手共建的过程中，合作校之间不能视作是负担，而是有真心、诚心在一起。大家共同发展，共同成长，这样才能让自己的学校和兄弟学校一起进步。“优质”这个词我特别同意，我们就要努力办最好的教育，为了学生必须要办优质教育。“均衡”多少有点不太满意，应该是优质发展，大家都发展。小校有小校的特点、长处，大校有大校的亮点和可发展的地方。今后，我们将继续与西颐小学，以及其他学校携手。因为同心，所以我们同行，希望我们越走越好。

西颐小学殷卫红校长说：

海淀学区实施的“携手工程”，是促进区域教育优质均衡发展的有力举措。西颐小学是一所很小的学校，是“携手工程”的受益者。四年来，我校和手拉手学校万泉小学开展了一系列活动——两校互派体育教师，教师的培训，等等。万泉小学派驻我校一名教学干部指导教学工作近一年半的时间，有效促进教学管理的改进；我校青年教师拜万泉小学优秀班主任为师，促进青年教师包括班主任工作的提升；两校共同开展教学研究等活动，交流互助的领域涉及教师培养、教学指导、班主任工作改进、课堂教学实践等方方面面，西颐小学都是受益者。作为上任不到一年的新任校长，从校长角度正式、非正式交流了很多次，更是得到了景校长的积极支持与帮助。通过多次的交流、沟通，景校长毫无保留地向我传授办学经验，她先进的办学思想和人文的管理理念深深地感染了我。为了促进我校管理水平的提升，景校长大力推荐我们学校参加了由海淀区教委和首都师范大学基础教育研究院联合开展的“基于UDS合作下的学校自主发展”行动项目，两校分别作为第一批和第二批项目学校，又进一步拓展了共生、共存、共享、共赢的空间和领域，我也是受益者。我认为这是一种默契，我理解景校长是希望从万泉小学到西颐小学“输血”变成促进西颐小学自己“造血”，我们坚信，两校在四年后继续牵着手，走得更远。感谢学区的“携手工程”为我们搭设了共同发展的平台。

知春里小学尹军校长说：

在学区“优势互补、资源共享、交流互助、携手共进”的理念指导下，四年来我们知春里小学与中关村三小两个伙伴互助校开展了许多丰富多彩、卓有成效的活动。例如，我们与中关村三小共享了许多教育教学专家的名师讲座；四年来有十几位中关村三小的优秀教师走进知春里小学，为我们的师生上示范课、研究课；在班主任培养上我校青年班主任拜三小的优秀班主任为师，开展定期的交流学习活动，使我校的青年班主任迅速成长；2012年，刘可钦校长更是把我校的青年教师引进到新教材研究这个高新领域，与教材编委、专家进行面对面的交流研讨。在我们两校广泛的交流中，干部的交流输送应该是一个特色。三年前中关村三小高校长把语文教学骨干温继梅支援到我们知春里小学，开展了为期一年的支教工作，深入听课、悉心指导、专业培训，在她的指导带动下，学校的语文教学有了突飞猛进的提高。在初步尝到甜头的情况下，我们两校又进行了一次干部的流动，中关村三小的一位数学业务骨干调入知春里小学，担任教学主任的工作，这位赵天全主任的到来又一次带来了大校名校的优良教学传统、优秀管理经验，教师的教育教学水平也得到了较快的提升。教育的优质均衡，其实更重要的是师资水平这种软实力的均衡，如何使优秀教师资源真正做到流动起来、更大范围地发挥作用也是我们要不断探索的。我们知春里小学与中关村三小的伙伴互助活动是卓有成效的，我们期待今后一如既往地互帮互助、携手同行。

中关村第三小学曹雪梅书记说：

共生、共享、共存、共赢是大家在携手过程中达成的共识。共生——包容，存异，特色发展；共享——善用资源；共存——彼此促进；共赢——走向共同发展。各校都有好想法，哪里都有好教师，校校都有资源点，关键在于开发和利用。用开放的理念经营学校，不仅促使自己学校的发展，同时促进所有学校共同发展，实现共赢。这也是我们在促进教育的均衡化发展方面要树立的重要理念。其实在合作的过程中体验到协同的作用，两校都有创新的活力。我认为海淀学区多年倡导百花齐放，我们在合作交流的过程中是平等的，区域内各校携手共进并且特色发展。知春里小学就有很多值得我们学习的资源，例如，学校的班级文化建设、书法教学等方面都是值得我们学习的。共生既具有自组织过程的一般特征，又具有共生过程的独特个性。它不是共生单元之间的相互排斥，而是在相互激励中共同合作进化。这种合作进化不仅可能产生新的单元形态，而且可能产生能量和新的物质结构，表现为共生个体或共生组织的生存能力和增殖能力的提高，体现了共生关系的协同作用和创新活力。共存共荣是共生的深刻本质，但共生并不排除竞争，它不是自身性质和状态的摒弃，而是通过合作性竞争实现单元之间的相互合作和相互促进。用开放的理念经营学校，不仅能促进自己学校的发展，同时能促进所有学校共同发展，实现共赢。这也是我们在促进教育的均衡化发展方面要树立的重要理念。

中关村第一小学丁凤良副校长说：

我校与双榆树一小的“手拉手”工作，在两校校长的直接关怀下、在干部、教师共同努力的基础上，从始至终体现四个“实”字：即实心、实意、实事、实效。两校之间主要包括三个层面的交流。一是管理层面的交流，如领导班子彼此交流学期工作计划等。二是教师层面的交流，如两次互派教师到对方学校执教一年、专题课堂教学研讨、教师共备共上一节课等活动。三是教师个人之间的交流，互派的教师主动借助各自在学校的教学资源互通有无、彼此帮助。在学区的组织下，学校之间采取“手拉手”的方式，最重要的是为各校提供了可以深层次交流的机会，进而促进各自的发展。我们学区各校之间的“手拉手”本质上是平等的、互助的、共进的。我们为什么要“手拉手”？为什么要组织这样的交流活动？交流除了可以互通有无，取长补短之外，更深层的原因是什么？我认为有两点：一是彼此汲取经验达到优势互补；二是彼此相互促进实现特色发展。每一个有发展愿望的个体或团体，都会在交流的过程中汲取自身所需要的经验或成果，用以激发自身发展的内在动力；而每一个个体或团体又都拥有自己独有的特点，我们都不可能完全成为对方。“手拉手”或者“交流”不是趋同，最终目标是让我们每一所学校都成为独特的自己。

双榆树第一小学刘昱旻校长说：

学区开展“携手工程”近四年，我们和中关村一小手拉手，秉承着“优势互补、资源共享、交流互动、携手共进”的理念，一起学习、互相帮助、受益良多。从与中关村一小干部、教师的交流中，使我们感到温暖与细致，周到与平和，谦逊与热情。双榆树一小和中关村一小携手工程经历了从认识到提升的过程，三年来，双方从互换教师、共研好课到互相结对拜师这样一个过程。老师们不仅在业务上有了很大的收获，同时也收获了友谊、收获了快乐。几年来，和中关村一小的干部团队的接触使我收益颇丰。我们感到中关村一小的领导班子是一支待人平和、团结协作的团队，做人谦虚低调、不张扬，做事认真踏实、严谨务实。特别是从刘校长、岳书记那里学到了很多，使我对校长工作有一个全新的认识和理解，对海淀学区的教育有了全新的认识和理解。我们双榆树一小是一所有着三十多年历史的学校，发展到今天，有许多值得探究的问题，但绝不是简单的大校和小校的问题，也不是“头痛医头脚痛医脚”那么简单。因此，我们两校应注重研究和探讨下一步进行深层次的携手工程的开展，力求提升学校的办学特色，使双榆树一小成为双榆树地区区域优质学校，开拓自己的新路，办出自己的特色。2012年“三八”节我主动到中关村一小和岳书记深入研究、探讨双方进一步携手交流工作，积极探索一条小校在目前的教育体制下，如何利用大校的资源发展自己，进而带动双方共同发展，并且体现出学校的特色。另外，我感到现在学区内学校之间无界限，我们不仅和中关村一小这样的手拉手学校交流，同时也和周边邻居学校交流。比如，新成立的五校联合教研，“好邻居”学校等。我们期待着携手工程能够深入发展，使学区内资源利用更充分，各校达到“共生、共享、共存、共赢”。

双榆树中心小学朱丹校长说：

作为一个到海淀学区一年的新任校长，我深切地感受到海淀学区这个大集体的温暖，感受到大家浓浓的互帮互助、和谐共进的氛围。首先，学区对我们学校给予了很多的指导和帮助，为我们创造了多次相互学习、探讨的机会，更提供了丰富的资源和展示的平台。

其次，学区各校之间既有竞争又注重合作，大家能够互相切磋，取长补短，共同进步。还有，我非常感谢海淀学区的校长这个团队，他们给予了我这个新任校长极大的热情，无论信息沟通，还是经验交流都毫无保留，而且不求回报。所以我相信，在这样的集体中，我们每个学校都会不断前行，共同进步，为海淀教育而共同努力。

培智中心学校于文校长说：

作为海淀区的一所特殊学校，我们有幸成为海淀学区的一所资源校。当特殊教育需要学生得到学校、教师和家长的关注后，势必会带来如何满足学生需要的这一问题。我们学校拥有一支专业性强的师资队伍，在感统、语言、认知、注意力、行为、心理治疗等方面有深入的研究和实践，可以满足学生的特殊需要。为了帮助随班就读小学解决现有教学条件无法满足特殊学生的需要这一问题，学区利用培智中心学校的专业师资，为特殊需要学生提供免费的评估服务。到目前为止，中关村一小、西颐小学、中关村四小、双榆树中心小学、双榆树一小等学校的学生在此接受了专业的评估与诊断，且选择在此接受系统的专业训练，得到了教师和家长的认可。“生态化”在特殊教育里，是一个耳熟能详的词，在这里听到，证明了我们之间的合作。这个活动，为普教和特教搭建了一个桥梁。这个活动中，有普校的教师走进培智学校做一天教师，跟孩子互动；我们特教教师每周五走进普校，帮助普校一线教师解决孩子的问题。这个活动不仅丰富了教师的专业内涵，提升了专业水平；有特殊教育需求的孩子在这个过程中有了收获，同时也是家长的收获和社会的收获。

海淀外国语实验学校黄瑞华校长说：

我是小学校长团队中的一名新兵，以前在中学，自从来到小学以后，觉得在海淀学区这个大家庭中，有很好的氛围，没有人考虑自己的得失和地位，谁是大校、谁是小校，谁优秀、谁一般，没有人考虑这些问题。在学区四年的“携手工程”活动中，每次我们的干部、班主任、老师们回来跟我说的最多的一句话就是：“校长，我们还有什么可以奉献给我们学区？我们还能为学区作些什么贡献？我们实在觉得我们做得还不够好，不够完美。”老师们能这样说，最根本的原因是我们在每次活动中都获得了一份惊喜，为我们学校精彩的发展、精彩的未来获得了一份支撑，获得了一份爱，这是我们最大的一种感觉。海淀学区的学校有一个共同的发展平台，我们都在“同心携手”活动中得到了帮助和发展，大家都一起变得越来越优秀了。在所有的活动中，大家都在努力奉献着自己所能奉献的一切，其实到底谁给予谁的更多真的是说不清楚的，也没有人计较。因为在大家的一路同行中学校发展了，老师更优秀了，这在很大程度上实现了我们这些教育同人的心愿：尽自己最大的努力，奠基孩子们精彩的未来。

中关村第四小学李晓琦副校长说：

在学区这样一个共同体的建设当中，中关村四小理想的共同体应该体现“建立共通，和而不同”这两个特点。用造“生态林”的概念来说，中关村四小作为海淀学区的一所资源校，我们应该思考以下四个问题。第一，要造一所什么样的林子，也就是一所学校的办学目标和共同愿景。我们致力于通过教师团队的对话，达到对共同愿景的共识。第二，这块土壤具有什么元素和特点。那就是这所学校的现状，包括对老师和家长状态和需要的分析等，对适合采用什么发展路径的分析。第三，要创造什么样的条件，为教师的发展创造多元的成长空间。比如，在市教工委、教委的支持下，学校建立了全国名师流动站。第四，创造什么资源。近年来，学校聚焦教师团队建设，着眼常态教育教学，通过教与学的方式的转变，提升教师的专业素养，让老师形成属于自己的教育学知识，让学校成为一所创造教育智慧的地方。理想的愿景实现为现实的风景是一个漫长的过程，中关村四小在刘可钦校长的带领、全体老师的努力下，焕发了特有的活力和魅力，不断清晰教育价值观，为老师和学生创造了更多元的发展机会。刘校长在牛津大学做了一个发言，其中有一个观点，我觉得值得我们每个老师继续做下去，那就是“让老师都成为研究者，不断研究、学习、积累、反思，让老师不断积累教育知识、产生教育智慧、形成教育观点、提升教育理念”。我们现有的管理和教师团队将秉承学校的办学理念，使师生的成长继续焕发活力。

2. 教师有着很深的体会和感受

知春里小学教师龙金辉说：

四年来，知春里小学校在校本课程、心理教育、对外交流方面特色发展日渐鲜明，发展为海淀区教学管理和德育管理先进校、艺术特色校、武术传统校。目前已研发《小学英语美德歌曲》、《写字》、《小学曲棍球》等特色校本课程。学校教师团队近70%为35岁以下的青年教师，有活力但缺乏经验，学校如何在几年时间内取得这样长足的进步并受到社会、家长的认可与好评？细想起来，学区的“携手工程”功不可没。中关村三小把负责语文教学的业务骨干温继梅主任派到我校协助开展语文教学管理工作，她的很多做法启发、影响并指导着我们。记得她刚来的时候，正好赶上一位年轻的选手参加学区评优课，这位老师经过几次修改与试讲后仍达不到效果。她就亲自上示范课，在课堂上呈现的激情和扎实丰厚的语文素养不仅感动了年轻的参赛选手，也启发了我们：原来要想成为一名合格的教学管理者，应该具有扎实的教学研究力、专业指导力和学术引领力。为提高教学干部的研究能力，我校的每位干部都兼任一个班的授课任务，并主动承担各级研究展示活动，通过积极有效的校本研修，不断提升团队的研修能力。近几年，我校骨干教师逐年递增，现在学校学区及以上骨干教师已由2008年的10%提升到

63.5%。另外，温主任常常能从教学的常规管理发现问题。记得一次考试后，在对试卷检查中，她不是只看分数，而是从学生的卷面书写看起，去寻找背后的教学因素。通过研究我们发现这里确实能真实呈现教师关注学生、关注教材的不同差异程度。于是我们在召开考试分析会时，除去各类数据的演示，更增加学生的错误类型研究，和老师们一起讨论、分析学生错题背后教学中的问题、教学的实效性，研究我们今后的备课方向。现在在备课前，我们重视知识点的梳理，并且每学期都要对其进行修改与调整，在公共邮箱里共享后再分工备课，保证备课中知识点的落实。现在学校各年级各学科知识要点都整理成册。我们和中关村三小的交流还有很多途径和渠道，两校之间互相学习和提高。我们请来中关村三小的骨干教师和我们的教师一起开展同课异构，我校的书法教师杨华和他的团队也到中关村三小进行研讨交流。在学区"携手工程"研讨会上，两校书法教师共同完成了一节书法研讨课，受到与会教师的一致好评。现在，我们学校积极承担学区的任务，教师能够承担全国、市区、学区级的赛课任务，受到广泛好评。年轻教师还参与到高层次的新课程标准的研究与实施中来。我们这所年轻的学校正以无限的活力蓬勃发展。

3. 家长们对于"携手工程"也给予了充分的肯定

一位中关村第四小学四年级学生家长说：

孩子能在怎样的教育环境下受到怎样的教育是我们每一位家长非常关注的，作为家长都迫切希望自己的孩子能上好学校，接受最好的教育。

还记得四年前，在孩子幼升小时，我和大部分家长一样心中充满焦虑与忐忑，权衡利弊、思前想后，最后还是入学于离家较近的中关村四小。由于当时中关村四小是一所新建校，没有毕业生，作为家长真不知道这所学校能不能给孩子健康全面的培养与优质的教育。基于有这个担忧也就更关注孩子在学校的学习、生活状况。现在，我的担忧不仅早就消除了，而且很庆幸当初的选择是正确的。

孩子每天步行5分钟到学校，没有路途中的奔波与疲惫；从孩子的成长变化中及在学校开放日时走进学校亲身感受学校的教育中，我觉得中关村四小是个宽松、开放、和谐、优质的学校。在与其他学校的家长朋友交流中了解与对比，我感到中关村四小虽是个年轻的学校，但教育资源、教育质量、教育理念跟名校、大校并没有太大的差别，大校有大校的规模，小校有小校的精致，老校有老校的历史，新校有新校的活力与潜能，可以说是各有优势与特色。

2012年3月27日，作为家长代表，我参加了海淀学区的“携手工程”研讨交流活动和班主任名师工作室的活动，更验证了我的判断，从中看到了海淀学区在优质教育均衡发展方面作出的不懈努力与积极的探索。四年前，也就是我孩子刚入学的时候，海淀学区就开始了“携手工程”活动，积极采取一系列有效的措施提高老师们的教育教学水平，逐步消除校际间的差距，从教育研讨、各校交流中突破各校的围墙，建立开放、互助的研讨交流机制。在会上我也知道了中关村四小以它的优势成为向各校开放的资源校。“携手工程”成就了一所年轻的学校，成就了一代学生，我身为家长也感到十分安心。现在看着孩子形成良好的学习习惯、逐步增强的生活自理能力，心中有他人、有爱心、有责任感，作为家长尤为欣慰与高兴。

很幸运我的孩子与“携手工程”共同成长了四年，真心地希望海淀学区的“携手工程”继续办下去，让孩子小学毕业之前能有机会接受更丰富、更开放、更灵活的教育方式，也期盼着今后能够有更多的机会参加海淀学区、学校或其他学校组织的开放活动，让我们了解周边更多的学校。我想起码学区内各校都能得到更好的带动与促进，尽快实现教育均衡的美好愿望。

一名双榆树中心小学学生家长说：

因我是孩子班上的家长委员会会长，所以对学校、班级了解的相对要多一些。我觉得我的孩子在学校的生活是非常幸福和快乐的。有一天，她作为学生代表参加了海淀学区的“携手工程”研讨会，回来后就自豪地给我当起了讲解员。

孩子说，海淀学区有一个班主任名师工作室，她的班主任就是这个工作室的指导教师，他们有一个教育博客，而且还每天用飞信发送一些教育良策。在她的鼓动和催促下，我也好奇地看起了那个博客，这一看还真是开了眼界，感觉到班主任名师工作室真的是一个很好的好经验共享的平台，里面有很多管理班级、与学生沟通的方法和策略。受其影响，她们班主任也创建了班级博客并开通了飞信、QQ等多条沟通渠道，这样家校能够更好地沟通配合。我现在连孩子每一次听写错了几个字都能很快知道，这也大大促进了孩子的进步。

我的孩子在家逆反情绪比较严重。因为她妈妈对她管得太多太严，于是我就让她妈妈每天也通过博客学习教育孩子的方法，没想到还挺有效，她妈妈现在完全改变了教育态度，母女关系也和谐多了。细想起来，海淀学区“携手工程”，班主任名师工作室这个大舞台真的让我的孩子、我的家庭受益很大。

我家孩子就读的双榆树中心小学是海淀学区的一所资源校，规模不大，班级人数较少，以小班教育为特色。我还了解到海淀学区共有四所资源校，是学区根据各校的特色资源确定的，目的是提供学校间资源共享、携手发展的平台，看来为了让每个孩子都能接受好的教育，学区领导、老师们真的是用心良苦。

还有件事，我的孩子有一天想让我捐助一个残疾孩子上学。究其原因，是她们老师去海淀学区的师德教育实践基地——培智中心学校培训了，回来后就借机对她们进行了主题教育。这件事让我感到非常惊喜，因为爱心和同情心对孩子来说是一种很好的品质。孩子还说，他们老师从培智学校回来后就在班上进行了一系列的改革：学生在上课时口渴了，可以悄悄地喝水；身体不太舒服的学生可以趴着听讲；眼睛近视的孩子，可以自己商量着调换座位……看来，海淀学区师德教育实践基地对老师们的培训确实改变了老师的教育观念，老师们更加有爱心、更加以孩子为本了。

我为自己的孩子能够在双榆树中心小学上学感到庆幸。因离家较近，孩子每天能够有充足的睡眠，接送方面也非常省心，还免去了总在路上颠簸折腾的烦恼。最重要的是班上学生少，孩子能得到更多的关爱，赢得更多的发展机会。这次听了孩子关于“携手工程”的介绍，我觉得海淀学区每个学校真的是各有各的优势和亮点。而对我们家长而言，只有为孩子选择最适合自己发展的教育，才应该是最好的教育。

（五）将“携手工程”驶入深海作业区

海淀学区“携手工程”为区域教育优质均衡发展做了一些探索与尝试，但目前尚处于实践阶段，力度还不能满足每一位教师的发展需求，离“给每个孩子一所好学校、让每个孩子都有好老师、使每个孩子都得到个性发展”的目标还有很长的距离。为了更好地前行，学区进行了理性审视及价值与路径追寻。

1. 积淀既往经验

海淀学区“携手工程”的探索与实践成果初显：学校拓宽了办学思路，各类资源得到发展和优化；培养了一批具有一定理论修养、有较扎实的专业积淀、文化素养的中层干部，他们作为学校的中间力量引领着教师的发展；教师的教学行为在悄然发生着变化，面对不同的学生，不再是无助、排斥或拒绝，而是承认差异、尊重差异，以专业立场自主调整自己的教育行为，提升了教师的职业幸福感；增加了学生对学校、对教师、对课堂的喜爱。而这一切，源于海淀学区积极营造的和谐、开放、包容、支持性的组织环境，源于创新实践路径。

2. **谋划新的发展**

学区积极寻求社会各方面的支持，构建以资源开发和统整为主要特色的区域教育发展共同体，构建中关村区域优质教育资源群，根据学校、教师和学生的发展需求，开展菜单式教育服务，让不同的学校根据各自的需求各取所需。学区正在筹划“和美学校”项目计划，通过学区、专业机构和学校三方联动，采用专家引领、团队互动的策略，帮助学校发现“最近发展区”，在全国发展100所联盟校，通过集群式的发展模式，孕育出越来越大的示范力量。

2011年3月，北京市和教育部签署义务教育均衡发展备忘录，承诺到2015年全市所有区县实现区域义务教育基本均衡发展，确定了北京市实现义务教育均衡发展的时间表和路线图，作为基层学区，需要立足实情进行谋划和实施。我们将远离喧嚣和浮躁，在“携手互助”中推动更多的学校办人民满意的学校，为全国推进教育优质均衡发展战略提供可资借鉴的有益经验和模式。

学区提出的“和美学校”项目——旨在在尊重差异、发挥优势、彰显特色的基础上，积极营造一种和谐的、开放的、包容的、支持性的组织环境，学区内与学区间的学校各美其美，美人之美，美美与共，师生身心和谐发展，共同走向“优质、公平、均衡”的和谐美好的境界。和美学校建设是一项教育品质提升行动。

从学校层面，通过学区、专业机构和学校三方联动，采用专家引领、团队互动、各具特色、提升内涵的策略，帮助学校发现“最近发展区”，激发校长和教师的专业自觉，提升专业自信，使学校发展更具特色和魅力，并将经验辐射到其他学校。

从学区层面，学区成为优质均衡先导学区、区域资源融合学区、体制机制创新学区、优质资源富集学区、人民满意学区。通过集群式的发展模式，孕育出越来越大的示范力量，推动大家都力争把自己的学校办成让人民满意的学校，为全国推进教育优质均衡发展战略提供可资借鉴的有益经验和模式。

营造公平化、个性化、自主发展、协调发展、可持续发展的教育生态。即以“生命观”为教育生态系统发展的核心，构建和谐、人本、开放、可持续发展的区域教育，实现教育发展目标高起点、教育运行机制高效能、教师队伍高素质、教育环境高品位、教育质量高标准，促进人的可持续发展、终身发展、和谐发展。

（1）各美其美，促进学校内涵发展、自主发展、特色发展

学校、课程、学生、教师作为教育系统运行的四大载体，是“和美学校”应关注的四大要素。

一是变革学校，帮助学校发现“最近发展区”。通过区域、专业机构和学校三方联动，寻找学校的最近发展区，从而使改革和发展成为可能和可行。推进的过程不是替代学校思考，也不是锦上添花式的总结提炼，而是和学校一起发现“最近发展区”，梳理出每一所学校的精彩之路，并形成具有共性价值的可以辐射推广的核心经验。

二是成就教师，引领教师形成自己的教育学。指导教师制定切实可行的个人发展规划，开展满足教师成长需求的校本研修活动，建立健全教师成长奖励制度。

三是开发课程，赋予学生多样化选择的权利和机会。根据时代的要求和学校可及的资源条件通过校本化的设计，开发多样化校本课程。以此体现学校特色，提供多种选择。

四是发展学生，促使学生得到最适切的自由发展。以“不同学生的学习需求与教师的教育策略研究”课题为载体，引导教师关注不同学生的不同需要，面对有差异的学生实施有差异的教育，关怀每个孩子成长需求、激发每个孩子追求成功，引导每个孩子获得最优化发展，形成基于学生需要的多样化培养模式。深化特教“一帮一”活动，为对有特殊需求的孩子进行个性化教育提供专业支持。

（2）美人之美，在共生、共享、共存中共赢

一是积极营造一种和谐的、开放的、包容的、支持性的组织环境。明晰共同愿景：创建“文化内涵丰富、生命意识浓厚、教育质量一流”的和谐学区；建立鼓励“共享”的体制机制：规定对于区级以上骨干教师、学科带头人的评价及优秀党员的评选，除了要考察他们在本职工作上发挥的作用如何，还要考察他们在区域内发挥的作用如何。设立“海淀学区教育优质均衡发展特殊贡献奖”、“海淀学区教育优质均衡发展优秀党员奖”、“海淀学区教育优质均衡发展奉献者奖”等，对有突出贡献的教师给予表彰。对校长的评价、对学校的督导评估，都添加“在学区中发挥何种作用”这一内容，并设置相应的权重。此外，对输出资源积极主动，且贡献较多的学校，学区设立专项基金给予一定的补偿。明确学区的职能定位：服务支持，资源协调，交流共享和经验推广；明确学区干部职责：做有思想的实践者；做学校工作的服务者；做校长、教师发展的支持者；做学区各项工作的协调者，使学区成为各校的工作场，学习台，发展的支架，友谊的桥梁。

二是挖掘、统整优质办学资源，开展菜单式教育服务。积极寻求社会各方面的支持，构建以资源开发和统整为主要特色的区域教育发展共同体，根据学校、教师和学生的发展需求，开展菜单式教育服务，让不同的学校根据各自的需求各取所需。

（3）美美与共，构建携手互助同行的学习发展共同体

“和美”学校的建设，有共享的价值观和愿景是对学校资源的整合、利用和进一步的挖掘，是对优质办学资源的充分善用，是辐射优质教育资源的责任与担当。

一是组成由一批不同学科背景和研究方向的专家组成的专家委员会。在学校规划、学校文化、教师发展、课程建设、班主任专业成长、学生活动策划等领域各聘请两名资深专家或具有使命感和责任感，沉得下心去扎实推动一所所学校发展的研究人员组成专家委员会。

二是培养“和美”教师并发挥其辐射引领作用。依托不同学科背景的专家以及北京师范大学教育部校长培训中心、海淀学区师德基地、教学名师工作室、班主任名师工作室、红霞工作室，以“好伙伴”互助校、资源校为桥梁，搭建教师专业成长的支持平台，开展“好书”共读，“好课”共品，“好场所”共用，“好经验”共享、“好伙伴”同研、“好邻居”共研活动，重点培养60名“和美”教师，以期点亮更多教师的心灵之灯、智慧之灯。

三是成立“和美”学校联盟，使优质资源增能增值。打破区域界限，发展100所“和美”学校联盟。将学校的门户打开，与全国各地的干部教师一起研究、分享与互动，达到资源共享、优势互补。

四、发展改革点评：优质资源不因分享而减少

推进义务教育均衡发展，合理配置教师、校舍、场地、设备等资源是主要手段，但在当前各项内容短期内难以立即实现均衡情况下，共享优质教育资源的方式显得尤为必要。北京市海淀区通过学区规划管理将优质教育资源共享实现了区域内学校共赢的目标。

（一）传统强校不只是付出

首先，学区内传统强校之间有资源共享的必要。以师资力量为例，不同学校拥有不同学科的优秀教师，这种各有千秋可以形成互补。其次，传统强校也从薄弱学校获益良多。城区薄弱学校的硬件并不差，场地相对开阔，由于学生减少，利用率偏低，便于附近的传统强学共享；薄弱学校不少教师的吃苦好学和敬业奉献精神能够促进传统强校优秀教师不断谋求进步，优秀教师也能够在帮扶其他教师的过程中增进思考，增加

事业成就感。

（二）薄弱学校水平提升迅速

薄弱学校普遍十分珍惜与传统强校联合办学的机会，极大地提升了自我发展的信心和期望。派出最优秀的教师到传统强校任课，学习其先进经验。最大程度地礼遇强校派来指导的教师，以多种形式组织本校教师向其学习。薄弱学校迅速在学校管理、教学研究、育人方式和校园文化等方方面面形成较大的提高。学生、家长以及互派的教师都对学校的变化给予高度肯定。特别是打消了家长想把学生转往传统强校的想法，一些家长还为当初就近选择学校感到幸运。

（三）共享的模式可以不断探索升级

共享不仅是一种方式，还应该成为一种理念。我们分享的不仅是身边的，也可能是更大范围的，因为越广阔的越丰富。海淀区计划实施的“和美学校”计划，在全国发展 100 所学校共享资源和经验，将是更为开阔的互联网式的学校间互助和办学水平提升的舞台，这是推进义务教育均衡发展工作方式的深层探索。

海淀的探索告诉我们，推进义务教育均衡发展要通过建立学校联盟、集团化办学、对口帮扶、学区化管理和共同研讨备课、研修培训、学术交流、开设公共课等方式，充分发挥优质学校和优秀教师的示范引领作用，扩大优质教育资源覆盖面，促进先进的教育理念、管理模式、育人方式和校园文化共享。

第二章　上海市以“新优质学校建设”提升薄弱学校水平

一、域情教情

上海教育坚持改革和发展，积极实施科教兴市主战略，大力推进素质教育，加快现代化教育内涵建设的步伐，初步构建了较为完善的教育体系。

作为中国基础教育最发达的地区之一，上海是中国最早实施和普及九年制义务教育的地区。1985 年 7 月制定的《上海市普及义务教育条例》，1997 年 12 月修订为《上海市实施〈中华人民共和国义务教育法〉办法》，在法律上保障了适龄儿童少年接受九年义务教育的权利。20 世纪 90 年代以来，义务教育的适龄儿童、少年全部入学，小学和初中的合格率和巩固率均达到和超过国家标准。上海的基础教育实行地方负责、分级管理的管理体制，市、区（县）、乡（镇）各级政府有明确的管理职责，并将基础教育纳入本地区经济与社会发展的总体规划。

上海现有中学 754 所，小学 764 所，共有中小学生 132.28 万人。中学、小学均为全日制。基础教育的基本学制为“五四三”分段，即小学 5 年、初中 4 年、高中 3 年。同时，在义务教育阶段，还有九年一贯制学校；在中学阶段，还有完全中学（即初中和高中连办）。

上海现有民办中小学 287 所，占全市中小学数的 18.9%，其中中学

106所、小学181所。在校生24.33万人，占全市中小学生数的18.4%。

根据《上海市普通中小学课程方案》(试行稿)，上海中小学课程由基础型课程、拓展型课程、研究型课程（义务教育阶段为探究型课程）组成。小学开设的基础型课程包括语文、数学、外语、品德与社会、自然、劳动技术、信息科技、体育与健身、唱游（音乐）、美术等；拓展型课程包括专题教育、班团队活动、兴趣活动、社区服务、社会实践等。小学各年级周课时数在32—34节之内。

中学开设的基础型课程有思想政治（初中阶段为思想品德）、语文、数学、外语、物理、化学、科学、生命科学、历史、地理、社会、信息技术、音乐、美术、艺术、体育与健身、劳动技术等（初中阶段八、九年级和高中阶段的音乐、美术课程合并为艺术课程；初中六、七年级和高中三年级开设科学课程，初中八年级至高中二年级开设生命科学课程）；拓展型课程有学科类和活动类拓展型课程、专题教育、班团队活动、社区服务、社会实践等；中学各年级的周课时在34—35节之内。

坚持以“学生发展为本”，教学面向全体学生，关注学生个体的健康发展和可持续发展，教学注重落实“知识与技能、过程与方法、情感态度与价值观”三维培养目标。

语文、数学和外语是受到学校重视的三门工具课程，学时约占总学时的三分之一。科学教育以及一些新兴学科和专题如信息技术、环境保护、禁毒教育、心理健康等也被置于学校教学的重要位置。

学校教育注重学生的身心特点和时代气息，采用灵活多样的形式进行思想品德和行为规范教育。德育内容主要包括理想教育、爱国主义为核心的民族精神教育、生命教育以及国际理解教育等方面。学校教育与家庭教育、社区教育密切配合，形成德育工作合力，为每一位学生的健康成长提供了良好的氛围。

学校教育重视学生社会实践活动，把参加社会实践活动作为学生的限定拓展型课程，学生从小就受到社会责任感的熏陶。学校培养学生学会参与、学会生存、学会生活。上海现有各级各类的中小学生社会实践基地 1 000 多个。

认真实施《学生体质健康标准》，积极推行校园每天体育活动一小时制度。坚持探索“体教结合”创新机制，结合二期课改，深化体育与健身课程改革。

学校十分重视健康和卫生基本知识教育，近年来，校园公共卫生体系逐步完善，中小学身体健康指标值总体水平呈上升趋势。

艺术教育、科技教育在上海市中小学普遍开展。中小学生的艺术欣赏能力、艺术表现能力和审美情操以及科技素质不断得到提高，不少学校和学生在国内外的各类艺术以及科学竞赛中获得良好成绩。

在国家规定的课程标准的指导下，中小学校的教学组织与管理具有一定的灵活性和自主性。学校有一定的课程自主权，学生可以自主选修课程，教师因材施教，积极培养和发展学生的个性特长和兴趣爱好，鼓励学生扩大知识面和提高创新、实践能力。

中小学校对学生的评价实行成长记录制度，既注重学业成绩，又注重全面发展；既注重当前的提高，又注重今后可持续发展能力的培养；既注重学习结果，又注重学习过程；既注重校内发展，又注重在家庭、社会的进步。

二、亮点成效

上海市教育部门近期推出“新优质学校”项目，入选的 41 所学校皆非市实验性示范性学校，即传统意义的重点学校。“优质”并非“重点”，意味着什么？

概括来说，上海“新优质学校”项目有四大亮点，这四大亮点能很好地回答“新优质学校”项目“优质”并非“重点”意味着什么的问题。

（一）突出人的发展理念

“衡量基础教育不是看用大理石建造多少的校舍，而是看指向的是不是人的发展，”上海市教委副主任尹后庆说。2011年3月，上海召开基础教育工作会议，会上能清晰地听见“人的发展”的教育理念，这对处在特殊历史地位和改革时期的上海教育至关重要。“新优质学校”项目正是在这样的背景下应运而生，“新优质学校”无关升学率，追求的不是高中毕业生升入北大、清华的大红榜单，而是切切实实地办好最基层的学校。这在“应试教育”理念还根深蒂固、素质教育步履维艰的社会背景下，是难能可贵的。

（二）瞄准均衡发展目标

上海自2010年秋季起已实现随迁子女100%接受免费义务教育。目前，70%随迁子女在公办学校就读，而大量接纳他们的便是原先生源条件一般的学校。不可否认的是，相应的一些“新问题”也接踵而至，如生源参差不齐的问题。而生源差异带来的问题便是择校。据上海市教委统计，2011年秋季，上海全市一年级小学生已经出现随迁子女和户籍子女人数“倒挂现象”，随迁子女比例已达51%。在这种情况下，推出“新优质学校”项目。这种考虑大多数学校平衡发展的做法，目标瞄准的正是义务教育的“均衡发展”，有利于引导大多数义务教育学校同步发展、平衡发展、均衡发展。

（三）实施分层教育方法

在放开免费义务教育后，公办学校的招收随迁子女的规模日益扩大且生源参差不齐，学生间的差距有时甚至是“跨年级”的。在这种情况下，推出“新优质学校”项目，实施“分层教育”方法，有利于提高学生的整体素质。以海南中学为例，在放开免费义务教育后，海南中学也面临着本地生源流失的情况，新一届六年级学生中随迁子女首次突破半数。在必须实行随迁子女和本地学生“混班教育”的前提下，海南中学决心实行“分层教育”，提高整体教学水平。比如，针对不同的学生，教师布置的是不同的作业。学校化学教师管红娣介绍了作业分层体系，对基础差的学生，教师会统一把要默写的内容印出来，提前发下去。学校还规定，将每天的最后一节课定为作业课，不得上新的教学内容，以方便教师提优补差。正如校长杨延峰所言，“我们不能挑学生，要办好学校，就必须从随迁子女的特殊情况出发”，这种照顾大多数学生的施教方法，有利于提高学生的整体素质。

（四）构建绿色评价体系

与“人的发展”相适应的是绿色的评价指标。改变以学科分数作为教学质量唯一评价标准的现状。近日，上海提出构建义务教育质量“绿色评价”体系，推出十个“绿色评价”指标，促进教学质量评价改革，形成让广大中小学生快乐学习、促进素质教育的更科学全面的“指挥棒”。这十个绿色评价指标包括：学生学业水平指数；学生学习动力指数；学生学业负担指数；师生关系指数；教师教学方式指数；校长课程领导力指数；学生社会经济背景对学业成绩的影响指数；学生品德行为指数；学生身心健康指数和跨年度进步指数。上海市教育部门表示，将通过这种评价了解区域薄弱学校真正的“薄弱点”，从而为市民身边打造出更多的基层好学校。

把“新优质学校”项目放到素质教育的层面来考量，上海“新优质学校”项目，实质上就是“新素质教育”项目。这个“新素质教育”项目，在引导办学上不看分数，评价不看升学率，而是看“人的发展”，着眼于提升学生的整体素质，瞄准的是义务教育均衡发展，折射的是教育公平，体现的是面向全体学生的全面教育、差异教育、成功教育。所有这些，不仅是“办好人民满意的教育”的内在要求，而且更是素质教育的题中应有之义。

三、探索与举措

（一）明确目标

上海“新优质学校”都有一个共同的目标，概括起来就是“进步”为“公”。所谓“公”有两层含义：一是所有的项目学校都是义务教育阶段的公办中小学；二是体现了公共服务为特征的政府职责。关于“进步”，则有三层含义。一是表明这个项目的价值不在于“表彰或命名”一批新优质学校，而在于将动态的推进过程作为项目的主体工作，能够清晰地看到每一所学校在进步，并呈现与分析进步的历程。这是项目所期待的目标。二是代表了一种追求与态度，不是为了形成盖棺定论的总结报告，而是表达了“办好每一所家门口的学校”的决心和立场。要“办好”就必然在不断进步中谋求新的发展。三是体现了全新的评价理念，项目最终并不是要建立起一种评价标准，或者说形成一把新的尺子来衡量和评判所有学校，而是通过“进步”的视角来关注基于原有基础之上的增值。这是一种发展和动态评价标杆。

进步为“公”，这是“上海市新优质学校推进”项目组 41 所项目学校的共同追求，更是上海基础教育突破内涵发展瓶颈，在促进“教育公平”这一世界性难题中的主动作为和经验贡献。

“新”体现了新时代背景下的观念更新；“优”代表了科学的评价方式；“质”就是每一所学校以富有特色的实践创造赋予了品质的价值，从而实现“新优质”的样本意义。

（二）明确步骤

1.“新优质”的诞生——不挑选生源、不争抢排名、不集聚资源

2011 年 3 月 14 日上海召开了基础教育工作会议。会议指出，上海要坚持改革导向，按照《教育规划纲要》确立的“为了每一个学生的终身发展”的核心理念，加快完善基础教育体系、模式、格局和布局，把为了每一个孩子的健康快乐成长作为学校一切工作的出发点和落脚点，坚持走以促进公平和提高质量为重点的内涵式的发展道路，努力办出让人民群众满意的基础教育。

为了达到这个目标，当前和今后一段时间上海教育部门特别注重实现基础教育价值取向和质量评价标准的转型，要从过度追求现实功利转向追求教育对人的发展的价值，必须重新审视教育质量评价标准，对教育质量的理解和追求应该更加科学。在培养学生基本素养的同时，更加注重因材施教，开发多元智能，为学生提供多类型的课程和个别化的教学，满足学生个性化、多样化的发展需求，形成基于学生需要的多样化培养模式。

上海市市委副书记殷一璀提出，今后上海要能够涌现一批新的名校，不是靠学业成绩排名和升学率成名，而是靠育人质量过硬成名。包括对困难学生、农民工子女教育取得卓有成效的学校，也能够成为上海教育的名校。

上海在 PISA 测试中取得了很好的成绩，反映了近年来上海在基础教育均衡化发展上获得了有效推进，总体办学质量得到了保障，特别是一些生源相对薄弱的义务教育学校教育水平也在不断提升，其中的经验具有较高的推广价值。

在这一背景下，一批生源一般的公办学校面对校内外的诸多不利因素，抓住教育均衡化发展的有利时机，执着于教育改革、坚持着办学自信，从学生的实际情况和发展需要出发，开展实践探索，取得了迅速崛起的成果。

有了这样的基本认识，要给项目取个“叫得响，记得住”的名字就成为了项目组争论的焦点。有人提议“非名校”，不行，否定词语做名称本身就划定了某种界限，喻义这些学校怎么努力都不能成为名校，而项目恰恰是要树立起坚持正确的办学理念并取得全面质量的普通学校就是新型名校的概念。有人推荐“用国外的‘磁石学校’、‘监带学校’、‘灯塔学校’之类比较形象的名称”，也不行，还是在立意上浅薄了，项目学校应该成为转型时期的标杆学校。正当大家争论的不可开交的时候，原上海普通教育研究所所长、项目组组长胡兴宏提出了自己的建议，能否取名“新优质学校推进项目”？给出的理由是：第一，体现实效明显，学校原有办学基础较为一般或相对薄弱，却在综合办学水平、育人质量方面明显提高，且较为稳定；第二，具有示范价值，学校以满足每位学生发展需要的理念和科学的教育质量观引领教育实践，其经验在本市基础教育均衡发展和教育转型中能产生积极的示范作用；第三，突出个性特色，学校基于对本校学生、师资情况和各种教育资源的分析，通过具有实际针对性和一定创造性的研究探索过程，形成办学经验且个性特色鲜明。这一阐述后来被上海市教育学会会长张民生概括得更加精到：不挑选生源、不争抢排名、不集聚资源，但要在较短时间内实现科学有效的持续发展。“新优质学校推进”成为项目名称获得了一致通过。

2.“新优质”一路走来——树立信心、找准引领点、寻找最近发展区

41 所项目学校都有着共同的特质，即不挑选生源、不争抢排名、不集聚资源，但他们却体现了“转型”方向，即负责任地接纳就近入学全体儿童的全纳性态度；促进每一个孩子良好成长的价值追求；尽可能满足学生发展需求的办学思路和教育措施。同时也取得了看得见的办学实效，如近年来学校综合办学水平、育人质量明显提高，且较为稳定；其经验在上海市基础教育均衡发展和教育转型中能产生积极的示范作用；通过具有实际针对性和一定创造性的研究探索过程，形成个性特色较为鲜明的办学经验。

因区域和发展阶段不同，41 所学校又可以分成 4 种不同的发展类型：第一类是学校发展水平较高，目前已经成为当地具有较高社会声誉的学校，但依然秉持着新优质的特征要旨；第二类生源情况一般或较弱，近年来在教育改革探索中取得明显成效，其成果已产生较为广泛的影响；第三类数年前办学基础较差，近年来学校办学水平提升明显，且形成了有一定特点的成功经验；第四类生源情况较弱，学校办学中取得一定成绩，总体看尚未达到区域内中等层次，但目前主动发展的积极性很高。

无论哪一类学校，在项目组的推进过程中都实现了在原有基础上的进步，这应该就是以“推进”为实质内容的项目所带来的效果。

首先，“推进”带来了每一类学校都能获得持续发展的信心。2012 新春开学的第一天，上海市教委党委书记李宣海、市教委副主任尹后庆一行走进普陀区洵阳路小学调研，当他们看到超出老百姓期待的校园环境，看到教师“零拒绝”地欣赏和呵护每一个孩子成长，看到每一个孩子把每天走进学校作为幸福的期待时非常欣慰。因为没有什么比看到自己的孩子每天在进步、在发展更能让老百姓真切感受到教育的惠泽了。一所在满足老百姓教育需求的过程中不断自我超越，着眼于为学生的幸福人生奠基的学校，其本身就是在不断地提升着教育境界。该校校长朱乃楣在接受媒体采访时说，“你知道谁对我们学校创建‘新优质’最敏感吗？是房产商。就在短短的半年时间里，我们学校周围成了热销的学区房，每平方米房价净增 3 000 元。”虽然只是一句玩笑话，却让大家看到了一个项目的价值。上海教育部门先后去了洵阳路小学 4 次，先是进行全面调研，再就如何找准学校发展的核心经验进行研讨，随后便在这所学校召开了现场展示会。直到最近，上海教育部门又试图通过跟进，和学校共同研究从语文学科切入的“类结构教学”纵深发展的后续突破。每一次走进学校都能看到学校的进步轨迹，发现校长带领下的教师团队在最核心的课程与教学领域的孜孜探索。同样，教育部门同志先后去了上海市师资培训中心基地附中4次，与学校共同研究如何从数学学科入手的“自适应学业评价系统”切入，带动更多的学科持续发展，更进一步带动学校方方面面的工作。有意思的是，第一次去调研时大家都深感这所学校很难找，下了高架桥还需要掉头转向旮旯深处。可当大家第三次再去的时候，竟然发现一下高架桥便出现了一块硕大醒目的学校指示牌。张忆校长说，这就是“新优质”推进过程中带来的福音，来的专家和领导多了，发现的问题也就多了，在区教育局的特别关心下，指示牌就成了一件“实事”了。

更多的学校在“新优质”的推进过程中找到了感觉，虹口实验中学提出了“把百姓的孩子高高举起”；徐汇教育学院附中践行“让课程关照每一个学生的成长”；闸北实验中学在应试的教训中获得感悟重新寻找学校的办学突破口；平南小学深化了“爱满平南，一个都不能少；和谐发展，一样也不能放”的“零缺陷”理念等。“有信心，我们可以发展得更好”，这种信心是项目组在走进学校的过程中带来的，更是让学校在不断梳理、提炼中发现自身蕴藏着无限可能性之后的自我肯定。

其次，“推进”帮助每一所学校重新认识发展突破点，焕发从突破点转向引领点的研究意识。这次上海推出“新优质学校”的意义已经远远超越了传统概念上的改变薄弱学校。这其中最大的区别在于，原有的“改薄”评价标准是以学生学业质量（也就是分数）的整体提升为标志的；而“新优质学校”所指向的彼岸是全面而绿色的质量和对每一个学生发展可能性的关注，它在尊重和研究差异的过程中，让每一个学生都能看到自身健康成长进步的轨迹。因此，“新优质”的发展路径或许是一条没有先例，需要不断探索的道路。从这个意义上说，学校在迅速发展伊始所选择的突破口可以在深入开掘后成为站在前沿领域的引领点。这样推断，“新优质学校”的意义并非简单的“改薄”，更是一次前沿探索的实践智慧。

徐汇区启新小学是一所地处城郊结合部的普通公办小学。几年前，学校教师的课堂样貌是：一本教材、一本教参，不管课标如何要求，也不管教材是否适应学生，照本宣科。为了改变这种“教教材”的状态，校长带领教师们从各个渠道收集全国各版本教材，汲取各家之长，针对本校学生学习的难点，基于课标统整教材，使得教学内容更适合学生，课堂效率大大提高。由一个章节一个单元到一学期的整体设计教学，由数学再到其他学科，教师们在统整教材更在研究学生。从“教教材”到“用教材教”的变化折射的是教师对学生的深入研究，反映出什么才是一堂真正有效的课。启新小学的校长在课程实施过程中，运用她的经验，不断地将教材统整的原因和程序明晰化；在解决问题过程中，校长从提供结论的个人分析者，变为问题解决中集体认同的促进者。校长的这种探索性实践不仅有着丰富的意蕴，体现着一种创造性的劳动，更重要的是，校长的这种探索指向于学校改革中的实际问题，直接目标是因材施教、改进教学。从“教材统整”到“学期课程统整”，这原本是启新小学用以改变当时学校状况的突破口，但发展到今天，它的进一步价值和深入开掘的引领点又在哪里呢？在项目组与学校的多次互动中，学校逐渐感受到如何用课程关照每个学生的成长，为学生的终身发展奠基。社会的发展要求中小学在统一性中需要呈现出多样化，而这种多样化的选择权就在学校和校长。人的差异性以及多样化的发展需求通过传统的高度统一的课程及其教学实施无法实现的就需要开发，而这种开发不能建筑在市级或区县级层面统一要求和专家设计上，一定要动员所有的课程实施者，在共同的目标精神下，面对本校学生的实际情况去创造，这是当下内涵发展阶段基础教育课程改革的重要命题。课程是需要多层次设计和开发的，在素质教育推进和深化的过程中，新课改从关注学科发展到关注学生的发展，因此就要将课程管理的重心下移到学校。把设计和开发的空间留给校长带领下的专业团队，让他们针对本校学生的实际情况，根据时代的要求和学校可及的资源条件通过校本化的设计，其中更多的空间需要学校开发内容和创新实施方法，提供给学生。

又如，松江区的仓桥学校是一所九年一贯制学校，地处城乡结合部，学校近半数学生为随迁子女，并有逐年增加的趋势。在四五年前属于中考成绩下游探底的学校。学校面对现状，依托学校十多年来心理健康教育特色，将心理健康教育的内容与方法成为教师专业发展的资源，使每位教师都成为心理辅导工作者，甚至有三分之一的教师获得了心理咨询师证书，更令人称羡的是学校还拥有一幢心理楼。专业的教师和专业的环境提升了学生内心的安全感与自信心。那么，这种以改变“问题学生”为初衷的心理健康教育，其下一步的台阶在哪里呢？如何让这一坚持了十多年的特色转化为新时期学校发展的引领点呢？在多次的互动交流中，学校逐渐意识到需要在原有的良好基础上对心理健康教育的内涵进行重新理解与拓展。当代心理健康教育的意义已不仅指向纠正人格发展的消极因素，而更提倡用一种更加开放的、欣赏性的眼光去看待人类的潜能、动机和能力等。回答的是对普通人而言怎样保持生命的最佳状态，怎样走进一个洋溢积极的精神、充满乐观的希望和散发着活力的心灵状态等问题。因此，学校感悟到特色教育以主要针对有心理困惑的孩子工作为出发点，只是作为学校工作的一部分，其作用有限的；需要探索如何将心理健康教育的理念转化为学校各方面工作的核心理念，并形成相应的工作机制或举措，从而使得学校的办学特色成为实现新优质学校的价值观的动力和载体，更进一步促使学校办学质量的整体提升。将当时的突破口转化为持续深化的引领点，这需要学校回到改革的原点，重新审视眼前的学生，重新认识教师的状态，重新体味教育的意义。只有想清楚这些问题的时候，或许点依旧是那个点，但在立意和纵深开掘上又进入了一个新境界。

还有，更为重要的一点，“推进”的过程不是替代学校思考，也不是锦上添花式的总结提炼，而是和学校一起发现“最近发展区”。2012 年 1 月 10 日，“新优质学校推进”项目尝试进行了一次富有探索意义的封闭式培训活动，所有项目学校的校长齐聚一堂共同寻找学校的“最近发展区”。这场培训后来被校长们一致认为是一次“有意义的培训风暴”。项目组通过培训前的学校定位调研、同主题分学段头脑风暴、核心组成员设计的打破思维框框的案例分析以及小组合作式的汇报展示等形式，帮助学校寻找“最近发展区”在哪里。

培训过程最重要的价值在于充分暴露，从而才能发现共性问题加以集中分析。培训过程中项目组发现，校长在促进学校发展时采取的一个重要策略是任务驱动，但对“什么样的任务最有价值”却鲜有思考，往往出于单一的问题解决。项目组组长胡兴宏根据校长们“暴露”的问题给出点拨，他认为选择符合实际可能、符合自身需求、目标定位明确，并具有一定挑战性的任务非常重要，形成这种任务的过程就是学校在寻找最近发展区的过程。针对校长们在分析学校状况中“暴露”出的对“薄弱点”认识较为明确而集中，对“发展点”认识较为含糊而游移的问题，胡兴宏又给出了积极的建议。他认为，可以从已有的成功经验中寻找生长点，从面临的突出问题中寻找突破点，从教育发展的大趋势中寻找挂钩点，从学校的资源优势中寻找固着点，从当代的教育理论中寻找支撑点。实际上，从这些视角去发现和明确存在的问题和发展的方向的过程，也是在寻找最近发展区的过程。

通过这样的交流研讨，越来越多的学校渐渐明晰了自身的定位，并找到了近期的参照学校和中长期的目标学校，这样学校就避免了赶超和发展的盲目性。在项目推进的过程中，静安区的培明中学变化最大。项目组第一次走进这所学校，扑面而来的是葱郁的绿色校园环境和教师们亲切和蔼的笑脸，整个学校的人际关系比较和谐，在学校工作的方方面面也都比较扎实。然而，校长和他的团队给项目组的感觉似乎比较安逸，安于现状，对区教育局将学校推介给项目组的用意不甚了解，对教育局提出的“办最有魅力的学校”的信心不足。项目组对其关注学生的学业进步给予肯定，同时更多的指出了存在的问题，帮助学校去发现任务和任务之间的关联度，去发现区域内可资参照的处于其最近发展区中的学校。在不断的比照反省，并且与中层干部团队的反复切磋中，学校的办学方向越来越明确了。学校还主动寻求与苹果公司的合作，推进数字化教与学的观念变革，为走向“最有魅力”迈出了第一步。

3.“新优质”的样本意义——学校特征、项目运作、未来走向

2012年初，因各区县要求，项目组又新增了18所推进学校，被胡兴宏调侃为“班主任摸底家访式”的初态调研完成了对所有新增学校的走访。整个3月份，加上前一批部分学校的回访，项目组马不停蹄地深入了37所中小学校，也许这会是“史上最密集的基层调研”，但每一天项目组都感动着，被学校的不懈努力的精神所感动，因感受着幸福滋味的孩子们而感动。

所有项目学校的实践案例提供了走向新优质的以下共性经验。

——鲜明的“平民教育”意识，让教育关怀公平地惠及来自不同社群的所有学生；尊重学生的差异，重视其原有基础上的良好发展；个性的丰满与人格的健全，远比考试分数重要。

——对内外需求的积极适应。不抱怨客观上的不利条件；看清形势、抓住机会、主动行动；以适应社会、教育、学生长远发展的需求为目标，定位学校发展方向。

——提升课程领导力，在新课程实施中谋求新发展。具有通过课程改革发展每一个师生的强烈意识；通过校本研修促进教师对课改理念的内化，提高课程执行力；从课堂教学实际改进着手，提高教育效能。

——以特色建设带动全面提升。在学校发展策略上，以重点突破带动各项工作的改进；让学校教师切实感受到变革与发展的可能性，提振信心和期望；深化实践探索，在全面提高办学水平的基础上，形成教育创新的实践研究成果。

令人欣喜的是，“新优质学校推进”项目的扩散效应不仅体现在一所所学校中，更在部分区域层面开始显现辐射力。“毕竟能够进入项目组的学校是少数，对于区域而言，更加看重的是如何由点及面产生更广泛的效益，项目的目标是要办好每一所家门口的学校”。为此，该区专门邀请课题组对杨浦区应该如何更好地推动面上学校发展展开研讨。普陀区、长宁区、松江区也都开始在区域层面的思考与设计。对于区域层面的设计，闵行区的做法更是可圈可点。

闵行区推出“智慧传递”方式，它是该区聚焦基础教育转型期的瓶颈问题——学校经验如何有效辐射，学校发展如何持续提升等，通过区域、专业机构和学校三方联动所设计的一种机制创新。通过“智慧传递”项目实施，创新区域教育内涵发展机制，构建学校推进教育内涵发展的研究共同体，形成管理有序、实施有力、务实创新的教育内涵发展项目运行模式与管理机制，围绕“为了闵行每一个孩子的健康快乐成长”的核心理念，全力打造“幸福校园”，在解决区域性教育改革与发展重大问题方面有明显突破，对学校教育教学质量和办学品质的提升产生持续的效应，区域教育的综合实力得到明显提升。“智慧传递”项目推进的核心机制是“凝聚、传送、辐射、共享”，形成紧密的内部结构和系统的操作流程。所谓“凝聚”就是：① 选择——按照智慧传递的要求，选择一些办学有成效、有影响力、有值得推广经验的学校；② 内部提炼——通过学校内部研讨、交流与反思等形式，对教育经验进行梳理和提炼；③ 专家提升——聘请区内外专家对所选学校的经验进行实践指导与理论提升；④ 形成智慧——形成学校发展的亮点和教育智慧。所谓“传送”就是：① 目标（亮点）确定——即对参加传递项目进行目标聚焦，形成传递的亮点；② 确定传送内容——过程性再现，将经验形成过程再现，形成可视性的成长环节；③ 传送途径与方法——通过现场展示和网络平台展示等形式展现学校亮点和智慧。所谓“辐射”就是：①营造氛围——在区域内营造研讨氛围，形成共同探讨与分享学校教育教学方面的智慧成果社会环境；② 达成共识——通过交流、研讨，在一定程度上对所呈现的教育智慧达成共识与认同；③ 打造团队——通过智慧传递项目的辐射，形成区域项目核心团队，推动全区典型性教育智慧的传递与辐射效度。所谓“共享”就是：① 在场——定期开展现场展示；② 在线——通过网络平台进行研讨、交流；③ 全员参与——通过在场与在线两个平台，让全区学校和全体教师知晓区域的教育智慧内容，积极参与到区域教育智慧的开发与应用中，实现教育智慧资源共享。“智慧传递”提供了区域专业领导力提升的一种视角，变行政命令布置为共同创造教育经验；“智慧传递”实现了群众性教育改革的积极状态；智慧传递还利用现代信息技术让更多的学校动态的传递和分享，为丰富项目组的视角和内容提供了鲜活的经验。

作为一个项目，“新优质学校推进”的时间性很强，只有两年。在接下来的一年时间里，项目组还将创造更多高效的方式，比如，建立同类学校的发展共同体，组织同主题的深度研讨会，以课程与教学为切入点的深入开掘，促进区域新优质学校推进的特色发展等，让更多的学校在项目中获益，让每一所家门口的学校都成为让百姓满意的优质学校。

（三）因校制宜

1. 项目组的期望

第一，项目组期望 41 所项目学校能总结出 41 条走向新优质的路径。从对项目学校的全覆盖调研情况看，项目学校由于原有起点差别，学校所处的环境和生源条件不同，校长自身的背景和工作思路各异，因而学校所呈现的发展路径有着明显的多样性和丰富性。这种多样性和丰富性首先表现在经验内容的多样性上，因此项目组期望学校能从有新意、有实效、能辐射的经验和成果中提炼主题，体现学校办学经验和特色；其次体现在经验形成过程的差异性上，因而希望学校能回溯实践过程中所面对的问题，对问题进行聚焦，找出实践过程中的若干关键点（如着手点、突破点、转化点、深化点），分析典型的人与事的变化。不同的发展路径应该能对面上的不同类型学校发展提供启示。

第二，项目组也期望 41 所项目学校不但能总结出自己的、有特点的发展路径，而且在本项目实施的两年中都取得明显进步。在项目推进的两年中，希望尚处低位徘徊的学校能走出困境，获得突破性思路的启迪；已经取得突破、形成了某些有效经验的学校能取得拓展，加速走向全面优质；已经取得突出办学成绩的学校能走出高原，找到新的生长点。期望 41 所学校中的大多数，都能成为上海义务教育学校走向优质发展的不同层面的典型。

第三，项目组还期望 41 所项目学校不但能自己取得进步，它们的成功经验还能广为传播，使更多的同类学校获得借鉴。项目组在虹口实验学校、洵阳路小学、徐教院附中等校举行的几次展示活动主旨鲜明、亮点突出、实践性强，产生了良好的社会反响。比如，闵行区的“智慧传递”是一种很有创意的“新优质学校”经验的区域性传播方式。有的学校也已经逐渐成为上海义务教育学校中“平民教育”优质化的新名片。

项目主张每所学校不管原来的起点怎样、客观条件如何，都要真正关注到每一个学生的健康快乐成长，对学生终生的可持续的发展负责。学业成绩是需要关心的，但它只是需要关注的众多方面的一项，甚至还不一定是很核心的一项。如果学生不喜欢自己的学校、不喜欢自己的老师、不喜欢学习，那么考试、检测的分数的意义何在呢？“新优质学校推进”项目无意于通过评选来给一部分学校加上某个头衔、称号，也不追求政府对这些学校给予特别的资源投入而使之成为新峰，而是强调要将教育关怀公平地惠及来自不同社群的全体学生。具体地说，参与这个项目的学校要成为这样的典范：他们不挑生源，负责任地接纳对口就近入学的全体儿童，不管他来自高档国际社区，还是进城务工人员聚居区；在政府均衡配置教育资源前提下，学校综合办学水平、育人质量明显提高，成为周边百姓满意的好学校；以促进每一个孩子良好成长为价值追求，通过课程教学改革，尽可能适应学生差异、满足学生共同的和不同的发展需求；从校情、教情、学情出发，主动探索促进学校办学水平提升的有效策略，并产生辐射作用。

2. 学校实例

（1）洵阳路小学

洵阳路小学创办于1958年，地处石泉街道的中朱学区，原属上海“三湾一弄”地区，社区环境相对较差。随着社会变迁与经济发展，周边环境虽然有所改善，但学校所对口的社区并没有太大的变化，各方面资源仍较为短缺，家长文化层次比较低，家庭物质条件有限，精神生活也相对匮乏。1995—2003年，根据普陀区教育局建设优质教育资源的规划布局，学校先后与5所学校合并。1998年，8名骨干教师又被输送到民办学校，学校师资队伍出现相当不稳定的状态。

面对这样的困境和困局，学校没有回避问题，而是主动寻求突破，借助高校力量发展学校。1998年至今，学校投入了“新基础教育”研究，实现了学校整体变革，走出了一条依靠科研力量促进学校内涵发展的道路。

第一，基于生命成长的学校核心文化形成。在学校改革的发展历程之中，始终关注文化的更新和引领作用，走出了一条具有鲜明学校特色和时代特征的文化之旅。这条文化之旅以20世纪80年代的“中朱精神——不怕差，只要抓，因为差，更要抓”为起点，到今天的“寻阳文化——润泽生命，洵美且异”先后经历了五个阶段。“寻阳”文化的含义是“寻找阳光般的事业，寻找阳光般的人生”。后来学校又将其内涵提升为“润泽生命，洵美且异”。“润泽生命，洵美且异”的意思是：一样的阳光，滋养学校每一个生命不一样的成长。它既照应了校名中的“洵阳”，又阐发出新的理念。“润泽生命”是阳光的功能。阳光是一切生命成长之源，它是七彩的、温暖的，它象征着希望、公平、博爱、乐观、积极、主动、和谐，它滋养生命，润泽生命，赋予生命成长的力量。教育本就是一项充满阳光的事业，教育理想应该包含对生命的尊重与期待，包含着对生命成长的执着追求。学校应该是一所充满阳光的家园，让鲜花和小草共享阳光的哺育。

第二，变革组织制度，创建阳光学校。通过构建一套以人为本、富有活力、优质高效的管理体制和运行机制，进一步唤醒学校管理者的自我意识、发展意识、生命意识，培养出一支能自主策划、勇于实践、团结协作、富有活力的领导团队，从而推进学校日常生活的更新、学校中人的生存方式的整体转换，创建一种新的学校生活形态，促进学校的内涵发展、主动发展和可持续发展。管理重心下移，引导学生参与环境建设、参与活动开发、参与学校管理，促进学生主动发展。完善教师民主参与机制，建立以职工为主体的质询制度、咨询和磋商制度。从学校制度的制定到制度的内容都体现出教师是学校的主人，使每位教师感受到学校的关怀与激励，从而激发他们发展与创造的热情。鼓励家长参与管理，拓宽家校交流渠道，建立家长资源库，成立“家长志愿团”，设立“家校热线电话”和“家校电子信箱”，举办家长接待日等方式加强学校与家长的沟通，与学校教育形成多纬度的互助。借助家长委员会，及时传递社会与学校之间的教育信息。通过学校体育、文化教育硬件资源向社区居民开放，学校为社区提供智力资源，而社区则为学校营造良好的文化氛围，以及为学生提供社会实践的机会的方式，开展各种形式的资源交流活动，从而最大限度地发挥各自的教育功能。

第三，跨域融通教研发展阳光教师。通过专家引领，提升骨干教师独立引领课题的研究能力，依托教研组团队建设来带动教师个体的成长。通过菜单式的校本培训，为教师向更高层次的发展提供平台，提高教师的主动性和创造性。通过跨学科、跨领域的校本研修促使教师专业素质的多内涵发展，满足学生全面发展的需要。

第四，开展基于学生成长需要的课题研究。“基于学生成长需要”的教学理念，研究学生在学习中的生命成长究竟需要什么，他们需要获得怎样的成长，怎样的课堂教学才能促进和满足学生的生命成长。学校研究学生的“前在”，预设学生的“潜在”，重视学生的“差异”，让每个处于不同水平、不同发展阶段的学生在教师的帮助和自己的努力下都获得进步与发展，更重要的是使每个孩子对自己的发展充满期待与信心。

第五，基于学生成长需要的学生工作研究。学校教育中蕴含着丰富的生命资源，不仅是课堂教学，还包括日常的班级生活，主题活动、教室文化建设、学生群体等，都是学生成长的资源。学校教育不仅要从学生的问题中去觉察学生成长的需求，而且必须超出问题的视野，去预设、策划能促进学生发展的实践活动，构建起促进学生潜能发展的校园文化生态系统，促进学生积极主动的发展。为此，在“基于学生成长需要”的课程理念背景下，学校研究学生的年龄特点，解读学生成长需要，整体架构校园学生活动体系，使活动满足学生的成长需要，在活动中体现序列化、平民化、选择性和统整性。

一位学生家长说：

> 洵阳路小学为孩子提供了良好的学习环境，孩子在学校里学得开心，学得轻松。把孩子送到洵小，我们一百个满意，一百个放心。从孩子的脸上我们再也看不到原先的自卑、胆怯、拘谨，阳光般的笑容始终洋溢在他们的脸上。三年中，学校的家长满意度调查逐年递升，2012 年达到 98% 以上。根据跟踪调查，洵阳路小学毕业的学生深受中学教师好评，社区街道更是在多种场合称赞学校：经常看到洵阳路小学学生在社区中的活跃身影，他们文明守礼，将学校精神文化传播到社区，涌现了大量的好人好事，形成了良好的口碑。社区居民都愿意将学生送到洵阳路小学就读，洵阳路小学已经成为石泉社区一道亮丽的风景线。

（2）闵行四中

上海市闵行第四中学是地处闵行区最西南城郊结合部的一所大型公办初级中学。2002 年起，经两次合并重组的新校，扎根学校传统，依托现实基础，走出了一条以学校“自育文化”的自觉培育，带动学校全面发展，引领学校转型性变革的新路。

第一，“拼命追击，死缠到底”，学校文化的寻找和自觉培育。2002

年7月，面临二次并校、骨干缺乏、队伍超编、优质师资难以引进，教师期望变革又害怕深度变革的现实问题，面临因特殊的地域、社区背景，学生来源呈现的三多三少：单亲、离异家庭多，外来务工人员家庭多，困难家庭多；知识分子家庭少，学科成绩3A的少，学生中少先队小干部少，以及由此带来的学生学习基础薄弱、目标意识不强、自我效能感差、内心敏感自卑等重重困难、困惑、困境，学校认真分析现状，清醒地意识到，首要的任务是改变师生面对变革、面对现实的心态和姿态，培育一种积极上进、自信顽强、拼搏进取的精神气质。而这种精神气质不可能寄望于从外部直接移植过来，必须在学校内部寻找并进行自觉培育，使其逐渐扩展增强为广大师生普遍认同的内在精神。

学校从体育找到了切入口。闵行四中是上海市棒球传统学校。学校棒球队曾经多次在各种不同类型、不同级别的比赛中夺冠，而且为各级运动队输送了很多人才。当学校发展因各种原因而陷入困境时，棒球，这一振奋人心的特色项目，却始终激励着闵行四中全体师生，凝聚着人心、人气。而棒球特有的“拼命追击，死缠到底”的精神恰是合并之初的“四中人”迫切需要培育的精神。

经过研究，学校将这一传统项目开发成一门校本特色课程——“少年棒球”，精心打造，做强做亮，通过课程建设与实施，使闵行四中的师生“人人懂棒球，人人看棒球，人人会棒球，人人学棒球精神”。更为重要的是，学校将“拼命追击，死缠到底”的棒球精神在学校日常教育实践的各个方面广泛渗透、扩展、宣扬，成为了全体师生的座右铭。每年新生入校教育就在棒球之父梁扶初铜像前进行；每周升旗仪式以此为主题开展系列教育；每月评选“自强棒球少年”，以他们的成长经历影响其他学生，以棒球文化丰富滋养学校文化。在这一轮的课程建设与变革实践中，学校开始发生变化，师生们开始明白：精神和身体的强大、强健和强悍，不是天生的，是在直面困难和挑战中磨砺出来的。

第二，“砺志健体，自育自强”，学校新文化的创生。“拼命追击、死缠到底”的精神，在一段时间内激励了全体师生，有效提升了师生士气，改变了学校精神面貌。但是，这八个字是在两校合并的特定背景下提出的，其文化涵盖性还不够强，还需要在前期探索的基础上，进一步提炼更具时代精神、更能体现学生立场和教育关怀的学校文化。

另一方面，当教师专业发展等瓶颈问题开始凸显，迫切需要专业支持与研究平台时，学校作出了两个决定：参加华东师范大学叶澜教授领衔主持的“新基础教育”研究实践；向上海市教委提出申请，新四中继续开展二期课改试点实验（原八中是一二期课改试点校），成为基地校之一。选择加入并开展“新基础教育”研究实践，是因为以叶澜教授为核心的教育学者、专家团队以最真挚的草根情怀关注最普通的学校、学生、教师的日常生存状态，真心实意指导并与中小学校教师合作，在课堂教学、班级建设、学校管理等方面开展深度研究，不计时日、不辞艰辛。作为一所最普通的学校，能与专家们相约星期二，共同开展研究实践，实在是学校教师专业发展的机遇，是学校转型性变革的机遇。争取成为上海市二期课改基地校，是因为第一、第二期课改的试点试验让学校在教育理念、课程建设、校本研修等方面具备了一定的先发优势。而上海市五十所初中课改基地校组成的共同体，又像一个场，极具吸引力。身处共同体，在各种交流、研讨、沟通、互动的过程中，信息传递与精神能量的流动与分享得以实现。

接下来的几年中，新一轮研究性变革实践在闵行四中的校园里热烈而激情地进行着。专家的引领，共同体的资源，以“学习—实践—反思—重建”为特征的日常的密集的教育教学研讨活动，让教师们忙碌着、充实着、改变着，一批有理想、有智慧、有成效的骨干教师开始出现。为了激活每一个教师的发展潜力，学校还进行了制度和组织的变革与重建，“周周研、三互动”校本教研制度、自育型教师成长促进制度、“每月一星”评选表彰制度等各项制度的实施，考虑到了各层面教师发展的需求，促进了各梯队教师的良性发展。学校还引导、鼓励教师成立骨干教师项目工作站、青年沙龙、自育博客、“周末有约”读书会等非行政性教师专业社群或情趣组织。在这些有共同的信念、价值取向的组织里，教师们可以自己决定活动的指向、内容和方式，教师们成为了自己工作、专业发展的自觉的策划者和参与者，激发了教师的主体意识，也提升了教师的归属感和幸福感。

教师的学生立场开始确立。学生工作开始呈现前所未有的活力：班级双班委制、人人小岗位制、学习小组、自育自强好少年成长系列主题活动，让学生开始主动参与，体验快乐，在不同的岗位上培养责任，收获成功。在一系列的教育与活动中，他们开始找回人最珍贵的一样东西：自信。学校的教育教学质量也走出了低谷，有了很大的提升。

可喜的是，研究性变革实践的历程还催生了学校的新文化：源于棒球精神，由棒球精神奠定底色，集全校教师智慧，并由叶澜教授润色提炼的“砺志健体、自育自强”的学校文化得以创生，获得了全校师生的广泛认同，其中“自育”为文化之魂，基本内涵是培养师生自觉学习、自主实践、自我培育、自我更新完善的意识和能力，其核心价值就是师生的自觉主动健康发展。

第三，自育成人、自强成事，开拓学校转型变革之路。“自育”文化一经确立并自觉建设，学校便开始了更深层次的思考：学校文化对师生生命成长的影响是最深刻的影响，而学校文化的建设却是要渗透在学校的一切工作之中的。必须沉得住、潜下心，通过全域、全员、全程的自育文化建设，使之落地生根，从而真正充盈滋养师生的生命成长。

学校管理与领导变革，打造自育型责任人。学校管理者要用自己如何实现成人成事的实际行动，去影响教师成为自己的成事成人的积极主体，因而，管理团队的成长至关重要。学校创建“责任人——合作者”的新型管理团队。学校提出各部门主任均作为本部门第一责任人，主动承担价值引领、队伍建设的重任，承担起工作的策划、分工落实、实施和反馈全过程的责任；而不同部门之间又互为合作者，相互沟通和补充支持，相互贡献智慧和经验。

“责任人”角色的转变使得部门责任人不再一味“等、靠、要”，转而开始在沟通与合作中主动探求本部门发展之路，在为学校发展贡献力量的同时成就自己的事业，他们的思维品质、实践能力在实践中砥砺变化、更新成长，他们率先成为自育型责任人。

重心下移，内部组织结构扁平化。为激活最基层组织参与教育教学研究实践的主动性、积极性，学校创立了由年级主任、年级教师代表组织的年级管理委员会（简称年管会），将日常的策划、管理、指导、部分评价权、奖励权下放，让年级主任及年管会分担管理职能，并直接管理指导班主任和备课组的工作。保证了学校管理重心的真正下移，增强了德育和教学两方面的互相渗透，形成富有活力的管理格局。年管会负责人参加校务会议，参与学校管理，不仅激发了其个人的主动性和创造性，而且激活了整个学校的中间组织。

“三助理”制，促人人自主参与学校管理格局的形成。每三月为一期，自荐、推荐相结合，每期分别聘请教师、学生、家长校长助理各三名，全面参与学校工作策划、组织、实施、评价全过程，至今已有八期，共计 72 名师生、家长参与，实现了普通教师、学生、家长在学校改革和发展意义上的真正的民主参与。这个特殊的岗位，让大家经历了一次作为学校发展、自己发展的责任人的宝贵的自育历练。

课程改革、教学研究，成就自育型教师。随着课改的深入，学校引导教师切入课程核心领域，实现突破，提升效能。学校分析学情、校情，探索确立了“低起点、小步子，快反馈、多成功”的教学原则和“双基双通”的校本教学策略，即：基于兴趣的学，基于学情的教；力求打通学生的书本世界与学生的生活世界，打通学生书本世界与学生的经验世界、情感世界。以理科为例，根据学生对理、化学科的畏难情绪，教师尝试以实验引路，以兴趣诱导，不仅提前在初二年级开设理化实验兴趣课，还多时段开放实验室，鼓励小组实验，做到实验日常化、生活化、探究化，大大激发了兴趣，降低了坡度，提升了学习能力。

外语学科更具代表性。六年级入学时，很多外来务工人员随迁子女只有小学一、二年级水准，有的甚至只认识字母，要用四年的时间完成九年的学习任务，这是具有挑战的困难。外语教研组集体攻坚，智慧教学，从摸清家底开始，从起始年级开始，一生一分析，一人一目标，一类一计划，重组教学内容，优化课堂教学，自编习题，分层训练，教学成效明显，学生信心大增。

为了提升每位教师创造性实施课程的能力，学校提出了“加强组织建设，以团队成员的互补互促，实现创造力成倍激活，教育力量成倍增长”的发展策略。

学校开展“自育型备课组建设的研究与实践”，以组为点，通过愿景共建、组员梯队式差异组合发展、更新学研制度、备课组主发言人轮换制等探索，激活最基层教研组织的活力，潜下心来研究本学段本学科学生学习中的真实问题、真实需求，自觉更新变革，集体研究实践，实现专业自主。“赢得男生计划”、“四横三纵数学课型研究”，等等，就是各备课组基于现实问题的自觉研究，很有价值。不少备课组已显现富有特色的组室文化，正在由他组织走向自组织。语文组等还开展了学科群建设，如唐宋诗词走班教学，软化了传统的组织边界，形成了不同学段语文教师甚至其他学科教师共同参与的团队。在这校的团队中，教师们志趣相投、相互滋养、相互玉成，实现了更高层次的专业自主发展。

学校抓住自育型备课组建设的宝贵资源、成功范例，由下至上，由点到面，全力推进各类自育型组织的建设，将每位教师推向前台，激活其发展潜力。

学生工作变革与创造，培育自育型学生。在学校自育文化引领下，学校的学生工作有了更加全新的视野和推进策略，通过学生立场的坚守落实、校园生活的综合改造，影响促成学生群体的自育成长。

一是形成自育活动系列，丰富学生生活经历、精神体验。学校坚守一个信念：四中的孩子虽出自平民，虽普通平凡，但能在学校生活中，有丰富的体验、有开阔的视野、有尊严的精神的生活；能因阅读而充盈，因科技而严谨、创新，因健体而灵动，因艺术而雅致，因交流而丰富。学校基于这样的认识、整合，梳理各类活动，形成了四大校园自育文化活动系列：11月至次年3月的“阅读点亮自育人生”读书节系列活动；4—6月的“科艺开启智慧人生”的科技艺术节系列活动；7—8月的“奉献成就美好人生”的社区志愿实践系列活动；9—10月的“运动奠基幸福人生”体育节系列活动。更重要的是在活动中，学校注重养成学生自主策划、主动参与、自觉反思总结的意识和能力。2011年的科技节就是由七（6）班学生承担策划、组织及总结工作，用学生的话来形容，那就是“让科技节闪耀七（6）班的智慧之光”。这样做，让每位学生感受到了自己意见的重要、参与的重要，产生了对自己潜能价值的信心。这样做，每一次活动就都成为了一次自育的过程。

二是专辟“闵四”时间，开设自育课堂，满足多元成长需求。为确保学生活动的时空，2008年起，学校专辟“闵四”时间，开设自育课堂，满足学生多元的成长需求。其一是每周一下午的社团时间，全校学生人人参与。目前，平民化、多样化的40多个社团活跃在校园内，学生们不仅能自主选团、也能自主组团，很多精品社团逐渐成长，在校内外各种活动中崭露头角。这给学生带来了成功的体验，更培养了学生自主策划、自我管理、主动发展的意识和能力。其二是每天午间“悦读30分”阅读时间，将图书馆下放，建在班、建在队、建在办公室，使家中很少有报、很少藏书的学生能和老师们一起读书、读报，读刊。一动一静，两个“闵四时间”成为学校课程有机的组成，更成为学生生命成长的美好印记。

三是关注班级生态、差异、个性，建设自育班级文化。学校将班级建设的重心前移到每一个班主任日常的自主变革实践，充分发挥班主任在班级建设上第一责任人的意识，以“自育集体、个性班级”为载体开展自育班级文化建设，还班主任自主创造的空间，鼓励班主任创造独特的教育智慧，形成健康向上、个性鲜明的班级文化，让班级真正充满成长的气息，也由此促成班主任队伍内生力量的形成。例如，七（4）中队“向阳花”建班之初，班主任便对学生状况作深入调研分析，根据学生基础参差，自我认同度不高，但朴素、热情的特点，寻找“向阳花”作为班级的标志物，温暖人心、凝聚人心、发展人心。两年的班级建设过程中，教师引导学生不断挖掘丰富向阳花的意象和内涵，引导学生培育“向阳花般善于吸收的学习精神、勇于面对的阳光心态、乐于回报的感恩奉献精神”，班级学生阳光自信、感恩明理、学习自觉，本学期被评为市先进班级，自育班级文化建设，大家看到了一个个更加多彩丰富的班级集体，一段段充满成长气息的班级生活。

四是探索自育评价系列，激励导向，催人奋进自强。因为生命成长的复杂性，学校探索完善注重过程、质性的自育评价体系：有针对每个学生的自定目标、自我教育、阶段成长的《学生自育手册》；有每个班级以激励向上，正面成长为主的个性化“自育成长档案”；每周班级自育之星评选，每月年级推荐“自育使者”参与年级学生自主管理；双周一升旗仪式开展“美丽的自育一刻”表彰活动，表彰因主动因自觉而美丽的个人与团队；每年隆重举行闵行四中十佳“自育自强好少年”的评比表彰活动。

开展系列自育评价，由于其出发点是成人，因而产生了多方面的效果。师生们开始学会尊重，学会欣赏，学会用发展的眼光审视自己、要求自己，发现他人，学习他人。每一个普通的师生都能不因平凡而妄自菲薄，不因普通而退让等待，都能从而汲取自信的力量，找到发展的支点，重建生命的尊严。

十年的变革实践，改变了学校的内在气质和外在形象，增强了学校师生底气和信心，学校不仅培养出了特级教师、上海市名师等优秀教师，各梯队的教师也成长明显。而且，体育骨干教师培养基地、化学名师指导室、美术教研共同体等也相继落户学校。更可喜的是，各类自育自强好少年在学生中涌现，学校办学水平也达到区督导评估A级一等的最高水平，2012年还成功跻身“上海市新优质学校”的创建行列。

大家欣慰地发现，学校用十年的光阴努力做成了一件大事：坚守教育理想，坚守学生立场，坚守变革实践，建设学校文化，自育成人，自强成事。每个学校都是一个独特的世界，都应该也可以去建设基于校本的、指向未来的、基于发展需求的、体现“成人”价值追求的学校文化，进而去孕育独特的生命世界、文化世界和教育世界。

（3）上海市实验学校东校

上海市实验学校东校（简称东校）位于浦东新区碧云国际社区内，是一所公建配套的九年一贯制学校。从2004年建校起，东校就试图构建起一个由学校管理团队、教师和家长共同构成的，基于平等对话与协商的社群。为此，学校认真梳理教育中的各个要素，其中包括学生、教师、家长、家庭、课程、教材、校园环境等。结果发现，学生和教师之间、学校和家庭之间构成了学校教育最为主动、最为关键的两对矛盾，其包含了学校能提供什么样的教育服务、学生需要什么样的教育服务，教师、家长、学校、家庭如何在矛盾中达成共识，形成良性的教育生态。为此，学校抓住这个主要矛盾，努力推进家校合作，营造和谐的教育生态，并取得了良好的办学效应。

第一，积极构建自治程度高的特色家委会。就现代学校而言，家长不仅仅是学校的协作者，更重要的是作为被服务的主体，也是孩子教育上的学校同盟军，应有其利益的诉求渠道和关注孩子教育问题的发言平台。学校统一将家委会的构建目标定位在：使东校的家委会成为名副其实的对自己的事务行使一定权力的自治组织，使东校的家长不仅仅是学校的协作者，更重要的是作为被服务的主体——孩子教育上的学校同盟军，应有其利益的诉求渠道和关注孩子教育问题的发言平台。

学校实施家委会直选的议程分为三部分。① 确定候选人名单。候选人名单组成为：原家委会成员；原家委会推荐候选人；班主任推荐候选人；自荐候选人。② 候选人发表竞选感言。③ 以书面形式投票选举，确立新一届家委会成员。学校家委会的产生不再由校方“一手包办”，按照家委会章程，每位在校生家长均有选举权和被选举权。每位候选人由一位以上家委会成员提名，选举委员会通过书面材料或班级网站提供预选候选人的资料给各位家长，由全班家长投票选举，得票最多的五位当选为班级家委会成员，每班获得最高票数的家长当选新一届校家委会候选人，再进行年级范围的竞选，得票最多的两名家长当选为校家委会成员。当选标准：有爱心和时间，要能当好学校、教师、家庭和学生之间的桥梁。由家长直接选举产生的家长委员会，更有民意基础，使学校和家长的沟通更加顺畅，也能够体现出广大家长的意愿。

随着各届家委会的工作不断深入展开，家委会章程得以不断完善，东校家委会也日趋成熟起来。学校专门还辟出两间办公室作为家委会办公室、接待室，为其日常接待、参与学校管理、与家长沟通等工作提供场地。

第二，齐心建立运作通畅的家校共商机制。家校共商是一个动态生成的过程，也是所有环节中最为复杂的过程，家校协商之下共同设立了如下操作流程：预设—实施—反馈—改进—完善。例如，2009 年 5 月 21 日是中国学生营养日，学校组织了一场别开生面的听证会，讨论的话题是学生午饭。家委会成员以本校学生午餐情况的调查数据为事实依据，连珠炮式地抛出问题，要求供餐公司改进午餐质量。同时，家委会还酝酿了一整套营养午餐干预机制，从开展学生食品营养教育入手，直至在学校选择供餐公司方面争取发言权。

此后，家委会就有两名精通儿童营养的委员专门负责对学生伙食的监管，每周营养午餐配置由她们认可签字。委员们可不定期直接到食堂检查饭菜质量，监督卫生情况，以履行家长赋予的工作职责。

校长王玮航说：

这是一次有意义的听证会，也是个很好的开始。今天在座的是服务者和被服务者，连接的纽带就是对孩子全面成长的关注和爱。

第三，开展家校交流，凝聚家校教育合力。正是有了和谐的教育生态环境，家校合作的实施领域与途径在东校这片社区的沃土下有了更广阔的天地。

特色一：齐心推动了学校社会实践课程建设。新课程改革与国际社区的环境定位，给了学生更多了解社会的机会，学校、家长、学生都意识到有必要立足课堂，放眼社会，贴近生活，到生活中学习更多的知识，了解生活百态，因此合力开展了微型社会考察课程——“半日社会考察活动”。它以学生家长的单位或家长熟悉的社会场所为考察地，由家委会和班主任共同商议活动方案，联系车辆，和教师们一起带学生参观、体验，负责他们的安全。考察中孩子们接触了社会，了解了很多生产中的知识，更主要的是体验了父母工作环境，知道他们为社会创造财富的辛劳：通用汽车、家乐福物流、商务印刷所等，成为了孩子们的第二课堂。此外，东校英语角、图书馆家长义工、“三月大讲堂”等都为家长参与学校日常活动，共同教育孩子创造了条件。像这样由家长提供的综合实践活动的资源，在东校可谓数不胜数，而且形式也在发生着变化。从半日考察到微型课程，从整年级、整班的指导到针对学生特长的个别辅导，校园文化生活呈现出前所未有的形式多样，学生的精神面貌也发生了巨大的改变。“要我学”在真正意义上变成了“我要学”。

特色二：促成了生动活泼的校园文化。学校的五大节日活动：爱心节、读书节、体育节、科技节、艺术节是德育工作的亮点内容，是对学生进行思想道德、人格品质、体育美育教育的重要途径。这些活动的开展也离不开家校的通力合作。以一年一度的东校爱心节为例，它是学校全体教职员工、学生、家长、社区热心人士共同参与的盛大节日。在第五届爱心节上，由王玮航校长指挥、由家长合唱团演唱的“同唱一首歌”深深地折服了孩子们，父母嘹亮的歌声成为了东校孩子心中的骄傲。记得合唱团领队米晓军在倡议书上写道：唱歌不是目的，让孩子们学会享受生活拥有人生小乐趣才是父母放歌的缘由；表演不是目的，让孩子们知道认真投入追求可以创造奇迹才是父母的动力；聚会不是目的，给孩子们留下童年众多家庭共同分享欢乐的永恒记忆画面才是父母的心礼。健康快乐幸福的家庭理念、家校联手打造和谐教育生态环境的目标将会伴随合唱团的歌声发出最美的共鸣。

王玮航校长说：

> 家长合唱团是家长自发组织的社团，它融洽家校关系、师生关系、校社关系；它传递学校教育生态理念，为孩子们营造一个健康成长的环境，为家庭教育提供分享经验平台，有助于家长相互交流，提高家庭教育的水平；它丰富家长精神生活，提升艺术修养，进而影响家庭，反哺儿童，最终让儿童受益，也实现学校全人教育的理念。

特色三：筑起了坚不可摧的校园安全。围绕“生命与生活”的课程理念，结合学校所处的国际化社区的地理位置与环境，学校德育部门有条不紊地开展“安全教育的研究”，与家长们携手共建学生防护机制和体系，实现学校、社会、家庭对学生安全教育的互补和统一，开辟出一条现代社会社区学校中、小学安全教育的新途径。诸如：家长所在企业的安全预防指导互动活动，针对不同年龄阶段学生开展的健康、安全讲座，家长参与疾病预防，协助展开定期消毒、定期晨检的行动，督促食堂高质量地为师生服务的听证会，等等，这些活动的成效都一次又一次地证明了家校合作的意义与实效。

上海市实验学校东校在推进家校合作、打造和谐教育生态方面取得了一定的成效。在植根传统文化基础上，学校着力凸显教育的多样、和谐、开放、渗透、可持续发展的目标，为学生可持续发展创造了条件。学校教育与家庭教育真正实现了一体互动，彼此协调合作，对孩子们已产生了综合性的影响。

但家校合作这项工作是长期的和艰辛的，需要在以下几个方面作出持续的努力。要进一步转变广大教育管理者和教师对“家校合作”的观念理解，正确界定家校合作的领域；将家校合作纳入现代学校德育制度建设的大命题之下。

四、发展改革点评：把取得进步作为义务教育均衡发展的出发点

在推进义务教育均衡发展过程中，改造薄弱学校提升办学水平是关键。上海市在深入调研的基础上清醒地得出一个结论，用传统标准的同一尺子衡量所有的学校尤其是薄弱学校既不科学，也很难促进这些学校的进步提升。于是，提出了“新优质”的发展理念，即从学生实际出发、从教师实际出发、从学校实际出发，把每一位学生、教师，每一所学校的进步作为评价标准和努力方向，确立科学的发展路线和方法。上海在短时间内培育出一大批优质学校，并 PISA 测试中取得了很好的成绩，受到了社会和家长的普遍好评。上海市探索义务教育均衡发展道路成功的关键是选准了出发点。

（一）科学设定发展目标

上海市将这一目标命名为“进步”，这是重过程的发展目标。实施新优质学校建设不是“表彰或命名”一批新优质学校就大功告成了，而在于将动态的推进过程作为项目的主体工作，能够清晰地看到每一所学校在进步，并呈现与分析进步的历程。

这是重增量的发展目标。实施新优质学校项目最终并不是要建立起一种评价标准，或者说形成一把新的尺子来衡量和评判所有学校，而是通过“进步”的视角来关注基于原有基础之上的增值，这是一种动态发

展的评价标杆。

这是重全局的发展目标。“进步”的目标既表达了追求学校发展的态度和决心，也阐释出“办好每一所家门口的学校”是推进义务教育均衡发展的本质要求，办好每一所是全局观念的具体体现。

（二）科学设定发展内容

要提升就必须培育信心。内容和方法是让学校在不断梳理提炼中发现自身蕴藏着无限可能性之后的自我肯定。

要提升就必须认识自我。内容和方法是帮助每一所学校重新认识发展突破点，焕发从突破点转向引领点的研究意识。同时，更为重要的一点，“推进”的过程不是替代学校思考，也不是锦上添花式的总结提炼，而是和学校一起发现“最近发展区”。

要提升就必须关键突破。内容和方法是提升课程领导力，在新课程实施中谋求新发展。每所学校都具有通过课程改革，发展每一个师生的强烈意识；通过校本研修促进教师对课改理念的内化，提高课程执行力；从课堂教学实际改进着手，提高教育效能。

总之，上海的实践是教育理念和发展策略的双胜利。在教育理念上，摒弃唯分数的评价标准，把孩子的全面发展作为追求目标。发展策略上，正视薄弱学校的先天不足，主动适应校内校外两方需求，抓住机会、循序渐进，成功满足了社会、教育和学生长远发展的需求。

第三章　四川省成都市标本兼治解决择校问题

一、域情教情

成都位于中国四川省中部，古为蜀国地，秦并巴、蜀为蜀郡并建城，汉因织锦业发达专设锦官管理，故有“锦官城”之称，五代时蜀遍种芙蓉，故别称“芙蓉城”，简称“蓉”，1921年设市。1982年2月，成都跻身首批国家历史文化名城。成都市总面积1.21万平方公里，中心城区面积283.86平方公里，辖9区4市6县和一个高新技术产业开发区；户籍总人口1 142.7万人。2011年，成都实现地区生产总值6 854.6亿元，地方公共财政收入680.7亿元，城镇居民人均可支配收入23 932元，农民人均纯收入9 895元，城乡居民收入比2.42∶1。

成都是国务院确定的西南地区科技、商贸、金融中心和交通、通信枢纽，全国统筹城乡综合配套改革试验区，自古享有“天府之国”美誉，拥有国家级高新技术产业开发区和经济技术开发区。在成都落户的《财富》世界500强企业累计达到212家，美国、德国、法国、泰国、新加坡、韩国、巴基斯坦等9个国家在成都设立领事馆。成都市荣获全国文明城市、国家环境保护模范城市、中国最具经济活力城市、中国最佳商务城市等称号，分别被联合国世界旅游组织和教科文组织授予“中国最佳旅游城市”和“世界美食之都”。被世界银行评为中国内陆投资环境标杆城市，2011 年被《财富》杂志评为 15 座全球最佳新兴商务城市之一。成都是唯一获得“中国会展名城”的城市，会展规模和会展经济均列中西部首位，已经跻身全国五大会展中心城市。

成都教育具有悠久的发展历史。早在公元前 143 年，蜀郡太守文翁就在成都设学堂，办石室。近年来，成都市在以科学发展观统领城乡一体化发展进程中，坚持把统筹城乡教育发展摆在优先位置，全市城乡教育呈现出均衡、协调发展的良好态势，城乡一体的现代教育体系不断完善。

成都市义务教育阶段普通学校 881 所，在校生 108.6 万人（小学 502 所，初级中学 165 所，九年一贯制学校 195 所；小学在校生 68.01 万人，初中在校生 40.59 万人）。小学学龄儿童入学率 99.97%、初中学龄人口入学率 99.8%。

成都市教育体系逐步完善。市、县、街道、社区四级社区教育网络健全，有全国社区教育示范区 2 个、实验区 3 个。

成都市民办教育不断满足多元化需求。全市民办学校义务教育阶段在校生占全市义务教育学生总数的 14.06%。

成都市教育国际化稳步推进。全市现有国际学校 2 所，27 所学校设立了国际部，开设国际课程班（项目）47 个，88 所中小学与国（境）外 133 所学校结为友好学校。

成都教育事业发展“十二五”规划明确提出了未来五年教育改革发展“12346”的总体思路：围绕“率先在中西部基本实现教育现代化”这个目标，突出“均衡发展和素质教育”两大主题，围绕深化改革、促进公平、提高质量三个重点，建立城乡一体的公共教育服务机制、吸纳全民的终身教育机制、共创共享的学校家庭社会“三结合”育人协调机制和不断增长的财政投入机制等四个机制，夯实均衡化、优质化、信息化、国际化、法治化、特色化六条路径，深入推进教育均衡化，全面推进教育现代化，加快推进教育国际化。

二、亮点成效

2003年以来，成都市结合城乡教育差异大的实际，全面深入推进城乡教育一体化，逐步形成并不断深化以政府投入为主体、以资源合理配置为核心、以缩小城乡教育差距为目的的城乡教育一体化工作思路。

在促进县域教育均衡发展的同时，成都不断探索建立“市域统筹”的教育公共服务制度，深入推进“六个一体化”，并把促进义务教育均衡发展的有效做法和模式，向学前教育和高中阶段教育以及终身教育两端延伸，促进“全域成都”教育高位均衡、优质发展。

（一）以六个一体化促进城乡教育高位均衡发展

一是深入推进发展规划城乡一体化。着眼1.21万平方公里的“全域成都”，在统筹规划事业改革与发展的同时，强化教育空间布局，把全市农村初中、小学建设全部纳入城乡教育一体化发展规划，将学校布局与城乡基础设施建设同步规划、同步实施。按照“幼儿园小学就近、初中进镇、高中进城”原则，统筹规划、合理调整、科学布局灾后城乡中小学校点。

二是深入推进教育标准城乡一体化。在国家、省、市已有教育标准基础上，补充、修订和完善了37个标准，使事业发展有依据、有保障，可监测、可评价。制定了《成都市义务教育校际均衡监测指标体系》、《成都市教育现代化监测指标体系》、《成都市城乡教育一体化监测评价指标体系》，认真开展监测，建立起以促进校际、县域和城乡资源均衡配置为重点的多维度评价指标体系。

三是深入推进办学条件城乡一体化。系统实施“市域统筹”的项目和工程，着力将可调控的教育资源向低位倾斜。2007年，完成总投入14.5亿元的农村标准化建设工程。近3年来，系统实施了34.7亿元的灾后教育重建的地方自建项目、77.5亿元的校舍安全工程、7.2亿元的中小学技术装备改善工程、超过30亿元的职教攻坚工程，以及市级补贴总额逾亿元的223所农村乡镇中心幼儿园标准化建设项目、投入1亿元的村小改造工程等。

四是深入推进教育经费城乡一体化。统一城乡生均公用经费标准，建立每两年调整一次的标准动态调整机制。建立“市级统筹、分级承担，分类指导、区别对待”的经费分担机制，确立“一圈层给政策、二圈层给补贴、三圈层给倾斜”的经费支持机制，加大市级财政用于农村教育的转移支付力度和比例，确保新增教育经费主要用于农村。

五是深入推进教师配置城乡一体化。统筹推进“县管校用”教师管理制度改革，促进教师交流。统筹实施市政府出资的“成都市特岗教师计划”、免费师范生培养计划、“名优退休教师下乡兴教常青树计划”等三大计划，补充农村教师，改善农村教师结构。统筹实施校长定期交流、城区学校校长到农村学校任职、农村学校校长进城跟岗和教师支教、送教下乡、城乡交流等六大制度，促进干部教师向农村学校和薄弱学校流动。深化培训、学历提升、评优评先和职称评定、待遇向农村教师倾斜等五大倾斜机制，提升农村教师素质。

六是深入推进教育质量城乡一体化。统筹制定基础教育各学段质量标准，科学制定远郊、近郊和中心城区基础教育质量提升计划。实施优质资源推广共享计划，打破城乡、县域和校际界限，推进名校进新区、进园区、进山区，区（市）县组建“一对一”教育联盟，城乡学校“一对一”深度结对发展，建设跨区域远程互动教室等，提升农村学校、新建学校的教育教学质量。建立学生学业质量监测指标体系，着手研究制定素质教育评价指标体系。

（二）以城乡教育一体化促进教育资源均衡配置

一是资源均衡配置成效明显。与2003年相比，全市中小学教学仪器设备总值城乡差距明显缩小，其中小学缩小幅度最大，达到了61.92%。

全市教育经费投入的各项指标均实现了4倍左右的增长，农村增速均大于城区；小学、初中生均预算内公用经费支出的城乡倍率由2003年的5.4倍和2.6倍缩小到1.45倍和1.28倍。全市小学和初中高一级学历教师比例的城乡倍率由2003年的1.85倍和2.84倍均缩小到了1.19倍。

二是社会满意度持续上升。2009年，成都城、乡受访者对成都教育工作总体高度满意的满意度分别为77.73%和86.74%；2010年，满意度分别达到了80.85%和85.40%。2011年，成都严格执行义务教育就近入学、公平就学政策，同时，继续深化城乡教育一体化、促进优质均衡发展的治本之路，取得了新的突破。人民群众反映强烈的“上学难”、“上学贵”、“择校风”等热点、难点问题从根本上得到缓解。中心城区18所热点小学择校率较2010年降低了17.04%，12所热点初中平均择校率较2010年降低了41.85%。城乡居民对教育的满意度继续上升，分别达到了90.94%和94.47%。

三是改革活力不断增强。2006年，全国义务教育均衡发展经验交流现场会议在成都召开。2009年，成都成为全国首个部、省、市共建的统筹城乡教育综合改革试验区。同年，成都荣获“全国推进义务教育均衡发展工作先进地区”称号。2010年，成都被国务院确定为“探索城乡教育一体化发展的有效途径”的教育体制改革试点城市。

三、探索与举措

近年来，成都把治理城市义务教育“择校热”作为检验和衡量教育改革成效、促进教育公平的手段，标本兼治、长短结合，多措并举、疏堵兼顾。

（一）因势利导，明确就近入学政策

1. 维护教育公平是严格就近入学政策的基本出发点

国家的法律法规、政策的要求以及人民群众的呼声，是成都治理义务教育“择校热”现象和择校乱收费现象，维护教育公平的基本依据和根本出发点。

一是依法履行职责。严格执行义务教育就近入学政策，不是一个地方的创举，而是回归法律法规的基本要求，回归教育规律。《中华人民共和国义务教育法》（以下简称《义务教育法》）明确规定：“适龄儿童、少年免试入学。地方各级人民政府应当保障适龄儿童、少年在户籍所在地学校就近入学”。这是成都严格义务教育就近入学政策的基本准绳。

二是促进教育公平。教育机会公平是教育公平的基础，就近入学政策是教育机会公平的具体落实。《教育规划纲要》提出：“教育公平的关键是机会公平，基本要求是保障公民依法享有受教育的权利，重点是促进义务教育均衡发展和扶持困难群众，根本措施是合理配置教育资源。”

三是切实改善民生。治理义务教育“择校热”现象，是关注和改善民生的具体要求和体现。2012 年年初，教育部、国家发改委、审计署联合印发了《治理义务教育阶段择校乱收费的八条措施》，要求着力解决人民群众反映强烈的突出问题。

2. 城乡统筹发展是严格就近入学政策的现实要求

为深化城乡统筹，破解城乡二元结构，成都一直致力于城乡户籍制度的改革。

2010 年 11 月，成都市出台了《中共成都市委成都市人民政府关于全域成都统一户籍实现城乡居民自由迁徙的意见》，要求“建立户口登记地与实际居住地统一的户籍管理制度。建立户口在居住地登记、随居民流动自由迁徙的统一户籍管理制度，实现户口登记地与实际居住地一致。城乡居民凭合法固定住所证明进行户口登记，户口随居住地变动而变动。建立以身份证号码为标识，集居住、婚育、就业、纳税、信用、社会保险等信息于一体的公民信息管理系统”。该意见明确要求“实现义务教育公平化。义务教育阶段学生应在户籍所在地就近入学、公平就学。加快推进同一区（市）县域内城乡公共教育资源的均衡配置”。

3. 政府履行职责是严格就近入学政策的根本保障

经市政府常务会议研究并审议通过，2011年，成都市正式出台并实施《成都市义务教育阶段学生按户籍所在地就近入学的实施意见》。该意见的主要原则体现了法律法规和国家总体要求，也体现了成都户籍制度改革的实际需要。

一是免试就近入学。凡年满6周岁的儿童不分性别、民族、种族、家庭财产状况、宗教信仰等，免试就近入学接受并完成义务教育。

二是以县为主、属地管理。全市义务教育阶段入学工作由市教育行政部门统筹、协调、综合指导，各区（市）县教育行政部门具体负责组织和实施本区域内义务教育阶段入学工作。

三是户籍与居住地一致。义务教育阶段学生，以适龄儿童、少年和法定监护人户籍登记地与实际居住地一致为依据，实行就近入学。个别学位紧张的学区，暂按一套房屋就近优先解决一个家庭的适龄儿童、少年就近入学，其他迁入的适龄儿童、少年由教育行政部门统筹安排入学。

四是公开、公平、公正。建立和完善区域内义务教育阶段学生就学工作公示制度、咨询制度和社会监督制度，加强教育部门、学校和家庭、社会的相互沟通。

文件出台后，市政府主要领导亲自带头，以身作则，并对区（市）县政府主要领导要求，不打招呼，不递条子，“谁开口子谁负责”。市教育局与区（市）县教育局签订目标责任书。

2012年6月，成都市召开全市义务教育均衡发展工作会议，明确提出“要扎实推进优质义务教育机会公平公正”。系统谋划了严格就近入学政策的实施，要求按照“幼儿园小学就近、初中进镇、高中进城”的要求，合理调整和科学布局城乡中小学校点，为学生公平公正入学创造良好的基础条件。深入推进信息公开，严格落实义务教育阶段入学时间、范围、计划、程序和结果“五公开”制度，及时向社区、学校和媒体公开相关信息，全程监督入学计划、程序和结果，保障学生公平入学。严格规范入学程序，认真执行义务教育阶段学生按户籍所在地就近入学办法，科学制定招生计划、招生方案和入学办法，全面加强学校学籍管理，严格治理义务教育阶段择校乱收费现象，确保 2014 年择校比例降至 10% 以下。

这一系列举措，充分体现出了政府促进教育公平的决心和魄力，体现了政府的威信和公信力，为全市严格执行就近入学政策创造了良好的制度基础、环境基础、工作基础。

（二）强力治标，有效降低择校预期

在治理择校问题上，是学校利益、家长利益和政府利益三者之间的权衡。政府作为公共利益的代言人，需要通过调整政策、改革制度来予以调整社会关系，改革旧习，从制度层面有效降低择校预期，保障教育机会公平。

1. 科学调整政策

面对新的情况和问题，必须通过政策这个调控杠杆，不断降低择校可能和预期。2011 年，成都市对义务教育阶段学生的入学相关政策作出了调整。

一是改革入学登记依据。将小学新生入学登记以“监护人要拥有户籍地房产证明为依据”，改为“以适龄儿童、少年和法定监护人户籍登记地与实际居住地一致为依据”，在适应人口迁徙需要的同时，杜绝挂靠户籍的择校投机行为。

二是改革划片登记程序。将小学入学采取“先划片再登记入学”的办法，改为“先登记再划片确定学校服务范围”，充分适应人口流动性加快，入学人数弹性增大的需要，将“一定”就读优质学校的预期，降低

为“可能”，有效减少了择校需求。

三是改革登记报名办法。将小升初的登记报名办法，由“小学毕业生在就读小学登记或转片回户籍所在地登记参加微机排位”，调整为“在小学毕业生户籍所在地指定的登记点登记或在其户籍地就读的小学集中报名登记，参加小升初微机排位”，以户籍为依据和导向，在减少小升初择校现象的同时，也促进了小学择校预期的下降。

2. 加强计划管理

入学计划既是依据，也是杠杆。加强对入学计划的刚性管理，在确保学有其位的前提下，将有效杜绝学校利用计划的弹性、灵活性而实施择校或变相择校行为。

一是依据计划合理划定入学范围。科学规划校点布局，结合新建小区、街道和人口变动等因素，特别是根据适龄儿童、少年人数、学校分布情况，制定各学校入学计划，按照义务教育学校设计的规模和班额标准，根据实有学位，合理划分学校服务范围，依法保障适龄儿童、少年在户籍所在地学校就近入学。

二是严格控制班额。合理确定义务教育学校班级规模，严格控制大班额，义务教育阶段学校班额原则上小学不超过45人，初中不超过50人。实行中心城区义务教育阶段学生电子学籍管理制度。完善电子学籍管理，严格设定班数、班额，在进行电子学籍管理录取的基础上，加强学生转学管理，对于违规操作计划招生，不予承认学籍。

下面是一位成都高新区和平学校8年级2班学生家长关于推进生源均衡“阳光招生”下的感受：

> 我是一名学生家长，在孩子入学时，原以为会一波三折，不能尽如人意。但当我的孩子成为高新和平学校的学生时，回头想想，心中无限感慨。报名、入学，整个流程公开、公正、公平，所谓“阳光招生”，我想亦如此。高新和平学校是一所很不错的学校，这里学风朴实而严谨，注重孩子的全面发展，中考成绩遥遥领先，孩

子与我都十分喜欢这所学校。那天报名，微微细雨，和平学校的老师却和蔼可亲，笑容徐徐，让人在寒凉的细雨中感到温暖。我垂首问儿子：“你喜欢这所学校吗？”儿子怯怯道：“喜欢，可是我上得了吗？”我点头，给孩子鼓励，心中却没有谱。后来，小升初划片直接入学，我的儿子到了和平学校，整个过程我都细细地瞧在了眼里。其实在高新区乃至成都市，这样的“阳光招生”让我们千千万万的家长都松了一口气，放下一颗心。这样，我们信任每一所学校，大家并无分别，没有人情关系，有的只是更阳光、更透明。作为一名家长，我感谢学校、感谢高新区、感谢社会、感谢国家。我的孩子在这样的教育环境下成长与学习，我可以完全放心。我相信，“阳光招生”会让一所名校变作两所或者更多的名校，会让更多的孩子受到公平的义务教育，接受个性化教育。那么，社会与国家就会真正实现“人人受完全的义务教育”、“人人受公平的教育”、“人人受高质量的教育”、“人人受需要的教育”、“人人受终身教育”的目标。在教育的阳光下，原来，一切并不复杂。我感动，因为我看到了孩子最灿烂的笑容！

3. 规范操作程序

为规避“上有政策，下有对策”，在实际操作中出现政策“变味”现象，成都市对义务教育就近入学操作程序做了统一要求和缜密安排，确保令行禁止、操作规范、“阳光入学”。

一是严格信息公开。将义务教育阶段学校的入学时间、范围、计划、程序、结果等相关政策和重要信息，及时在社区、学校和媒体上公开，做到入学时间、范围、计划、程序和结果“五公开”。

二是严格操作公开。加强义务教育阶段入学工作的监督，实行“阳光入学”。成立由学校、乡镇（街道）、社区等组成的监督委员会，对义务教育阶段学校的入学计划、过程和结果进行全程监督。由家长代表、教育部门、纪检监察部门组成监督组，全程参加微机摇号的监督。加强对违规招生、提前招生、超班额招生行为的监管。

三是严格收费公开。学校、幼儿园将物价部门核准或备案的收费项目和收费标准在公示栏进行公示，让家长和社会知晓。严格执行教育收费政策，加强和规范捐资助学管理，加强服务性收费和代收费管理，加强和规范教辅资料管理，严格执行公办普通高中招收择校生“三限”政策。严禁超标准收取学费。开展学校财务稽查，加强对学校财务工作的过程管理和监督。加大收费行为的监督检查力度，建立统一部署、各负其责、齐抓共管、协作联动的工作格局和机制。

下面是一位成都市树德实验中学（西区）初2014级8班学生家长的感受：

2011年我家孩子通过摇号，到离家比较近且口碑很不错的成都市树德实验中学（西区）就读。知道摇号结果的那一时刻，我大大松了口气，内心一块石头终于落地了。回想看榜前的煎熬和不安，打心底对阳光招生政策充满感激。最初，听说成都市教育局2011年开始推出阳光招生政策，宣传说“铁政策！”“绝对不弄虚作假！”根据孩子的户籍所在地划片或划片微机排位确定初中就读学校。很多朋友都在说，现在许多东西都是走形式，稍微好点的学校哪里轮得到你摇号去上啊！摇号结果让我们一家欣喜若狂，孩子居然是摇号到了树德实验中学（西区）。现在读了一年了，我们对班主任、科任老师和学校整体感觉都还不错。所以，我挺支持这样的阳光招生方式的。虽然不是绝对的公平，不可能都摇到师资力量好的学校。但是整体来说，这种方式非常人性化，也特别考虑到了孩子们可以就近上学。对于我们家长来说，这是非常好的一件事情。同时，这样的招生定校方式非常透明有序，对于广大普通家庭的孩子们也是非常公平、公正的定校方式。这是我这个普通家庭的家长经历过阳光招生之后的个人看法。阳光招生有些人说不是绝对公平，我也认同这一点，只是凡事都不可能实现到绝对公平、十全十美。只要是能照顾到更大范围的人群需要并体现到了相对较好的公平，我个人认为就很不错了。现在青羊区的初中，我认为互相的条件差别不大。比如，前面有个朋友说到的××中学，它现在也是某集团联办的学校之一，有不错的学校做帮扶和支撑的，发展应该不错。只是，对我的孩子而言，跑到那儿去上学，相当于穿过大半个成都城，也着实离家好远！所以，我很感激这种阳光招生的方式。我相信，如果阳光招生能够这样严格、透明、公正地持续实行下去，就不会出现通过摇号读到的学校离家如此远的情况了吧。我家孩子通过摇号，任何关系都没有找，也没有任何这样那样的关系，摇号摇到了那儿，也就读到了那儿。所以，作为一个平民家长，我是举双手赞成这种生源均衡分配办法，也即是这种真正阳光的摇号招生方法的。总而言之，我个人非常认可并且非常赞成咱们成都市乃至我们所有地方的“小升初”都实行这样的阳光招生政策并坚持真正阳光地持续施行。

4. **促进结果公正**

一是严格考核问责。把义务教育阶段公办学校学生就近入学率、实际就学人数与就近入学人数的比率，作为校际均衡监测评估的内容和奖惩学校的依据，有效降低老百姓择校需求。按照“谁主管、谁负责”的原则，对群众投诉的问题，经调查属实的，责成限期整改。对违规违纪问题，视情节轻重按照规定处理。对群众投诉较多的区（市）县，由纪检监察部门对教育局分管领导进行约谈。对违反规定的学校根据情节轻重给予相应处理，并责令整改，对拒不整改的依法进行问责。

二是畅通反馈渠道。全市 20 个区（市）县和市教育局的举报投诉电话全部公开。建立教育系统舆情监测平台，建立网络舆情监看员和网络评论员队伍，及时了解社会对教育的关注及对教育的呼声，关注网络舆论动态，及时发现和处置存在的问题。2012 年将在 2011 年对中心城区 18 所热点学校和 12 所初中进行检测基础上，扩大监测点，同时准备建立

14个区市县义务教育阶段监测样本学校，加强对各区（市）县治理择校工作的指导。

5. 确保公平就学

一是促进进城务工农民工子女平等就学。依法保障进城务工人员子女在成都市接受义务教育的平等权利。按照“相对就近、划片指定、统筹协调”的原则，各区教育局根据申请就学情况统筹安排就读学校。2011年，在全市接受义务教育的外来流动人口子女约有31万人，占全市义务教育阶段学生总数的27.67%。其中农村进城务工劳动者子女约有21.7万人，分别在704所义务教育阶段公民办学校就读。

二是保障经济困难家庭子女平等就学。以“不让一名孩子因家庭经济困难而失学”为目标，加大教育资助力度。2011年，免除94.9万名义务教育阶段学生学费，免费向93万名义务教育阶段学生提供教科书和作业本，做到“应免尽免”。3.45万名农村义务教育阶段寄宿贫困学生享受生活补助，做到“应补尽补”。5.5万名城乡低保家庭、低保边缘家庭学生享受教育资助。

三是均衡编班。义务教育阶段学校接收的新生实行随机均衡分班，并对外公布分班名单，杜绝在学生入学分设“实验班”、“重点班”等行为。

下面是成师附小万科分校教师邓静怡的感受：

> 为了促进教育公平，让每个孩子在学习起点，享受平等的入学机会，成都市实行了严格的“就近入学”这一重大举措，受到了家长及社会的好评。作为一名一线老师，对此我有着深刻感受。新的一学年即将开始，在暑期中，我们一如既往地开始了持续一周的家访。这次家访活动中，家长们对于锦江教育的认同与称赞，让我感受颇多，对我市“就近入学”这一入学政策的变革也有了更深刻的认识。在一个艳阳高照的下午，我来到了儿童点点的家中。一听说我是学校的老师，点点白发苍苍的奶奶一把握住了我的手，激动地

说:“老师，太谢谢学校了！我们点点行动不方便，我们一直在为孩子的读书问题担忧。孩子的父母在北门上班，无暇照顾孩子，我年纪又大了，如果孩子读书再远一点儿，我们这个家庭可怎么办呀！政府实行就近入学，真是解决了我们家的一大难题啊！”奶奶真挚朴实的话语深深打动了我。“就近入学”这个好政策解决了这一家子的燃眉之急。那天，天空下着毛毛细雨，小君的妈妈将我领进了他们那个简陋却整洁的家。刚一进门，小君妈妈边倒水边兴奋地对我说:“老师，我们做梦也没有想到，我们进城务工人员的孩子居然能和城里孩子一样，读上这样一所好学校”。通过和小君妈妈的交流，我了解到，小君的父母都是进城务工人员，父亲是建筑工人，母亲是清洁工人，一家三口租住在我们学校旁边一间二十平方米的屋子里。由于孩子在老家无人看管，他们便将孩子接到了城里。但是孩子的上学问题一直都是困扰他们一家的大难题，虽然听邻居说，附近有一所非常好的学校，但是他们想都没有想过孩子能在那里上学。直到有一天，听到单位同事说到了成都执行“就近入学”的政策，才抱着试一试的心态，走进了我们学校，没想到办理孩子各种入学材料后，通过核实，孩子竟然走进了这所他们认为的好学校，享受了与城市孩子平等的入学机会。临走前，小君妈妈再次拉住我的手，心怀感激地说:“老师，你知道吗？我们虽然没什么文化，但是我们多么希望孩子能接受好的教育。以前听人说，要在城里读书，必须得付高额的择校费，像我们这样的家庭，想都不敢想啊。现在这样的好政策实现了我们孩子进城读书的梦想啊。托你件事，你一定要向学校，向教育局，向政府转达我们的感谢！”小君妈妈满怀感激的语言像丝丝细雨飘过我的心间。是啊，择校费是压垮教育公信力的沉重磐石，是弱势群体家庭分享优质教育资源的重大阻碍，是推行教育公平、教育公正的无形绊脚石。“就近入学”这一重大举措，让每个孩子，不论贫富，不论城乡，都能不受歧视地享受平等的入学机会，无疑让业已受到损伤的教育公信力得到逐渐修复，让更多弱势群体家庭分享优质教育资源的机会增加很多；更重要的是，能让教育公平、公正在一定程度上得到“看得见的落实”。教育涉及千家万户，教育惠及子孙后代，实现教育公平，是亿万家庭的共同心愿。而“就近入学”就是政府为实现这一心愿的庄严承诺，让“教育公平”的阳光普照每一个角落，让孩子在公平的教育环境中茁壮成长。

6. 规范民办学校招生行为

一是规范招生时间。民办学校合理安排报名、招生时间，充分考虑家长及学生实际情况，不影响义务教育阶段正常的教学安排，不得限制报名人数。鼓励有条件的民办学校试行网上报名，或采取网上报名与到校报名相结合的形式。

二是招生方案备案。民办学校的招生工作方案，包括招生计划，报名咨询时间、地点、办法，招生工作安全预案等报教育主管部门备案。出台《民办非学历教育机构管理办法（试行）》，实行民办教育机构招生简章和广告备案制，各培训机构在招生宣传前报审批机关备案后才能面向社会发布。招生简章和广告的内容如有“联合或委托培训”等字样的，需要提交双方法定负责人签订、加盖公章的办学协议规范文本等相关证明材料。

三是规范招生方式。鼓励民办学校多种形式选择学生，有效减小集中面试或测试规模。禁止学校委托或变相委托各类培训机构进行以选拔生源为目的的考试，禁止学校举办或委托社会培训机构举办以选拔生源为目的的各类培训班。学校在自主确定招生标准时，以国家课程教材为标准，不得涉及奥数等超课标内容，不得违背教育规律、公共道德和国家有关法规，不得在自主招生过程中使用奥数等各类学科竞赛和学科等级证书作为招生依据。

四是加强督促检查。加强对民办学校招生及办学行为的指导、管理和规范，每年集中开展规范民办学校招生行为专项整治和检查工作。针对社会反映的问题，及时召开工作会，打招呼、提要求、开展专项检查，规范招生行为。对违规招收的学生一律不予承认学籍；对提前招生、超班额招生、挂靠学生学籍等违规行为的学校和个人依法依规追究相关责任，并给予核减学校来年招生计划、责令停止招生等处罚。

（三）着力治本，均衡配置教育资源

“择校热”的根本，在于过去非均衡发展方式下资源配置的过于集中，人为制造了一些优质学校，并因此形成了资源、政策等向优质学校集聚的机制。因此，治理“择校热”的根本，必须着眼长远，下大力气打破原有资源配置的制度和格局，统一办学基本标准，并建立和完善教育资源向农村学校、相对薄弱学校、新建学校倾斜的制度，缩小学校之间的差距，实现学区内、城区内公办学校发展的相对均衡，切实办好每一所学校，实现“学有良教”的目标。

1. 强化全市统一的建设标准，全面提升资源配置水平

根据校际均衡监测结果，弥补校际之间差异，提升全市教育资源整体配置水平，努力实现教育现代化。2012 年，成都市启动了为期三年、新增教育经费近 40 亿元的城乡中小学标准化提升工程，这将有效降低因“择条件”而“择校”的需求。

一是提高教师水平标准。提高教师编制标准，全市小学、初中、高中的教师编制标准将从 2011 年的 1∶22.76、1∶17.56、1∶14.3，分别调整到 1∶19、1∶13.5、1∶12.5。提升教师学历标准，到 2014 年，小学、初中和普通高中专任教师达专科、本科及以上和研究生学历比例，将从 2011 年的 86%、79% 和 3%，分别达到 95%、90% 和 8%。

二是提高学校装备标准。提升教育技术装备标准，小学、初中（含九年制）、高中的生均技术设备值将从 2011 年的 1 600 元、2 200 元、2 600 元，分别调整到 3 600 元、3 900 元、5 800 元。制定全市中小学教室光环境改造标准，将于年内完成两万多间教室的改造；拟定中小学运动场标

准化改造标准，在3年内将改造运动场364个，全市公办中小学运动场将实现塑胶化。

三是提高拨款经费标准。提高生均公用经费标准，建立城乡统一的生均公用经费拨款标准。2012年，将全市小学、初中的生均公用经费拨款标准从2011年的420元/生/年、初中620元/生/年（4个重灾市县为小学550元/生/年，初中750元/生/年），分别提高到700元/生/年、900元/生/年。建立生均公用经费拨款标准每两年一次的动态调整机制。

2. 强化县级政府责任，促进县域内教育资源配置均衡

义务教育资源配置的责任主体是县级政府。为促进校际均衡发展，2012年，成都市政府出台了《进一步深化同一区（市）县域内公共教育资源均衡配置的意见》，强化县级政府的职责，促进县域内校际间按照标准，在设施设备、公用经费、管理资源、教师资源以及学生资源等的均衡配置，并完善均衡配置的机制。

一是强化工作职责。强化县级政府对公共教育资源配置的基础性作用，切实承担起均衡配置公共教育资源的责任。建立由政府主要领导负责，分管领导牵头，教育部门具体组织，相关部门和单位协同实施的工作机制，结合城乡中小学标准化建设提升工程实施，制定资源配置的实施办法，完善政策制度，落实工作措施。

二是完善考评机制。市级相关部门对各区（市）县教育均衡发展状况进行监测和督导评估，定期向社会发布资源配置监测报告。区（市）县建立干预和预警机制，根据监测结果及时调整政策、措施，合理配置公共教育资源。市政府将县域内公共教育资源均衡配置情况纳入对区（市）县政府的目标考核。

三是建立奖惩制度。市级对推进公共教育资源均衡配置工作成绩突出的区（市）县和相关部门进行表彰。对工作不力的，依照相关法律法规追究相关人员责任。加大市级财政资金对农村教育的转移支付力度，对经济欠发达区（市）县和成绩突出的区（市）县给予必要补助和支持。市级统筹的教育资源均衡配置重点项目，向农村学校、相对薄弱的学校倾斜。

3. 深化干部教师管理制度，推进干部教师交流

“择校热”的关键在于资源配置不均衡。教育资源配置的关键是教师，促进教师资源配置均衡的关键是校长、教师特别是名优校长、教师的流动，推进学校之间中高级职称教师比例、骨干教师、名优教师等比例大致相当，有效减少因“择师”而“择校”的现象。

一是深化干部教师校际交流制度。成都市规定，严格实行校长任期制，校长（含副校长）在同一学校任职不得超过 9 年，城区（含县城所在地）学校校长任职时间超过规定年限的，首先交流到农村学校或相对薄弱学校任职。在严格规定教师年交流比例达到应交流教师数的 15% 的同时，刚性要求年交流骨干教师的人数不低于同级骨干教师人数的 15%，到 2015 年达到 20%。

二是深化教师管理的“县管校用”制度。打破学校对教师的“一校所有制”，教师的个人编制从学校剥离，统一收归“县管”，实行教师“无校籍管理”，变“单位人”为“系统人”。教育行政部门负责全面统筹教师编制和个人身份管理工作，在学校之间合理、均衡配置教师资源，而学校则负责教师的使用、培训和考核。2011 年，青羊区、温江区等 4 个区县，将 7 200 名教师纳入“县管校用”管理，有效促进了干部教师的交流和均衡配置。2012 年，全市已全面推进此项改革。

三是深化干部教师的跨区域交流制度。以县域合作、学校跨区域结对为平台，促进资源的跨区域流动。市级设立专项奖励经费，每年选派 40 名城区中小学优秀干部到远郊区（市）县农村学校任校级干部，86 名农村中小学后备干部到城区（城镇）学校锻炼。规定教师在对口结对学校之间交流的比例，达到结对学校专任教师总数的 2.5%。以“名师工作室”、“一对一”、“一师多徒”等方式，推进名优教师与农村学校、相对薄弱学校教师结对。

下面是成都市磨子桥小学一年级（3）班一位学生家长的感受：

我是一名普通的母亲，在我的心目中，女儿就是我生命的延续。从她“呱呱”坠地的那一刻，我就想把最好的生活给予她。在普通母亲的心目中，入学接受教育无疑是其中最重要的部分，这个部分将是女儿开启人生之路、启迪幸福人生的钥匙。而今，我的女儿就读于成都市磨子桥小学一年级三班。这是一所发展成熟且具有优良传统和教学口碑的小学！从2011年5月底电话咨询磨子桥小学入学事宜，到6月初在学校门口观看招生登记学位公示、登记点公告以及携带相关资料按要求进行登记，再到几天以后看到校门口公示的登记学生信息，最后7月中旬再次看到公示的新生入学名单及收到学校极富“阳光教育”办学理念和办学特色的女儿入学通知书，招生登记的全过程是那么公开透明、细致周到，让我们感受到了教育的阳光般的温暖——关爱、公平。女儿入学以后，更让我们体会到了“阳光教育的温暖”，体会到了学校充满人文关怀的教育文化理念。其中，给予我最深刻印象的是我们磨子桥小学“成功学习、阳光生活、健康成长”的教学宣言。而真正感受到这一理念始终贯穿学校教学生活的方方面面则是女儿一年级学习生活完结时，我们感到女儿有了相当大的变化：她爱学校，喜欢上学；爱老师，喜欢读书；爱生活，喜欢运动；爱探索，喜欢科学。特别是学校在阳光教育核心理念——“引导师生建立阳光的生活态度，让教师享有幸福的教育人生，让学生拥有快乐的成长之路”的指引下，学校将关心孩子身心和谐发展，提高孩子的综合素质的课程、活动等融入到孩子们的学习生活中，更是增加了孩子们学习的热情。学校老师在教学过程中，很注重情感化教学，并积极和家长进行沟通，班主任老师及其他科任老师通过各种方式，比如建立班级QQ群，与家长保持着非常良好的互动。对孩子们的成长，学校和老师倾注着极大的心血。经过一年的学习，我们觉得成都磨子桥小学提出并实施的“阳光教育”，建设“书香校园、成长乐园、精神家园”文化理念，非常适合孩子的成长。我孩子的班主任祝肖何老师就是这一理念的忠实实践者，她将这一理念丝丝入扣地融入到自己的每一点教学过程当中。各学科的老师们也都在教学上竭尽所能，引领孩子们探索知识的奥妙。一年来，学校自身独特的校园文化和底蕴改变着孩子，感染着我们家长，我们深深地感到当初孩子入学时的选择是多么的正确和明智！家长选择声誉更好的学校是无可厚非的，但是学校的名声不能代表实际的办学水平，拥有一支敬业爱生、素养一流的教师队伍，以及学校深厚的文化底蕴更为重要。成都市近年来大力推进教育均衡发展，教育资源配置更加合理，特别是师资力量更为均衡，加之对家长的正确引导，相信越来越多的家长将抛弃盲目跟风的做法。真心感谢磨子桥小学全体老师的付出，祝愿学校在“让学生拥有快乐的成长之路”的理念引领下，使学校成为全区办学水平领先的精品学校。

4. 深化“九年一贯制”管理模式，促进小学自然升学

鼓励城区结合学校改造、布局调整等，深化“九年一贯、学段主管、目标整合、年级责任”的九年一贯制学校管理模式，在促进教育资源优化、提高办学效益的同时，有效减轻学生课业负担，促进义务教育阶段学生就近入学、公平就学、自然升学。

一是贯通管理，内涵发展。在同一个学校内独立实施完整的九年义务教育，取消小学部和初中部建制，变“校级—小学部、初中部—年级”为“校级—学段—年级”的管理模式。建立九年一贯的学校管理体系，统一领导层、管理机构和职能处室，统一规章制度，统一教育教学，统一财务管理，统一工作安排。打破小学、初中教师界限，通称为九年一贯制学校教师，岗位设置统称高级教师、中级教师、初级教师，教师交叉任课，形成完整的义务教育学科知识体系，胜任各年级的教学任务和学生管理。

二是目标整合，自然升学。整合九年全部知识体系，学校的起始年级为一年级，出口年级为九年级，小学与初中完全融为一体。将1—9年级分为起始学段和毕业学段，根据学生成长及教学目标，进行分段培养。建立九年的学生成长记录档案，将义务教育整个教学目标分解到各年级，探索教学衔接研究和分散教学。以考核学段最后一个年级为导向，促进全学段的贯通。一年级划片就近入学，取消“小升初”环节，不组织毕业、升学或招生考试，也不进行微机排位，学生读完六年级后自然升入七年级，有效抑制“择校热”。

（四）加强疏导，提供可选择的机会

理性看待择校，择校本身具有一定的合理性。治理“择校热”，是治理择校过热现象，不是杜绝择校。禁止择校显然是行不通的，需要变“堵”为“疏”，择校的解决途径绝对不是终结，而是疏导。在保证基本学位的基础上，公平、规范、合理、尽可能多地释放和提供免费的选择，一定程度满足合理的择校需求，是促进“择校热”降温的一种有效办法。

1. 按照“选择在前、保底在后”的思路，尽可能释放选择机会

科学设定各类学校招生入学批次，充分释放可供选择的机会，一定程度满足个性需求。成都市将中心城区小学毕业生初中入学的学位确定分四个批次进行：第一批为艺体特长生（班），为具备艺体特长、希望有较好环境发展艺体特长的学生提供选择；第二批为民办学校，为具有相应需求的学生提供个性化选择；第三批是市本级优质学校的初中，面向中心城区所有符合条件的学生；第四批为划片或划片微机排位入学，保证所有学生具备基本学位。

2. 按照“市级统筹、公开平等”的思路，尽可能释放选择资源

市级统筹优质学校一定的学位，按照“公开、公平、公正、公益”的思路，面向全市特别是热点区域提供免费选择，既促进了教育公平，

又为择校提供了一条疏散的渠道。市级优质学校石室中学、成都七中、树德中学初中新生学位共900个，全部面向具有中心城区正式户籍及符合条件的成都市居住证持有人子女和外来务工人员子女；树德中学外国语校区300个新生学位，面向成都市户籍及符合条件的外来务工就业农业劳动者子女。每位学生限报一所学校（校区），互不兼报，初中新生全部微机摇号、免费入学。中心城区3所外语类学校在保证划片就近入学基本学位的基础上，共提供400个新生学位面向中心城区学生，进行微机摇号、免费入学。

下面是成都市金泉小学校教师魏燕琦的感想：

以前城乡户籍及入学人数相对固定，小学入学实行先划片再登记入学的办法。成都新的户籍制度实施以后，户籍实现了自由迁徙，人口流动性加快，入学人数弹性增大，原来相对固定的入学范围已不能适应城乡居民就近入学的需要。因此，成都市改为入学适龄儿童先登记，再划片确定学校服务范围，以更好地适应户籍人口的变化。这一政策在小一招生的贯彻落实，很大程度上推进了生源均衡发展。不仅我校在为推进生源均衡发展努力着，近几年我区陆续成立的几大教育集团，也促进了教育均衡发展。2012年7月17日进行的“成都中心城区小升初划片微机排位”也已尘埃落定。微机排位当天，纪检监察部门有关领导、市保密局有关计算机专家、市教育局有关领导、中心城区教育局负责人、初中校长代表、小学校长代表、学生家长代表共同见证了整个排位过程。一位家长代表发自内心地说这样的微机排位“公平、公正、公开”，很“阳光”。其他的一些如“违规招生不承认学籍”、“鼓励网上报名”等举措也在很大程度上推进了教育均衡发展。

3. 按照“政府保证基本、社会提供选择”的思路，鼓励民办学校优质特色发展

治理“择校热”，政府要有所为有所不为。政府提供的是最基本的需求，公办学校保底，保证最基本的需求；教育的丰富性、选择性、多样性等要通过民办教育来实现，而不是通过公办学校的民营化来实现。2009年，全市所有改制学校全部回归公办，并执行同类公办学校收费标准，为民办教育的优质发展提供了空间。成都市在保障城乡居民子女义务教育阶段就近入学、公平就学的基础上，积极鼓励和支持民办教育的发展，为社会提供个性化、多元化的选择。允许民办学校进行必要的招生测试。延长民办学校招生报名时间，统一面试或测试时间，保证有意愿的家长和学生理性选择适合的民办学校。目前，全市民办学校吸纳了义务教育段学生15.54万人，占全市义务教育阶段学生总数的14.06%，在一定程度上满足了个性化、多样化的教育需求。

4. 优质高中指标到校，疏导对义务教育学校的选择

尽管“择校热”的最大原因是高考，但直接影响到义务教育阶段的是“小升初”和中考制度，家长、学生在义务教育阶段选择学校，根本出发点在于希望以此进入优质高中。推进可调控的中考招生制度改革，成为引导家长、学生理性选择义务教育阶段学校的重要手段和杠杆。成都市坚持指标到校生制度，以当年各初中学校毕业生人数为主要依据，将省级及以上示范性普通高中统招计划的50%通过校内指标、校外指标等多种形式分配到各初中学校。在认真论证的基础上适当调整指标到校生招生办法，对指标到校生招生工作进一步进行规范，确保推荐的公开、公平、公正，促进教育均衡发展，推进教育公平。这在很大程度上影响了家长、学生的择校需求和愿望。下一步将逐步扩大比例，同时，把初中学校素质教育实施情况作为比例分配依据，并进一步完善指标到校生的录取办法、推荐办法，规范过程管理。

（五）着眼长远，不断缓解供需矛盾

“择校热”的关键与症结在于家庭日益增长的教育需求与社会提供的优质教育资源之间存在着巨大矛盾，老百姓“上好学”的需求已赋予教

育公平新的内涵和新的要求。因此，努力扩大优质教育资源规模，满足“学有良教”的需求，是促进教育公平、有效解决“择校热”的关键。

1. 让传统优质学校走出去，扩大覆盖范围和服务范围

传统的重点学校、示范学校等优质学校主要集中在中心城区特别是老城区。一方面，由于受城乡建设规划、国土用地政策及校园周边环境等诸多因素限制，市中心城区学校发展特别是扩大优质学校规模存在较大空间限制；另一方面，随着城市的快速发展，中心城区范围不断扩大，加上产业布局以及新农村建设等，优质学校的布局以及优质教育资源的短缺现象日益突出。因此，让传统优质学校走出去，寻找更大发展空间，是破解这一矛盾的有效途径之一。

2009 年开始，成都市推进传统优质学校进入山区、灾区和新建小区，采取领办、合办等形式，在城郊结合部、卫星城大力发展优质义务教育，建立了 58 个名校集团，中心城区义务教育阶段优质学校比例已达到 59%。鼓励民办教育品牌学校扩大办学规模，在城郊结合部和近郊新建学校 20 所，吸纳学生 6 万余人。这些措施，既“扬峰”也“填谷”，在激发传统优质学校的办学活力，扩大优质教育资源规模的同时，促进了城市反哺农村，满足了老百姓在家门口接受优质教育的需求，降低了为择校而迁徙、聚集的意愿，缓解了老城区传统优质学校面临的“择校需求”压力。

下面是成都市棕北中学校长陈泽芳的感受：

> 这几年，成都把促进教育公平作为教育政策基本取向，坚持全域成都理念，“就近入学，阳光招生”工作力度大，教育均衡取得显著成效，教育公平取得突破性进展。教育的均衡发展最终还是要回到学生，更加关注人内心世界的成长与发展，更加关注教育对人的终身发展所产生的影响，这也是基础教育人所追求的目标。在推进素质教育的过程中，成都教育加强顶层设计，坚持规划先行。均衡教育的重心逐渐下移，鼓励每所学校根据各自的学生基础和不同需

求，创造性地、校本化地实施国家课程。把促进学生健康成长作为一切教育工作的出发点和落脚点，努力办好每一所学校，发展好每一位教师，培养好每一名学生。武侯区也按照“政府引导、学校主体”原则，通过加强学校品牌建设、文化建设，推动“一校一特色”办学，大力提升城乡学校的办学形象、办学品质，使城乡学校形成了较强的核心竞争力和影响力。同时，通过实施“特色发展战略”，很好地盘活了教育资源和办学资源，区域校际均衡度不断增加。棕北中学作为成都市首批名校教育集团的龙头学校，随着全域成都、统筹城乡教育发展战略的实施，在教育高位均衡工作中获得了更宽广的发展平台。通过聚焦课程课堂，潜心内涵发展，充分发挥办学优势和办学特色，先后与新津县的五津中学、安西镇中学、外国语实验学校以及崇州市的梓潼镇中学、行知实验学校等兄弟学校签订友好学校合作协议。通过“依托主题活动，促全员参与；培育种子教师，促骨干成长；着力品质课堂，促学术共进；强化提升质量，促师生发展”四项措施，构建校际之间的学习共同体、合作共同体与发展共同体，与帮扶学校携手共同发展。

2. 加强信息化建设和应用，推进优质教育资源的远程共享

加强学校信息化建设力度，重点对多媒体系统、校园网、教师计算机进行配备。全市校园网覆盖率达到 100%、多媒体到班率 1.7 : 1、师机比 1.4 : 1、生机比 12 : 1，实现教育专网全覆盖、学校全接入，城乡学校信息化设备设施基本均衡。大力推进远程互动教育项目结对学校的应用环境建设，6 个城区与远郊 9 个区（市）县结对学校之间建成远程互动教室 134 对，今年将达到 257 对。实施优质资源推广共享计划，成都七中与郊区（市）县 18 所高中开展直播教学，成都七中育才学校与远郊区（市）县 24 所初中开展“四同步”录播教学。

3. 加紧培育一批新优质学校，扩大优质教育资源规模和覆盖面

关注、鼓励、支持、引导那些办学基础一般、生源状况一般，没有特殊政策倾斜、没有特别资源倾斜的学校，以学生成长为中心、以教师发展为关键，以特色彰显为重点，以质量提升为基础，促进内涵特色发展，逐步成为当地具有较高社会声誉、老百姓认可、欢迎的学校。通过“点—链—面”的发展方式，着力打造每一所老百姓家门口的好学校，有效遏制义务教育“择校热”现象。力争到2015年，中心城区义务教育阶段优质学校比例达到80%以上，每个街道至少有一所义务教育阶段优质学校。这将极大缓解优质教育资源的供需矛盾。

四、典型案例

（一）集团办学带来的变化

当历史的指针指向2007年5月的那一刻，石人中学又翻开了新的一页：石人中学更名为石室联中西区。石人中学的教师们怀着一份欣喜、一份期待投入到石室教育集团的大家庭之中。教育的均衡能给学校带来什么？对学校将产生什么影响……这是所有学校的教师和学生、家长及社会人士共同关注的话题。历时五年多，亲眼目睹青羊教育局审时度势，内外齐动，软硬兼施，科学规划，整体推进的工作战略；亲历青羊均衡教育给我们学校带来的翻天覆地的变化，不由得为教育拍手叫好。

1. 投资百万，校园旧貌换新颜

石人中学，是青羊区一所普通的初级中学，位于一个人口密度较大的拆迁安置小区。成为石室联中西区之前，学校虽拥有1 000多名学生，但学生生源质量不高，硬件设施严重匮乏，电脑室、图书室、科学实验室、音乐室、体育保管室等功能室的作用有待发挥；学校操场狭小，尘土飞扬，每至暑期，校园内荒草萋萋，杂草丛生，家长及附近居民对学校办学条件和办学质量甚是担忧。

加入石室教育集团以来，先后投资上百万元对学校进行了大规模改造。学校旧貌换新颜：教学楼、教室粉刷一新，学生课桌椅、教师办公桌椅、资料柜全部更换一新；新修的塑胶操场（含羽毛球场）标准又现代；新建的学校食堂宽敞明亮；每间教室配上了多媒体，为培养学生动手实践能力提供了可能。学校面貌发生了翻天覆地的变化。石室联中西区，犹如一颗脱去铅尘的明珠，在石人小区上熠熠生辉，展露方华，赢得社会的关注、家长的认可。家长们兴奋地说：“我的孩子在家门口就可以享受到优质的基础教育了。”学校办学条件的改善带来了良好的社会效应。家长、教师感慨学校的变化真大，到处盛开着素质教育之花，到处沐浴着积极向上的春风。回忆孩子入学之初，家长们苦心择校而感到举棋不定，一个学期弹指一挥间，家长欣慰地告诉我们：“我们的选择是对的。看着孩子一天天地进步，内心好一阵激动，由衷感到石室联中西区是孩子快乐成长的摇篮。”

均衡教育是什么？均衡教育首先是教育资源的均衡配置，是学校间教学设备配备标准的统一，是薄弱学校实现规范化建设，让义务教育阶段所有学校在办学条件上基本平衡。青羊区教育局的“倾斜政策”使教育资源的均衡配置在短时间内落实到位。

2. 输入英才，办学质量上台阶

融入石室教育集团不久，石人中学就明显感到以前的教育教学模式和石室联中在管理与教学研究上有着明显的不同。如何在学校管理与教学研究上与石室教育集团快速融合，是摆在学校面前一个亟待解决的问题。

当石室联中吴元校长带着亲切的微笑，在区教育局领导的陪同下来到石室联中西区的那一刻，全体教师感到欣慰，大家仿佛看到了石室联中西区的希望，看到了学校一片光明的前途。

正如大家所希望的，吴元校长在她近四年的校长任职期内，将石室联中教育的管理理念和教科研工作方式迅速渗透到学校管理和教育教学的方方面面，并带来了石室联中优秀的教师团队，给西区教师带来全新的教育教学理念，让学校的教学有了质的变化。同时学校还提出了“为学生幸福成长奠基，为教师专业发展铺路”的办学理念，并勾画了“创平安校园，建生态乐园”的教育愿景。

四年后，石室联中西区迎来了第二任校长——张焕林校长。把石室教育最先进学校的管理经验传承到西区，融入到教育教学的方方面面，迅速提升石室联中西区的办学品位和教育教学质量，是张校长到任后的最大特点。实行绩校考核、奖优罚劣；建立教务日志，实施教育教学月反馈，使常规管理制度化；以课堂教学为载体，将课题研究融入日常教研活动之中，提升教师教学水平。学校的教学质量大大提高，连续三年的中考都取得了骄人的成绩。张焕林校长以其严谨的工作作风、开拓进取的精神感染和带动着全校的教职员工，开创了石室联中西区教育发展新格局。

均衡教育是什么？均衡教育是在教育资源均衡配置的基础上，实现学校管理和教育教学水平上的均衡。

3. 特色创建，提升学校内涵发展

当历史的年轮转到 2012 年 6 月的时候，特色创建已经是如火如荼，校园内处处洋溢着“石文化”的氛围。学校以操场围墙内壁、教学楼楼道墙壁和教室为阵地，展现浓郁的“石文化”校园文化景观，使全体师生在校的每时每刻受到熏陶，让师生生活在一个充满“石文化”气息的“潜在课堂”里，达到润物细无声的效果。班级文化建设异彩纷呈：特色各异的班训，匠心独运的专栏设计……无不洋溢着浓浓的创新氛围。

特色创建把石室联中西区推向更高层次努力，彰显出自己独特的办学风格，为学校、教师、学生谋求了一条更好的发展途径。

均衡教育是什么？均衡教育不是平均主义，而是一个缩小差距的动态发展过程。青羊教育在办学条件和水平基本实现均衡以后，及时启动特色学校建设，让每一所学校根据自身条件和学生发展需要，创建特色，为学生发展提供广阔的空间，时时处处都能享受均衡的优质教育。让全区的义务教育实现了在更高水平上的均衡。

（二）实施就近入学

在“学在锦江、品质教育”高位发展追求的引领下，锦江区在推进区域教育高质量均衡化进程中，提出并实施“扬峰填谷，精彩纷呈”两大区域教育发展战略，实践“学校联动发展”、“校长专业发展”、“人力资源统筹”、“物质资源优配”、“学校发展评价”五大机制，推动了教育均衡发展。按户籍划片微机摇号，就近入学，就是均衡学生资源的重大举措之一。四川师大附中外国语学校作为普通中学，是教育均衡发展的最大受益者之一。

1. 就近入学促进生源结构趋于合理

小学毕业学生实行就近入学后，学校生源结构发生了很大变化。特别是一些薄弱学校，素质优秀的学生比例明显得到提升，生源结构更趋合理。学校里有各种特长的学生，有利于全面实施素质教育，也有助于学校的特色发展。同时由于优质生源的引领，全校学生的养成教育工作成就显著，学生素养提升快。

（1）优质生源的丰富，提升学校特色建设工作的品质

四川师大附中外国语学校近年的特色发展目标为外语特色建设。学校外语特色课程的建设短期内已经凸显成效，外教执教口语课程，学生接受能力较强，学生整体的口语水平提高较快。外语活动的开展也更顺利，学校已经成功举办三届英语节。随着学生生源的好转，学生在英语节中的表现越来越优异。学生英语口语的标准度、参与活动的积极性、表演的成熟度等都得到很大的提升，扩大了整体学生的国际视野，提高了全体学生的跨文化理解能力。

（2）优质生源的引领，加快全校学生的素养提升速度

就近入学政策实施后，优质生源在这所普通中学里起到了示范引领

作用。优质学生的行为行惯、文明礼仪等在四川师大附中外国语学校都是一道亮丽的风景线，引领了其他学生自觉主动地规范自己的行为习惯，提高自己的文明礼仪素养，加快了学校养成教育工作的进度。优质生源的进入，学生的特色才艺更多样化，有助于四川师大附中外国语学校社团活动更加多样化开展，以便整体提升学生的素质。

2. 就近入学增强教师专业化成长的紧迫感

学校以前的生源情况较差，学生整体水平较低，教师们成就感不强，教师专业化成长的内驱力不足。就近入学后，优质生源的进入，教师们对自己的专业水平主动内省，感受到了专业化成长的迫切性，积极主动强化专业知识，参加专业培训的教师越来越多。教师的发展带动了学校整体的发展。

3. 就近入学利于学校之间和谐发展

就近入学使各初中学校生源稳定，校际之间的差异缩小，避免了学校之间为争夺生源的恶性竞争和相互诋毁。学校不用提前到各小学招生，利于小学教学秩序的稳定，也减轻了小学毕业年级学生的负担；让孩子们过一个完整的“小学六年级”，学生不会被迫地参加各种培训班和提高班，有利于素质教育的开展。

资源配置的均衡是教育均衡的首要条件。生源均衡后，上级部门对各学校的资源配置也更加合理。

4. 就近入学产生了积极的社会影响

在实施就近入学之前，每年从三月份开始，家长就为择校奔波，给每个家庭增加了不少负担。就近入学实施后，家长不用再为孩子小升初奔波，有利于社会的稳定。

就近入学实施后，家长的观念也发生了变化，主动关注学校发展、主动参与学校建设的家长越来越多。同时，家长素质的变化，也带来家长学校的变化，使得家长学校建设的主题、形式等都有了很大变化，提高了家长学校的建设速度。

五、发展改革点评：统筹城乡是推进义务教育均衡发展的根本之策

择校是一个非常复杂的教育现象和社会现象，其形成有着多方面的背景和原因，是一个时期内社会发展、教育改革中存在矛盾的集中体现，在一些大城市尤为突出。近年来，成都市作为统筹城乡教育综合改革试验区，积极探索城乡教育一体化发展的有效途径，着力破解城乡二元体制矛盾，尤其是在缓解城市择校方面，坚持标本兼治，多措并举，加大资源均衡配置力度，不断缩小城乡教育发展差距，取得了良好的效果，人民群众对教育的满意度持续上升，成为全国义务教育均衡发展的先进地区。

（一）严格执行义务教育就近入学法律法规是前提

成都市积极推进城乡户籍制度改革，建立了户口登记地与实际居住地统一的户籍管理制度，并在此基础上出台义务教育阶段学生按户籍所在地就近入学的实施意见，确保适龄儿童少年在户籍地能够免试就近入学。此举不仅体现了法律法规和国家政策的相关要求，也为成都市解决择校问题提供了制度前提和工作基础。

（二）深入推进城乡教育一体化发展是根本

成都市针对城乡教育发展差异大的实际，打破原有资源配置的制度和格局，加大市域统筹力度，在发展规划、教育标准、办学条件、教育经费、教师配置、教育质量等方面推进城乡一体化，不断加大向农村学校和城市薄弱学校倾斜力度，实现公办学校发展的相对均衡，缩小了学校之间办学条件和教育质量的差异，有效地促进了教育资源的均衡配置，为解决择校问题打下了良好基础。

（三）扩大优质教育资源规模是关键

产生择校问题的根源在于优质教育资源不足难以满足人民群众的教育需求。成都市努力扩大优质教育资源规模，推进传统优质学校进入山区、灾区和新建小区，采取领办、合办等形式，在城郊接合部、卫星城大力发展优质义务教育，满足人民群众在家门口接受优质教育的需求。加强信息化建设和应用，城乡学校信息化设备设施基本均衡，推进远程互动教育项目结对学校的应用环境建设，推进优质教育资源的远程共享。

（四）坚持综合治理是保障

成都市在缓解择校问题上采取疏导结合，在保证基本学位的基础上，公平、规范、合理的提供选择机会，在一定程度满足合理的择校需求。坚持指标到校生制度，将省级及以上示范性普通高中统招计划的 50% 通过校内指标、校外指标等多种形式分配到各初中学校，引导家长、学生理性选择义务教育学校。积极鼓励民办学校优质特色发展，为有意愿的家长和学生选择适合的民办学校提供机会，满足人民群众对个性化、多样化的教育需求。

成都市把缓解城市“择校”问题作为检验和衡量教育改革成效、办人民满意教育的重要内容，逐步形成了以资源均衡配置为核心、城乡教育一体化发展为目标的整体思路，有力地保障了适龄儿童少年平等接受义务教育的权利，促进了义务教育科学发展、均衡发展。

第四章　湖北省武汉市通过推动教师合理流动缓解择校问题

一、域情教情

武汉是湖北省省会，简称“汉”，又称“江城”，有“九省通衢”、“黄鹤故乡”的美名。武汉历史悠久，建城史可以追溯到3 500年前的商代盘龙城。1986年，武汉市被国务院命名为国家历史文化名城。2007年，国务院批准武汉城市圈为“全国资源节约型和环境友好型社会建设综合配套改革实验区”。2009年，武汉被授予“国家创新型试点城市”。2010年，武汉被国家定位为“中部地区的中心城市”，东湖新技术开发区被批准为全国第二个“国家自主创新示范区”。武汉市第十二次党代会提出“敢为人先，追求卓越”的武汉精神，明确了把武汉建设成为“立足中部、面向全国、走向世界的国家中心城市”的战略目标。

2011年，武汉市户籍人口827.24万人，其中农业人口273.75万人，非农业人口546.59万人。武汉市现辖江岸、江汉、硚口、汉阳、武昌、青山、洪山、东西湖、汉南、蔡甸、江夏、黄陂、新洲13个行政区，以及武汉经济开发区、东湖新技术开发区、东湖生态旅游风景区、武汉化学工业区和武汉新港5个功能区。全市共有5个乡、8个镇、143个街道办事处、1 313个社区居委会，1 780个村委会。

目前，武汉地区共有普通中小学1 003所，在校生76.69万人；中职学校 141 所，在校生 18.02 万人，其中市属中职学校 90 所，在校生 11.66 万人。

2011 年，武汉市教育经费总投入为 121.48 亿元，比上年增长 7.77%，其中国家财政性教育经费 95.24 亿元，比上年增长 9.57%。全年预算内教育经费支出（含城市教育费附加）85.32 亿元，比上年增长 13.32%。武汉地区高中阶段以下教育固定资产总值达 123.36 亿元。

“十一五”以来，武汉义务教育工作的主要成就体现在以下方面。

一是加大投入，促进义务教育均衡发展。投资 10.35 亿元建设 215 所初中标准化学校，初中教育薄弱的状况得到较大改善。投入 2.2 亿元建设了 171 所农村寄宿制学校，全市具备寄宿条件的学校共接纳寄宿生 86 499 人（其中留守儿童 17 314 人），使农村边远地区学生和留守儿童能享受相对优质的教育资源。新洲区邾城四小被媒体誉为“留守儿童第一校”。

二是农村义务教育实现“零收费”。武汉市比国家规定提前一年在农村义务教育实现“两免一补”（即免学杂费、免教科书费、免寄宿生住宿费和补贫困寄宿生生活费）。2009 年，全市对农村义务教育寄宿生免住宿费。

三是在全国率先以“橙线”方式将中小学校建设用地纳入城市控制性详细规划。2005 年，武汉市颁布实施了《武汉市普通中小学布局规划（2004—2020 年）》。2010 年，制定了《武汉市都市发展区普通中小学布局规划（2010—2020 年）》，将规划面积由 427.5 平方公里扩展到 3 261 平方公里的范围，建立了城乡统筹的学校空间布局体系。

四是实施素质教育取得丰硕成果。武昌区“20+20 亲近母语行动”（全区五万名小学生每天早晨 20 分钟诵读国学经典，每天下午 20 分钟提笔练字）的经验获教育部推介。校园“阳光体育锻炼 1 小时”工作开展得有声有色，得到教育部、国家体育总局、共青团中央等三部门联合表彰。在全国率先免费开放学校资源和社会场馆，得到教育部和国家体育总局充分肯定。

五是进城务工人员随迁子女在公办学校无差别入学。全市农民工随迁子女在公办学校的就学比例达到95.51%，居全国同类城市最高水平。

六是全市教育资助体系覆盖义务教育、普通高中教育、职业教育和高等教育。近5年来共资助家庭经济困难学生174.13万人次，资助金额8.98亿元，保障了家庭经济困难学生不因贫困而失学。

七是武汉市乡镇教育督导评估工作获教育部推介。小学素质教育特色学校建设和督导评估工作经验被《中国教育报》连续刊载，在全国产生积极影响。

二、亮点成效

近年来，武汉市教育局认真贯彻国家、湖北省有关文件精神，大力开展义务教育学校教师交流工作，积极探索教师交流工作机制。2010—2011年，全市义务教育学校区内教师交流人数达到2 700余人，城乡双向交流人数均达到200人，其中中级职称以上教师占60%，市、区以上骨干教师达20%，促进了师资均衡配置和义务教育均衡发展。

教师交流工作显现出的成效主要有以下四方面。

（一）促进了边远薄弱学校教育质量的提高

优质学校教师交流到薄弱学校，带去了更好的教育理念和教学方法，使教师队伍得到充实、结构得到优化，素质得到提高，促进了薄弱学校教学质量的提升和群众满意度的提高。

（二）传播了优良校风和先进办学理念

教师交流带动了学校之间的互动交流，使不同学校的文化、不同教师的教育风格，都可以在交流中影响、碰撞、发展，校际间各具特色的优良校风、学风得到传播，先进的办学理念得到推广，实现了区域内和谐校园文化建设的加强与整合。

（三）促进了教师专业成长

开展教师交流工作，使长期在同一单位工作所形成的职业倦怠意识受到冲击。交流到新学校的教师，在新环境中不断学习反思，提高解决新问题、适应新环境的能力，有利于拓宽教育视野，积累教学经验，丰富知识结构，形成自己独有的教育风格。可喜的是，随着有关政策和制度的不断健全，教师交流正逐步实现由教育局硬性指派到学校、教师积极主动参与，由普通教师参与居多到骨干教师申报增多，由个体学校单向交流向结对学校共同发展的良好转变。据统计，参加交流的教师中有近千名教师成长为市区级优秀青年教师、学科带头人、省特级教师。

（四）完善了教师人事管理的制度机制

近年来，武汉市各区教育局在推进教师交流工作的同时，不断健全和完善教师人事管理的制度机制。例如：江岸区建立“三级领导网络”和“五大长效机制”，对交流教师实行“四优先”和“四倾斜”，形成了具有江岸特色的交流机制；青山区全面推行“学区教师交流制度”，以学区为主体统筹教师的一体化管理，逐步实现“校校有名师，校校有骨干，各校师资水平旗鼓相当”；武昌区以“名师工作室”和“优秀青年教师协作组”为载体，组织各学科导师或团队成员到边郊薄弱学校进行示范指导千余次，充分发挥优质师资的传、帮、带作用；江夏区在组织教师交流时最大限度满足农村学校教师的岗位需求，该区到农村学校交流的教师中区级以上骨干教师达到50%，组织名优教师送教下乡千余次，促进了农村教师队伍素质和教学质量的提高；蔡甸区积极争取相关部门的政策支持，对交流教师给予专项补贴和生活补助，对到农村学校交流满3

年的实行职称计划单列，提高了教师参与交流工作的积极性。以上措施的实施，进一步健全了教师管理制度，激发了教师队伍的活力。

三、探索与举措

（一）明确目标，健全制度

2007年，武汉市教育局在硚口区、汉阳区义务教育阶段教师定期轮岗交流试点工作的基础上，研究制定了《关于推进义务教育阶段教师交流工作的意见》，明确了“市区统筹、以区为主、合理规划、分段实施”的原则，要求各区教育局通过区域内轮岗交流、区域间支教交流、骨干教师兼职交流、校际间协作交流等形式，促进教师由超编学校向缺编学校、由优质学校向薄弱学校、由城镇学校向农村学校流动。

2010年，根据《省人民政府关于进一步推进全省义务教育均衡发展的意见》，武汉市教育局制定了《关于进一步加强义务教育学校教师交流工作的通知》，并召开全市教师交流工作推进会议，对有关工作进行部署。一是规定50周岁以下的男教师、45周岁以下的女教师，在同一所义务教育学校任教满6年的，原则上要在区内进行交流。每年区内教师交流人数要达到本区义务教育学校符合交流条件的教师总数的7%以上。二是要求各中心城区和对口远城区每年分别选派100名义务教育学校骨干教师开展城乡对口双向交流。三是要求各区每年定期组织骨干教师到农村或边远薄弱学校进行兼职交流。四是要求各远城区建立农村学校教师走教制度，切实解决农村学校部分学科师资匮乏的问题。

（二）统一认识，宣传发动

2010年10月，武汉市召开全市义务教育学校教师交流工作推进会，对全市义务教育学校教师交流工作进行总结、研究和部署。会议指出，开展教师交流工作是贯彻《义务教育法》、《教育规划纲要》的具体要求，是优化教师资源配置、促进义务教育均衡发展的重要措施，是丰富教师成长经历、促进教师专业化发展的有效形式，也是深化教师人事制度改革、激发教师队伍活力的有益探索。会议要求各区、各校及广大干部教师进一步提高对教师交流工作重要意义的认识，加强组织领导，深入调查研究，创新制度机制，完善配套措施，加强过程管理，做好舆论宣传，争取各方支持，努力推动教师交流工作取得新的成效。会上，市级教育局局长与各区教育局局长签订了教师交流工作责任书。这次会议的召开，进一步统一了思想认识，明确了职责任务，坚定了工作信心。

（三）完善措施，稳步推进

为推进教师交流工作，武汉市教育局制定了一系列的保障性政策措施。一是规定全市义务教育学校教师职称晋升、评优评先，应有在农村或边远学校任教 1 年以上的经历。二是教师交流期间人事关系和工资福利待遇可以保留在原单位不变，其业务考核管理以接收学校为主，绩效工资由派出学校根据其绩效考核结果进行发放，奖励性绩效工资原则上不低于派出学校同类人员的平均水平，交流期满如回原单位应优先安排工作岗位。三是市、区教育局将义务教育学校教师交流工作完成情况纳入年度绩效考核指标，统筹安排专项工作经费，用于奖励教师交流工作先进单位和个人。对未能按期完成工作任务的单位将给予绩效扣分、通报批评、取消评优评先资格等处理。

各区教育局结合自身实际，建立“三级领导网络”和“五大长效机制”，为教师交流工作的有效推进提供保障。

“三级领导网络”是指：成立区教育局局长为组长的教师交流领导小组，统领教师交流工作；组建以人事科牵头、中初教科等部门协调配合的教师交流工作小组，组织实施教师交流工作；各基层学校成立以校长为责任人的专项工作领导小组，负责落实教师交流工作。

“五大长效机制”是指以下五个机制。

常规机制——区教育局相继制定《关于实行特级教师、市学科带头人、市优秀青年教师跨校任教的意见》、《关于加强义务教育段学校教师交流工作的实施意见》、《教师交流管理办法》等一系列文件，明确教师交流工作的目标任务和有关政策。

激励机制——区教育局将教师交流经历和业绩作为教师发展的重要依据。对有交流任教的经历和业绩者，评聘中级以上职称，不受学校岗位结构比例限制，职数优先；评学科带头人、优秀青年教师优先；选派参加硕士学历培训、国内外教师培训优先；年度考核和评优评先活动优先。对已取得学科带头人称号的教师，在任期考核时间内需有专兼职交流经历，否则不能取得合格等次，不再保持荣誉称号。比如，蔡甸区规定，对到农村学校交流任教时间连续满 3 年，具有高、中级职务任职资格的，实行计划单列聘用，不受结构比例控制。硚口等部分区还将教师交流工作与奖励性绩效工资分配挂钩，进一步激励学校教师积极参与。

保障机制——区教育局积极争取区政府支持，加大投入，设立教师交流专项经费。对从城镇到农村支教的教师，每月发放生活补贴、交通补贴；对跨区支教的教师，还租用专车接送。每年对教师交流先进单位和个人进行表彰奖励。

考核机制——采取“科室跟踪、学校监管、小组评价”等多种形式对交流教师进行跟踪、指导和考核，建立交流教师业务档案和工作数据库，制定考核指标，实行派出学校和接收支教学校双重管理、以受支教学校为主的管理制度，派出学校和受支教学校每学期至少进行一次情况交流与反馈，区教育局每年听取教师交流学年工作汇报。

关爱机制——区教育局领导、派出学校校长坚持定期接送、看望、慰问赴农村支教教师，在工作、生活上为交流教师尽力创造良好条件。例如，江岸区副区长和区教育局的全体领导、科室负责人先后十多次到农村学校、发展中学校进行调研并看望交流教师，每年为赴农村交流教师配备人均 1 000 元的生活用品；春节期间，区教育局领导、科室负责人和学校校长逐一登门慰问。

下面是硚口区江家墩小学吕敬东校长的体会：

2011 年元月中旬，在崇仁路小学生活了 16 年的我，来到了硚口区江家墩小学。临行前，区教育局领导对我说："希望你能发扬崇仁精神，让这里的农民工的孩子也能享受到优质教育。"带着这样的嘱托，我踏进了江家墩小学校门。

江家墩小学是一所有着 65 年办学历史的老校，学校流动人口、农民工和低保户的子女约占全校学生总数的 76%。深入教育教学一线后，我深刻感受到这里师生身上流露出的"质朴"和"真诚"，并深深爱上了这片教育沃土。一位家长在给我的信中这样写道："学校应成为孩子好梦开始的地方，江家墩小学调来了新校长，我们期待着……"。看了家长的感言，我的眼眶湿润了，从那天起，"让每一个孩子喜欢上学，让每一名教师惬意工作"成为了我的工作目标。在教育局领导的关心和支持下，我们立足校情，确立了"凸显优势、错位发展"的办学思路，即把生源少、生源相对薄弱的不利条件变为办学的有利条件，尝试小班化教育实验，让每一名学生特别是弱势群体的孩子也能享受优质教育，为教育的公平均衡发展做点实事，探索一条小学落实素质教育的有效方法和途径，让每一个孩子幸福成长。

我和全校干部、教师树立共同愿景，改革管理模式，变革教学方式，潜心班级课堂，面向全体施教。特别是硚口区教育局的四大举措盘活了学校：举措一是"政策倾斜"，区教育局鼓励我校率先开展小班化教育试点研究；举措二是"师资支援"，区教育局采取区内骨干教师轮岗交流的方式，输入优质师资，补充教学力量，如崇仁路小学、东方红小学均有教师到江小轮岗；举措三是"经费补充"，对于学校开展小班化教育试点过程中的合理开支均予以经费支持，如选派骨干教师外出学习考察；举措四是“绩效奖励”，我校教育教学质量得到科学有效提高，家长的满意度明显提升，在绩效考核中，区教育局将江小列为“硚口区绩效管理优胜单位”。这些举措极大调动了干部、教师的积极性，大家团结一心，克难攻坚，敢于拼搏，仅一年时间，学校一年级新生由以前的不足一个班，到现在四个班爆满，其他年级的转学生也大量增多，出现了辖区内学生回流的现象。

如果说，硚口区义务教育均衡优质发展有什么妙招？那就是“政策扶持”、“骨干交流”和“评价导向”。如果问我们这些校长有哪些深刻体会？那就是在均衡优质发展的教育实践中，我们增长了教育智慧，提高了管理水平，提升了思辨能力，在体察了多元多面的教育对象后，更加明白了“均衡优质”的精髓——无论学生来自什么样的家庭，有着怎样的学习基础，我们教育工作者都有责任促进每一名学生主动、健康、全面、和谐发展，并因他们的快乐而成就每一个家庭甚至是家族的幸福。我愿行走在教育理想之路上，为了每一个孩子的幸福成长，为了铸就每一个孩子的好梦发源地而不懈努力！

（四）创新机制，力求实效

1. 建立“名师工作室”，发挥引领示范作用

武汉市教育局从2005年开始，在全市建立以武汉教育界名师命名挂牌的两批共48个“名师工作室”。“名师工作室”以市名师与骨干教师师徒结对的方式形成团队，开展教育教学研究和学术活动。武汉市教育局要求各“名师工作室”加强对农村骨干教师的吸纳和培养，规定每个名师工作室均确定一所中心城区学校和一所农村学校为实验基地，每个工作室的徒弟有三分之二来自农村或薄弱学校，向农村教师传授更先进的

教学技术和教育理念，促进了城乡教育的均衡协调发展。2011 年，“名师工作室”在 6 个新城区 50 多所农村学校成立教学研究试验基地，开展教学研讨活动 100 余次，通过示范授课、交流指导等有效方式，将优质教育资源输送到边远农村地区。

下面是武汉市育才小学教师陈汉玲的感受：

有人说人生不过像一场短暂的小雨，而我感到支教援教工作就像其中的一个雨点，是难得的一次人生经历和体验——我更珍惜学校给我的这次机会。带着新课程的理念走进黄陂蔡店乡的教育，走进乡村，走进教师，同乡村教师们一起进行教育教学教科研活动，深入课堂，听课、评课，和乡村教师面对面的交流、指导教学，推动了“新课改”。

一是在中小学不同学科的课堂中，拓展视野，丰富内涵。我的主要任务是到各个乡村小学听课、评课，查备课、查作业批改等，和乡村教师面对面的交流、指导教学实践。对于我来说，走进课堂听课，有三大特点。第一，原汁原味的教学课堂。每次我们下校听课，都是乡教育总支的同志当天早晨电话通知该校，所以这里的课堂给我们以真实的感觉，给我们提供的是原汁原味的教学。第二，听课不分学段。中学、小学的课都要听。第三，听课不分学科。各门学科的课都得听，如语文、数学、物理、科学、音乐、美术学科等。

每听一节课，我和每一个上课教师都要进行面对面的交谈，充分肯定教学中做得好的地方，同时指出教学中的不足，提出改进的方法与建议。特别是听、评中学学科及非数学学科的课对我来说，既是学习，又是挑战。因为我一直从事小学数学教学，对小学数学教学颇有研究兴趣，所以每次听这样的课，我都用课程理念指导思考、认真评课。有时在与老师交流之前，我首先把自己的想法或疑惑与本乡教育总支的同志进行交流沟通，每次自己评讲完后，都要认真听乡教育总支的同志评课。通过听课、评课讨论交流，拓宽了我的视野，丰富了自身的内涵。

一次，我们来到了位于武汉最高点海拔800多米蔡店乡村教学点，听了一节数学课。只见教室里左边摆了三排课桌，坐着一年级的五个学生，右边摆了两排课桌，坐着二年级的四个学生。上课的是一位代课教师。他先给二年级的学生上了30分钟的课，在他们做练习时，老师开始给一年级的学生上课，内容是“认识人民币”。老师让学生都看课本上的插图，认识各种面值的人民币。由于图太小，老师耐心地一个一个辅导学生。

看到眼前复式教学的情景，我想了很多很多。评课指导时，我真不知道该说什么，只是表达了我由衷的感动。只是从“如果我上这节课，我会怎么上”的角度，提出了一些可行性的方法。特别是认识人民币一课，强调要直观，要拿出各种不同面值的人民币（实物或人民币放大图）指导学生认识，并与课本上缩小的人民币图对比辨认……据我所知，这位代课教师的月工资只有150元，如果把各种面值不同的人民币合起来就有188.88元，对于这位老师来说，是不是有一定的困难呢？

这里的工作条件之艰苦，几乎超过了我的想象。看到这里的老师默默工作、无私奉献的情景，更增强了我为基层偏远、薄弱学校做好工作的信心，决心用自己微薄的力量为这里的学校教育多做点事。

2011年下半年，根据黄陂区教育局安排，由我执笔制定了整个乡的中小学教研计划，协助乡教育总支开展了学习江苏洋思中学课堂教学模式“先学后教，当堂训练”的运用与研究，以区课堂教学比武大赛为契机，采取校、片、乡层层研究。9月份以来，加大了下校调研的力度与密度，通过听课、评课、座谈、查备课、查作业批改，了解课改和常规教学落实情况，老师们明显感到这学期进行教研活动的次数增多了，教研内容翔实、主题更具针对性，活动有实效，增强了学校的科研氛围与教师的教研意识。

二是在多渠道的优质课观摩学习中，让乡村教师充分感受新课改理念。我通过支教教师的公开课、送优秀课例光盘及省优质课观摩的不同方式，让蔡店乡教师在多渠道的课堂教学实践中，近距离接受新课改信息，充分感受了新课改理念。

一次，乡里的教师听说我这个市学科带头人要上示范课，都抱着积极谦逊的态度来听课。课后老师们对这节课作了高度的评价，对本节课所涉及的新课程理念提出了疑惑。对于老师们提出的问题，我都进行了耐心的回答，对存在问题的原因进行了分析，及时进行了课后反思，同时就本节课的设计思路和指导思想作了说明，并提出了改进措施。在这个过程中，老师的疑惑渐渐地消除了，眼里流露出了钦佩的目光，好像在说：这市学科带头人，确实与众不同啊！

2005 年 11 月，武汉市教育界名师刘有祥带领我们“名师工作室”一行到黄山观摩全国小学数学优质课竞赛。为了让蔡店乡的老师也能享受本次赛课的资源，我将 5 盘一等奖课例光盘送到乡教育总支张干事的手中，张干事感动地说：我一定组织老师观看学习……

2005 年 11 月，湖北省教科所举办的为期两天的新课程小学数学优质课比赛活动在我校举行。我紧紧抓住这次难得的机会，请乡教育总支的领导与骨干教师到我校观摩听课。两天紧张的听课后，乡领导说：我们真得感谢陈老师，既节约了听课费，又让我们受益匪浅。老师们说：今天的收获真大……

乡村教师从这一节节示范课、观摩课中深深感受到了新课程的理念，也第一次这样近距离地一睹了各级优秀教师教学的风采。

一年的支教工作，我们亲眼目睹了我国现阶段城乡地区发展极不平衡的状况，亲身感受到了城乡教育之间存在的较大差距。每当看到当地教师能在这样艰苦条件下，安心教育教学工作；看到那群可爱的孩子能在如此贫困的环境中努力求学，我们的心都被他们深深地感动着。如果说我们先进的教育理念能给予黄陂蔡店乡教育一定的引领作用，那么乡村教师对事业执着的精神，以及负重向前的韧劲，则使我们援教教师收获了巨大的精神财富。

2. 推行学区教师交流制度，建立“教育发展共同体”

江岸、江汉、硚口、汉阳、武昌、青山、洪山、汉南等区为促进区内师资均衡配置，相继以学区为主体统筹教师的一体化管理，以优质校、中心校为核心、其他校为成员，整合为抱团发展的共同体，通过强校带动弱校，将师资队伍、教育教学管理、质量考核实行捆绑，迈出教师由“学校人”向“学区人”转变的步伐，促进区域内学校共同发展提高。

学区教师交流主要有以下几种形式。

（1）学区内优质学校、薄弱学校教师对口交流

教师交流时间1—3年，交流期间人事关系可保留在原单位。例如，武昌区师资力量雄厚的中华路小学总是将最好的老师选送出去，将需要帮扶的老师迎接进来，将发展成熟的教师推优出去。据不完全统计，从2004年至2012年，学校共派出专职交流教师8人，推优教师7人。该校曾派出全国模范教师、特级教师徐丽萍到区内薄弱学校回民小学交流1年，促进回民小学发展提高，使该校在参评学科带头人、优秀青年教师中实现了零的突破。

下面是武昌区中华路小学王成高校长的体会：

“站在小中华，心系大中华”，这是武昌区中华路小学教师校园生活理念之一。在这样的生活理念指导下，武昌区中华路小学作为一所省级示范学校，多年来，以推进教育均衡发展为己任，积极参与市、区两级支教帮扶行动。

早在2004年，学校率先派出全国劳动模范、特级教师徐丽萍牵手回民小学。她用了整整一年的时间，将该校数学学科组、日常教学研讨组组建起来，身体力行地参与日常教学研讨活动，为回民小

学打下了可持续发展的基础。2005年，武汉市优秀青年教师程红扎根新洲挖沟中学，她克服了农村生活条件的艰苦，给特困孩子送衣物，为农村孩子组建班级图书室，让农村孩子在教育的阳光下学习成长。2007年，副校长夏惠挂职阳逻中心小学，她努力在平日的工作中渗透素质教育思想，以丰富多彩的德育活动促进该校师生精神生命的成长。在张家湾小学、首义路小学、中北路小学、柴林小学，湖北省师德先进个人吴智勤，市优秀青年教师王蓓，区学科带头人曾艳嵘、王雪飞，区优秀青年教师吴丽娜也各自谱写着支教新篇章……除了专职支教外，学校还创设条件，开展各类兼职交流活动，先后送课到咸安实验小学、阳逻中心小学、沌口新城小学、张家湾小学等10余所小学，开展了实质性的、形式多样的教学互动交流活动。中小支教教师以其潜心教育、勇挑重担的支教形象，以其精湛的教学艺术，以其良好的师德风范，赢得多方赞誉。

在中华路小学的校园里，还经常可见来自乡镇学校的校长，来自兄弟学校的老师、管理者，来自发达地区的同行，学校大门为每一位有需要的同人敞开，让他们走进中华路小学校园，了解中华路小学精神，感悟中华路小学办学理念。咸安实验小学孙校长来校学习后，备感振奋，立即联系咸安区教育总支10余名骨干来校取经。枣阳市第一实验小学郭校长挂职学习，记录下厚厚一本教育教学管理手记，临别时留下感动的热泪。深圳骨干教师团来学校观摩课堂教学，不禁被中华路小学教师实效而富有生命力的课堂教学深深折服。中北路小学、张家湾小学、柴林小学也将其骨干教师送到中华路小学进行学习培训，这些教师有了在中华路小学工作的积淀，一回学校就挑起了教学科研管理的重担。

为了教育的均衡发展，学校克服优秀教师不够用的困难，毅然将优秀人才输送到不同的岗位。近年来，学校先后输送的优秀人才有：教学副校长王军现任武昌区体育教研员；教导主任金莉现任武昌区中山路小学副校长；数学教研组长李小玲现任武昌区大东门小学教导主任；在中华路小学成长了十年的年轻教师、武昌区学科带头人、武汉市优秀青年教师李昕，调去南湖一小承担教导主任工作；语文教研组长、学科带头人余蓓调至三道街小学担任教导主任……尽管有很多的不舍，尽管会给学校工作带来很多不便，但是学校还是竭尽全力的支持。我们认为：学校的发展是我们义不容辞的责任，区域内教育的发展也是自己应肩负的责任，中华路小学应该用博大的胸襟去拥抱更美好的未来。

义务教育均衡发展寄托着亿万家庭对美好未来的期盼。汇聚点滴支教力量，展望教育均衡远景，中华路小学正在不断向新的目标前行，努力让课改的春风拂过每张孩子的笑脸，让教育公平的阳光温暖每个孩子的心灵！

（2）教育局从师资富余学校统一调配教师到缺编学校，实行“人走关系走”

例如，硚口区东部超编学校和西部缺编学校有 11 所，它们打破区域限制，组成“联合体”；其他 30 多所小学组成三个学区，形成了超编学校和缺编学校、东部学校和西部学校、优质学校和边远学校的教师流转制度。

下面是硚口区常码头小学五年级 2 班一位学生家长的感受：

我是学校家长委员会的一名代表，进城经商。我的孩子很有幸在一年级就进入了常码头小学读书。现在我们家长很认可这所小学。学校虽然不大，但学校特色鲜明，教学质量高、办学条件好。在一年一度的全校家长会上和学校家长委员会中，学校校长多次向我们宣讲硚口区要创教育强区、义务教育均衡化发展示范区以及学校的办学规划和学校教育教学管理。从学校这几年的发展、从孩子的学习成绩和行为习惯的养成，我们感受到硚口区教育局和学校在推进教育均衡上所做的努力，我们的孩子确实分享了教育均衡发展的成果。

一是教育资源均衡。常码头小学属于城乡结合部，在硚口区属于边缘薄弱学校。区教育局近几年加大了对薄弱学校资源的配置。据校长介绍，学校近两年来在上级部门的关心支持下，抢抓机遇，充分利用政府投入、项目争取、自筹资金的方式，先后投资约200万元，对教室、办公室进行装修，为教师办公室配置了电脑，在每个教室安装了交互式电子白板和空调，学校实现了校园三通，大力改善了办公环境。尤其是学校虽然不大，但是学校的校园环境给人留下深刻印象。一进大厅，我们就可以看到学校办学理念、办学目标、办学特色、发展模式、校训等，学校有武汉市学校中最大的大型孔子浮雕像，还设计建造有花坛、草坪、古诗墙等，整个校园文化国学氛围浓郁，且布局合理规范。例如，以前开全校家长会，我们只能在操场上召开，夏天炎热、冬天寒冷，现在我们家长可以坐在每个班上参加视频家长会了。教育局在师资队伍建设方面给予了支持。区教育局先后将崇仁路、东方红、水厂路等名校的骨干教师支教到常码头小学。加强校际教师的互动，对提高教育教学质量有所帮助。我的孩子在四年级的语文老师就是来自东方红小学的教师。这几年学校也分来了一些大学生，学校教师队伍的整体素质也在提高。

二是学校注重常规管理，实现了教育教学“全纳”管理。学校认真执行国家课程计划，开齐课程、开足课时，以德育为首，着力培养学生的创新精神和实践能力和行为习惯。学校虽然80%的学生是进城务工的子女，但学校干部和教师从来没有差别对待，而是实施同一管理。在编班、教育教学管理上等各方面要求一致。因此，我们的孩子在常码头小学不因来自农村而受到歧视。我个人认为这就是教育教学的“全纳”管理。学校还坚持开展了家长评教活动和教师访万家活动。每学期我们部分家长尤其是家长代表都要来学校参加半天的听课评课活动，从这个活动中我们感受到了学校在教师队伍建设上是有成效的。学校现在有一批爱岗敬业的教师，他们在教学一线兢兢业业、任劳任怨地工作着。

三是学校坚持了特色兴校之路。我很高兴我们的孩子能持之以恒地学习经典，终生受益。在共读国学经典为特色的引领下，学校每年还要举行国学经典诵读和背诵比赛活动。我的孩子自从学习了国学经典后，变得十分礼貌、尊敬长辈、在家还帮助我们做家务。在本次国学经典背诵大赛中，我的孩子获得三等奖呢！学校还给我们每个家长布置了这一学期的经典读书内容，下学期开学后，我们每一位家长要参加经典学习开卷考试。

我希望学校能在国学经典的学习上，持之以恒，坚持做强，形成学校的品牌，让孩子们终生受益，让常码头小学成为全国知名的现代化国学特色学校。

（3）实行学科教师走教制

针对区内学校部分学科教师缺乏的现状，实行该学科教师走教制，即打破学校界限，一名教师可在多所学校任教，由学区统一排课、统一管理、统一考核。例如，汉阳区瓜堤街小学、晴川阁小学、洲头小学等边远薄弱学校与西大街小学组成学区，西大街小学英语骨干教师每年都在这些学校之间走教；武昌区湖大附中、三角路中学、铁四院学校的部分体音美教师共同使用，解决了结构性缺编的矛盾，《长江日报》、《长江商报》、《武汉晨报》对此给予了关注和报道。

（4）开展跨校教研活动

在共同体成立学科教研组，在区教研室的指导下跨校开展教研交流活动。例如，武昌区以“优秀青年教师协作组”为载体，包括指导教师63名、团队成员543名，涵盖各学段各学科，团队成员有计划地到边郊薄弱学校进行示范指导，每学科团队每年不少于4次，近三年累计千余次。

（5）骨干教师兼职交流

各区教育局每年定期组织区域内特级教师、市区学科带头人、优秀青年教师到农村学校或边远薄弱学校，采取公开课、示范课或专题报告的形式进行兼职交流。比如，江夏区组织名优教师送教下乡千余次，促进了农村教师队伍素质和教学质量的提高。

3. 开展跨区对口双向交流，促进城乡教育均衡发展

从2004年至今，武汉市江岸、江汉、桥口、汉阳、武昌等中心城区每年选派100名优秀教师到蔡甸、黄陂、江夏、东西湖、新洲等新城区农村边远中小学校交流1年，同时，远城区学校选派100名骨干教师到中心城区学校挂职锻炼1年。江岸区教育局明确规定：各校选派支教的教师，原则是在省、市示范学校任教的市、区两级学科带头人和优秀青年教师、骨干教师，该区选拔对口到黄陂区边远农村学校支教的教师中，区优秀青年教师以上的占65%。江汉区48%的优秀骨干教师承担了对黄陂区的跨区交流任务，得到当地教育局、学校的高度赞誉。武昌区在动员教师到农村学校交流时，全区教师踊跃报名，热情高涨，报名教师远远大于计划人数。

下面是蔡甸区玉贤镇中心小学教师郭世荣的感受：

> 教育涉及千家万户，从某种意义上说它代表着社会的公正。教育公平，均衡发展，这是老百姓的呼声，也是我们教师的期盼。作为一个农村小学的教师，我真心的希望每个老师的笑容都一样灿烂，育才交流的一年，我对此有了更深的体会。
>
> 育才小学是武汉市的名校，2010年9月我有幸成为武汉市城乡教师交流中的一员，从一个最最平凡的农村小学，来到了武汉市有名的城市名校，两相比较，我看到了差距之所在。一是软件方面，这里群英荟萃，有一大批的精英骨干。不管是年老的特级教师，还是年轻的市区级学科带头人、优秀青年教师，都时刻保持着旺盛的斗志。她们工作勤奋，有着极强的学校集体荣誉感，她们为自己是

育才的一员感到自豪。她们的精神深深感染着我，我知道正是拥有了一群像她们这样的名师，学校才得以成为名校。二是硬件方面，各项功能室设备齐全，最大限度地满足了教育教学的需要。

在这里，我真正见识了择校风的厉害，许多家长都是“钻天打洞”，千方百计把孩子“挤”进来的，一个不大的校园，挤进了三千多个孩子。为什么会出现这样的现象？经过一年的了解，我觉得原因有三。第一，这些年经济发展了，家庭条件得到了很大的改善，父母也想多在孩子身上投资。名校有良好的学习环境，有大批的名师，俗话说“名师出高徒”，谁不望子女成龙、成凤呢？第二，家长不理性，盲目跟风，甚至有些家长认为孩子不读名校是很没面子的事。当时我班上就有一个学生，家住武昌，放着家门口的学校不读，家长每天早晨花一个小时开车送孩子来上学。因为起得太早，孩子睡眠不足，上课老犯困。我想，这长此以往对孩子会造成多大的伤害呀！第三，家长的认识存在一定的误区，认为名校老师就都是好老师，普通学校就没有好老师。这里有个小故事：2010 年 9 月 3 号，我负责二年级（5）班的早自习，我早早地来到教室，引导孩子们拿着尺去感受厘米这个长度单位。潘宇轩同学迟到了，是妈妈送过来的。我在教室门口，亲切地问孩子，“乖乖今天怎么迟到了？”轩轩妈却毫不客气地板起脸：“来都不想来，凭什么其他班上就是年级组长教，我们班上搞个乡里的老师教，我们是一样交了赞助费的。”听了这些话，我脑子里面一片空白，委屈、压力扑面而来。我还没有教，你怎么就断定我不行呢？我一定要争这口气！最后到我交流期满，这位家长惭愧地对我说“对不起”，还希望我留下来再教她的孩子几年。

就我个人认为，随着各级政府对教育均衡发展的重视，学校硬件上的差距正在逐步缩小，我们农村地区许多学校也逐步标准化，现在最重要的是师资力量的均衡。其实普通学校的师资也是有潜力可挖的，只是需要调动教师工作的积极性，找到良性发展的路子，很多老师是可以成为优秀人才的。

第一，加强学习。主要是学习先进的理念，如果有需要可以脱产学习，“磨刀不误砍柴工”，只有用现代教育的正确思想作指导，才能有所创新，有所作为。

第二，加强交流。“流水不腐，户枢不蠹”。特别要加强优质学校与普通学校的交流。优质学校与普通学校都肯派出优秀的教师，这样的交流才会有更大的带动性和触动性；否则，交流不但起不到作用，反而还会让人反感。根据需要，交流的时间也可延长至两年，这样就可以学到更多的东西。我在育才学到的一些东西回到学校就很受用。

第三，引领带动。“一支独放不是春，百花齐放春满园。”我们在打造自己的名师、学科带头人的同时，要让这些人去引领带动学校其他的老师，要以她们的精神去鼓舞人，以她们的事迹去触动人，以她们的技艺去带动人，达到共勉共进共提高的目的。

我坚信在不久的将来，我们所有老师的笑容将一样灿烂。

四、典型案例

（一）江汉区“双向双赢”显成效

近年来，江汉区积极探索规划合理、科学有序的教师交流和岗位配置制度，立足区域实际，创造性地在义务教育学段建立起“学区共同体教师岗位双向交流”新模式。在“学区共同体”的体制下，重点学校与薄弱学校共享优质教师资源，共同研发校本课程，共同制定课题方案……逐步缩小校际差距，促进了区域义务教育均衡发展。

近几年时间，该区各义务教育学校教师区域交流达到千余人次，其中，中级以上教师426人，市区级骨干教师279人，占骨干教师的48%。仅2010年，交流教师累计174人，中级以上交流教师116人，市区级骨干教师83人，每所学校平均派出交流教师的人数达到了本校教师总数的7%，覆盖10多个学科和49所中小学，交流人数多、学科全、范围广，为历年之最。

通过实施学区共同体下的教师岗位双向交流，变优质教师资源的一校垄断为全区共享。区教育局根据各单位编制和岗位情况制定、实施教师交流与培训计划，检查学区共同体派出单位和接收单位之间教师交流的合同签订、落实情况和交流教师的考核评价工作。派出单位按照统一要求制定派出教师周期计划；定期了解派出教师的思想、工作、生活情况，协助接收单位做好派出教师的日常管理；按照派出教师所在接收单位实际承担的工作量发放课时工资。接收单位在接收、安排、管理、引领交流教师等各个环节做到精心安排，在关系不变、薪金不变的情况下，对交流教师像本校教师“四个一样”，即一样管理、一样使用、一样对待、一样培养。

为了建立长效激励的保障机制，江汉区推出“五个优先”，即优先应聘上岗，优先职称晋升和授予荣誉称号，优先享受教师津贴，优先享受教师培训和提高，优先享受教科研津贴，使教师交流真正实现了“交流前愿意，交流中快意，交流后满意”。这种尝试，效果明显。

江汉区取水楼小学、长港路小学和华苑小学等校是这次改革中受益最大的学校。由于近几年城市改造和流动人口入学，区域性招生规模陡然扩增，使得这些学校出现教师学科性结构短缺问题，通过学区共同体的合作，天一街小学、武汉关小学、精武路小学及时派出富余的学科教师交流，解决了学校的燃眉之急，双方学校各得其所，均衡调配，使得教师资源合理流动，满足了学校办学需求。

参与交流的骨干教师根据要求，做好“六个一”工作，即上好一节观摩示范课，做好一场小型业务讲座，与一位青年教师结对帮扶，指导青年教师撰写一篇高水平教案，上好一堂优质课，完成一篇有深度的教学随笔或反思。参与交流的青年教师说："是交流，使我看到了世界之外的世界，我的眼界更宽了；是交流，给了我博采众人之长的机会，使自己有了提高的舞台；也是交流，让我感到学海无涯，任重道远！"

交流也提高了相对薄弱学校的教育教学质量和社会声望，得到了家长、社会的认同。有些学生的家长说："本来是想让孩子转学的，可是听说优质学校的优秀教师来到本校教书，就没必要自找麻烦了。"

这种在教师合理流动与岗位配置上有益的探索与实践，从某种程度解决了部分学校师资短缺、学科结构性矛盾、优质教师不足等问题，也在一定意义上提高了部分薄弱学校的教育教学质量和管理水平，极大地促进了全区教师的专业化发展。

（二）硚口区架起城乡教师交流桥梁

2012 年 3 月 28 日，崇仁路小学校长带领胡琪、肖娜两位骨干教师前往江夏区乡村学校藏龙岛小学送教，开展主题为"菜单点课送教，同破疑难求解"的课堂教学交流活动，这是崇仁路小学 2011 年 12 月份继汪亭、张璐老师在藏龙岛学校送教活动的后续。

这次活动是硚口区和江夏区多年来教师交流学习的一个缩影。自 2005 年以来，硚口区每年都有一批优秀教师到江夏区农村学校轮岗交流，他们担任起了交流的使者，架起城乡交流的桥梁。通过两区教师之间相互学习、学校之间相互交流、区域之间相互合作，以及硚口区骨干教师、区学科首席教师工作室到江夏送教援教等多种方式，两区之间交流学习由点到面，宽度和深度不断加大，既提升了教师自身的能力水平，又促进了城乡教育的均衡发展，达到了共同提高的目的。

新安街小学美术教师龚国卫指导的学生有 7 人在江夏区艺术小人才比赛中获得优异成绩，为学校取得了零的突破。龚老师连续两年主动申请到江夏区农村学校轮岗交流，这些经历很好地磨砺了他，他边支教边攻读华中师范大学美术专业研究生，支教期间成功地举办了个人画展，龚老师的事业和境界又上了一个台阶。硚口区像他这样的教师很多，如有毅然带着孩子到江夏栗庙小学支教的水厂路小学冯芳，有强直性脊椎炎复发还坚守在支教岗位上的十一初级中学陈少彦，有连续几年主动到区外支教的曾玲、余正德、王维等许多典型例子。支教工作磨炼了他们的意志，锻炼了他们的勇气，增强了他们的责任，改变了他们的观念。

几年来，硚口区到江夏轮岗支教的教师百余名，他们勤工作，创造骄人的业绩；授方法，做师生的良师益友；搭桥梁，做教育交流的使者；用爱心浇灌出满园春色，用行动展示出教师风采；在奉献中享受快乐，在历练中磨砺成长。在江夏区栗庙小学支教一年的韩家墩小学俞华老师评价支教生活对自己的影响时感慨地说："用一年的时间，做一辈子难忘的事情。"

武汉市第六十四中学郑超老师在江夏法泗中学支教，通过他牵线，肖国庆校长带领九年级语文、数学、英语、物理、化学五个学科的备课组长和区初三中心备课组成员 7 人前往法泗中学送教。课后，两校教师深入交流，就九年级复习备课中遇到的各种困惑各抒己见，其间观念的碰撞、方法的探讨让双方教师受益匪浅；两校干部交流了学校管理经验与九年级备课管理心得，并约定这样的活动今后每学期至少开展两次。

藏龙岛的教育发展速度很快，新建的藏龙岛学校建设面积近百亩，教学设施设备全市一流，当然最需要建设的是一支高素质的教师队伍。崇仁路小学和藏龙岛小学课堂手拉手活动，促进了藏龙岛教师队伍的发展。藏龙岛教办及藏龙岛小学非常感谢硚口区教育局和崇仁路小学对他们的支持与帮助，藏龙岛教办领导深情地说："希望两小学手拉手是长期的，并越拉越紧！"

支教教师架起了两区学校沟通的桥梁，硚口区主动和江夏区开展合作交流的学校很多，如体育馆小学和江夏金水小学、井冈山小学和江夏义贞小学、韩家墩小学和栗庙小学、十一初级中学与江夏求实中学等密切开展教育教学学习交流活动，结下了深厚的情谊。

硚口区学科首席教师工作室和骨干教师带着爱心、带着责任，积极参与到江夏农村学校的送教援教活动中来，区名师和骨干教师送教活动拓宽了两区交流的途径，提升教育教学交流的层次和水平。

省特级教师、市名师、区首席教师、一职教中心副校长张玉琴率区中学信息技术张玉琴工作室全体成员到江夏求实中学送教，慰问在求实中学支教的两个工作室成员——十一滨江初级中学的尹俊老师和十一初级中学的陈曦老师。工作室培训、指导求实中学的教师，为求实中学新机房的建设、学校网络构建等献计献策，指导该校提高教育信息化水平，受到学校的热烈欢迎和高度赞扬。

省特级教师、市名师董耀红老师率区小学语文首席教师董耀红工作室成员到江夏区送教，受到热捧。硚口区一大批骨干教师也积极参与到送教的行列中来，如崇仁路小学的“武汉市十大魅力教师”张璐、体育馆小学的“硚口名师”余风娟和陈丽、井冈山小学的市优秀青年教师赵金雁等许多骨干教师。

为什么要去农村学校支教？是什么牵动着硚口区名师和骨干教师的心？用参加送教活动的“硚口名师”陈丽的话回答：“想想，这个问题其实也很简单：因为那儿需要！”

近年来，硚口区为促进区域义务教育均衡发展，采取系列措施激励教师参加轮岗交流，如把轮岗交流的经历作为职务晋升、评优评先的必备条件。区外轮岗交流采取专职轮岗交流和兼职轮岗交流“打包”的方法，就是本校有一个教师在区外学校轮岗交流，学校就要选派一批骨干教师到这所学校兼职交流，学校也要和该校结成手拉手帮扶学校。这样，一人支教，往往形成了全校支教的局面。

全方位、多层次、高标准的跨区轮岗交流工作使硚口区与江夏区之间感情不断加深，很多支教教师有了深深的江夏情结，不少教师都是连续几年主动申请到区外支教。有的教师在交流工作完成之后还继续保持着联系，保持着友谊，保持着交流。江夏区也选派教师到硚口区学校挂职锻炼，交流学习。江夏区的农村学校也主动来硚口区交流，如江夏栗庙小学到新安街小学开展参观、听课、座谈等深入而广泛的交流活动。

跨区轮岗交流活动锻炼了硚口区教师，提升了他们的水平，他们在奉献中享受快乐，在历练中磨砺成长，增强了社会责任感，实现了自我升华，更促进了城乡教育均衡发展。

（三）青山区另类“扶贫”

学区制被认为是遏制“择校热”的一种有效办法。2009年，青山区率先在小学试行学区制，名校校长兼任“学区长”，学区内教师“走教”上课成常态，部分普通小学留住了“择校生”，生源出现了回流。

1. 教师“换校”任教

位置偏远的青山小学迎来了新沟桥小学名师刘家旎上课，她曾获武汉市优质课比赛一等奖。青山小学地处青山区最北部，现有学生900多人，以进城务工子女居多，受择校风影响，辖区生源流失较大。“推行学区制后，经过3年老师交流，学校的师资力量明显提高。仅在这两年，就有十多名好学校的老师过来，成为学校教学骨干，给学校注入了新活力，生源流失现象有明显好转，”校长杨建国说。“同一学区内，老师‘走教’上课很频繁，师资力量雄厚的学校老师去薄弱学校，薄弱学校老师来雄厚学校，实现互补平衡，共同发展，学校差距缩小，家长们选择余地大了。”

择校，其实是择师。青山小学一位三年级学生家长说，孩子一直在这个学校上学，老师们都挺负责。“在学区内，离得近的可‘换校’任教。离得远的利用网络‘交换’老师智力。”学区还成立资源库，把教师好的教案上传，让各学校共享，学校如果需要，还可以把这位教师请来上示范课。

2. 换岗后更有激情

新沟桥小学夏虹，她是该校“换校”任教的教师之一。她正在为即将到来的校园艺术节做准备。2011 年从青山小学过来，原来的学校，她曾待了 21 年。

“告别了工作 21 年的环境，再到新学校，一切都要从头开始。起初有点担心。”她说。工作一段时间后，发现交流的好处要远远大于代价，“开阔了眼界，提高了能力，最关键的是，早已消磨光的工作激情，重新焕发了。”

夏虹老师说，在智力和行为习惯上，孩子们相差不大，但在学生争相进入的新沟桥小学，学生知识面更宽一些。“在这里上课，老师得不断学习。”

3. 名校弱校“齐步走”

红钢城小学校长任第一学区“学区长”，吉林街小学校长任第二学区“学区长”，新沟桥小学校长任第三学区“学区长”……目前，青山区所有小学分为 5 个学区，每个学区由一所优质小学牵头，名校校长担任“学区长”。

学区长都是一岗双责。年终考核时，不但要考核其校长的业绩，还要考核兼任的学区长的业绩，考核结果与学区长的评先、晋级等切身利益挂钩。在小学质量监测时，学区内的学校是“捆绑式”考核，并与年终的绩效考核挂钩。名校自己办得好不算本事，而要把兄弟学校都带动起来，优质资源不再为一校所有，要让学区内的孩子们共享。而且，学区还有保障经费，列入当年的教育预算。

4. 改革后的变化

（1）“择校生”留下来了

红钢城小学、钢城二小、钢城三小、钢城十一小、钢城十八小是第一学区。其中，红钢城小学是青山区的热点小学，生源多达 1 200 多人。前几年，离红钢城小学不远的钢城三小，受“择校热”的影响，学校生源一度下滑到600多人。“推行学区制后，老师换校任教，师资水平得到提高。再加上投入200多万元，改造了塑胶跑道等，生源辖区内学生回流现象已经出现，这说明社会对学校逐渐认可了。”钢城三小校长陶汉芝说。

以前，钢花小学入学压力特别大，每年招300名新生，有500多人前来报名。这两年，与钢花小学同属第二学区的钢城一小、钢城十四小的生源明显回升，缓解了钢花小学入学压力。据预计，2012年，青山区不仅“择校生”数量明显减少，传统老校“择校生”比当初下降了一半，而且一批口碑不错的普通小学成为“热点校”。

（2）学校从竞争到共同进步

“每周内，学区内4所小学的老师会按学科坐到一起开展备课等活动，教学资源再进行共享。”新沟桥小学校长桂国庆说。每次活动中，大家敞开心扉取长补短，各校都受益良多。“这受益于学区制度改革为我们搭建了一个校际交流的良好平台。由于年底时，学区内学校捆绑考核，大家都愿意亮出自己的‘真本领’。”

“实行学区制的目的，就是希望建立更为合理的教育资源配置机制。通过学区内各项资源的共建、共享，进而实现优质资源的快速扩充。”“现在，学校正从校际间的竞争关系，向学区内的共同进步过渡，学校发展基本实现均衡了，择校也就失去了生存的土壤。”

（四）黄陂区支教引来云中凤

自2005年春季启动跨区干部教师交流工作以来，黄陂区共接收来自江岸、江汉和硚口等兄弟区的支教教师138人次，同时派出20多名中小学校长到市区学校挂职学习锻炼。几年来，跨区工作从试点变成常态，从摸索走向成熟，对于改善黄陂区边远农村学校教师素质和结构问题起到了非常重要的作用，得到了受援学校和当地群众的大力支持和高度评价，取得了良好的教育效益与社会效益。

1. 不断健全保障机制，认真做好区外支教教师接收工作

对于区外教师支教工作，黄陂区教育局落实政策、强化举措，加强保障，为城乡教师交流工作的顺利开展营造了良好的环境氛围。

一是从组织领导上高度重视。区教育局成立了支教工作领导小组。领导小组设办公室具体负责与派出单位的协调和支教教师的日常管理工作，接受援教的相关乡镇和学校也安排专人负责联络和管理。区教育局将此项工作纳入年度绩效考核，使人人肩上有担子，人人身上有责任。

二是从工作安排上高度务实。每年 7 月，黄陂区教育局工作专班就深入各薄弱学校，摸清紧缺的学科和急需教师的数量。然后，主动与市内对口区教育局联系和协调，请求支援。支教教师报到后，区教育局将他们安排到老区蔡店乡和西部山区李集镇，让这些骨干教师到最需要的岗位充分发挥作用。

三是从日常生活上高度关心。黄陂区教育局尽力为支教教师创造最好的工作环境，妥善解决他们生活上的实际问题。蔡店乡为支教教师新建了宿舍，安装了太阳能热水器，改善了支教教师住宿条件。李集街把学校最好的房子腾出来让支教教师住宿，为他们聘请了厨师，还把学校的电视机配给他们看。各学校对支教教师的尊重和关心，使支教教师有了归属感，能安心为黄陂教育作出贡献。

2. 全面落实管理措施，切实增强教师交流工作实效

一是对支教教师的日常管理不推诿。按照市局文件要求，支教教师实行“双重管理，以接收学校为主”。近几年，黄陂区改变过去分散交流、不便管理的状况，把来自同一个区的支教教师尽量集中到几个学校支教，一方面发挥了资源集中的效力，有利于改变学校的面貌；另一方面，也便于教师彼此的相互照应和区教育局的日常管理。

二是对发挥支教教师的引领作用不含糊。鼓励支教教师参加各类教研活动，让他们多听课、评课，多上公开课、示范课，多参与学校管理，将先进的教学理念和教学方法在全校乃至全乡全区进行展示推介，充分发挥他们的示范和引领作用。让其他教师在对比中转变教育观念，在学习中提高业务技能，在思考中增强质量意识，带动了教师素质和学校管理水平的提升。

三是对支教教师典型的宣传不遗余力。多年来，支教教师中涌现了不少先进典型。例如，来自江岸区七一中学的余春发2006年到蔡店中学带毕业班数学兼备课组长，教学、教研工作都做得扎扎实实，当年中考数学成绩在全区名列前茅。来自江汉区华中里小学的陈明浩和华苑小学的吴峰工作任劳任怨，教学积极主动勇挑重担，把年级最差的班培养成全乡同年级第一。来自硚口区汉滨学校的刘波不仅善于做学困生的辅导工作，还给予留守学生家庭般的温暖。像这样的典型事例还有很多。黄陂区不遗余力地在教育媒体上进行宣传，号召全区教师向他们学习。

四是对支教教师的考核评价不走过场。区教育局要求相关学校把支教教师纳入管理考核对象之中，日常考勤严格记载，教学常规照样检查，师德行为一起规范。专门建立支教教师的业务档案和师德档案。支教结束后，教师要写出个人小结，并和校方评价一起带回原校作为当年年度考核的依据。

3. 借鉴跨区交流经验，强化区内干部教师互动交流

黄陂区义务段在职教师有近7 000人，为促使教师快速成长，区教育局充分借鉴跨区交流的做法，在区内也加强了城乡干部、教师的互动交流。

一是在区内开展城乡学校对口帮扶。2009年，区教育局将10所城区学校与10所农村薄弱学校结为对口帮扶单位，签订了帮扶协议，交流管理制度，切磋教学方法，达到了共建双赢的效果。

二是加大区内干部教师任职任教交流力度。黄陂区大力推行城乡间校级干部交流，覆盖到数十所农村薄弱小学。同时，积极推进乡镇内部紧缺学科教师和骨干教师的兼职交流。2011年区街乡镇场内教师交流达到600余人次，对于提升薄弱学校的综合办学水平起到了很好的作用。

三是建立“名师工作室”倡导名师带徒。2011 年，黄陂区成立了 13 个“名师工作室”，共收弟子 170 人。“名师工作室”以课题研究、送教下乡、听课评课、个人博客等为交流平台，巡回交流指导，努力培养和扩大骨干教师队伍。

城乡教育的均衡发展，不仅是办学条件上均衡，更重要的是师资水平的均衡。从这个意义上说，开展城乡教师交流工作，意义深远而重大，任务紧迫而艰巨。下阶段，黄陂区将以科学发展观为指导，以人民群众满意为目标，按照市教育局的统一部署，开拓创新、奋发有为，为农村教育事业的发展作出新的更大的贡献。

五、发展改革点评：师资均衡是义务教育均衡发展的基础

教师是教育之本。推进义务教育均衡发展，全面提高教育质量，教师资源均衡配置是关键，促进教师合理流动是基础。《教育规划纲要》明确提出要实行教师、校长交流制度，缩小校际间教育发展差距。近年来，武汉市将义务教育学校教师交流作为加强教师队伍建设、促进均衡发展的一项重要工作，加强组织领导，创新制度机制，完善配套措施，形成了教师积极参与、城乡学校共同发展的良好局面。2010、2011 年，全市义务教育学校区内教师交流人数均达到 2 700 余人，城乡双向交流人数均达到 200 人，其中中级职称以上教师占 60%，市、区以上骨干教师达 20%。

（一）思想认识到位

武汉市、区教育局专门召开教师交流工作推进会，层层动员，进一步统一和提高认识，认真学习贯彻落实国家、省、市的有关政策精神，

把教师交流工作作为加强教师队伍建设、促进义务教育均衡发展、树立教育良好形象的重要措施，摆在更加重要的位置，力争取得实效，体现了领导重视、市区联动、统一步骤、平稳运作的特点。

（二）目标责任清晰

武汉市多次下发加强义务教育学校教师交流工作的指导性文件，深入义务教育阶段教师交流工作，明确要求通过区域内轮岗交流、区域间支教交流、骨干教师兼职交流、校际间协作交流等形式，促进教师由超编学校向缺编学校、由优质学校向薄弱学校、由城镇学校向农村学校流动。同时，市、区教育局建立目标管理责任制，采取市级教育局局长与各区教育局局长签订教师交流工作责任书的形式，明确各自的工作职责和任务，确保各项方面工作落实到位。

（三）政策体系完善

为保证教师交流工作的顺利开展，武汉市采取一系列的保障性政策措施，对交流教师人事关系、工资福利待遇、年度绩效考核等做了明确规定，并规定全市义务教育学校教师职称晋升、评优评先，应有在农村或边远学校任教一年以上的经历。市、区教育局建立了“三级领导网络”和“五大长效机制”，加强对交流教师的激励、考核和管理，关注他们的学习、工作和生活，促进交流教师的专业化发展，使他们在新的交流岗位上“出得去，留得住，干得顺，管得好”。

（四）体制机制创新

在推进教师交流工作中，武汉市各级教育部门不断进行改革创新。市教育局通过建立“名师工作室”，以市名师与骨干教师师徒结对的方式形成团队，开展教育教学研究和学术活动，发挥引领示范作用，提高农村学校和薄弱学校教师水平。各区县教育部门以学区为主体统筹教师的一体化管理，通过强校带动弱校，将师资队伍、教育教学管理、质量考核实行捆绑，促进区域内教育资源的合理配置。开展跨区对口双向交流，引导中心城区学校教师和农村学校教师交流，带动城乡教师队伍整体素质，全面提高教育教学质量，促进城乡教育均衡发展。

实践证明，武汉市通过推动教师合理有序流动，有效地激发了教师的积极性和创造性，促进了薄弱学校教育质量提高和先进办学经验的推广，增强了学校发展活力和后劲，为推进义务教育均衡发展工作奠定了良好的基础。

第五章　浙江省嘉善县实现城乡教师一盘棋

一、域情教情

嘉善县地处太湖流域杭嘉湖平原，位于浙江省东北部、江浙沪两省一市交汇处。全县区域面积 506 平方公里，下辖 6 个镇 3 个街道，38 万户籍人口，外来人口约 40 万，118 个村。历来就有“鱼米之乡、丝绸之府、文化之邦”的美誉，也因“地嘉人善”而得名，被称为“银嘉善”。

嘉善是长三角经济重地。改革开放 30 多年来，嘉善实现了从农业县到工业县、从资源小县到经济强县、从基本温饱到总体小康的历史性跨越。连续多年列入全国百强县，最靠前排名第 27 位，其中发展活力和发展潜力分别列全国第 6 位和第 11 位，并获得“长三角最具投资价值县市”称号。2010 年 5 月作为“县域科学发展示范点”被国务院列入《长江三角洲地区区域规划》，是长三角唯一被纳入区域发展规划的县。

嘉善是浙江省接轨上海的前沿阵地。嘉善县是浙江省唯一同时接壤上海和江苏的县，县城距上海、杭州、宁波、苏州四大城市都只有 100 公里左右，境内有沪杭、申嘉湖、苏通等 3 条高速公路和沪杭铁路、320 国道。与上海更是地缘相近、人缘相亲，特别是沪杭高铁开通以后，与上海的同城效应更加明显（有趣的“13579”现象，即：10% 的嘉善人在上海工作、学习、生活，30% 的工业产品是为上海配套生产的，50% 的农产品提供给上海市场，70% 的游客来自上海，2011 年嘉善共接待 710 万游客，有很多都是来自上海，90% 的客商是慕上海之名来嘉善考察）。

嘉善是“吴根越角”的人文荟萃之地。嘉善县地处“吴根越角”，拥有深厚的文化底蕴。有 5 000 多年历史的大往圩史前文化遗址，是马家浜文化的发祥地之一。千年古镇西塘有“春秋的水、唐宋的镇，明清的建筑，现代的人”之称，被誉为江南六大水乡古镇之首，是中国首批十大历史文化名镇，被联合国教科文组织列入世界文化遗产预备清单。嘉善历来尊师重教，勤于耕读，人才辈出，有元代四大画家之一的吴镇，还有当代著名电影艺术家孙道临、剧作家顾锡东。

嘉善是地嘉人善的和谐之地。多年来，嘉善县始终坚持经济与社会事业同步发展，先后获得“全国文明县城、全国卫生县城、全国文化工作先进县、国家园林县城、全省社会化养老服务示范县”等称号。城乡统筹取得新突破，2011 年，城镇居民人均可支配收入和农村居民人均纯收入分别突破 3 万元和 1.5 万元，城乡统筹发展水平综合评价列浙江省第六，嘉兴市第一，已由原来的整体协调阶段进入全面融合阶段。

2011 年嘉善县有各级各类学校 99 所，义务教育学校 38 所，其中农村学校 27 所。全县共有在编教职工总数 3 497 人（其中义务教育学校在编专任教师 2 444 人，农村教师 1 551 人）。在职教师中有高级职称 513 人，占专业技术人员总数的 16%。中小学专任教师 3 283 人，目前在职教师中有 46 人已取得硕士学位，在读硕士学位的总计 47 人。小学专任教师的学历合格率为 99.85%，初中为 99.53%，普通高中为 99.05%，职业高中 92.2%。小学、初中专任教师的学历高标率分别为 89.99%，初中为 90.57%。义务教育学校在校生 49 341 人，中小学生中新居民子女学生近 2 万人，其中 76.4% 在公办学校就读。

近年来，嘉善紧紧围绕“科学发展示范点”建设，以经济、社会、管理全面转型为目标，县委、县政府认真实施“人才强县”、“科教兴县”战略，着力提升综合实力和核心竞争力，把义务教育均衡优质发展作为城乡一体化建设的重中之重，全面实施“教育资源均衡、教育机会均衡、教师分布均衡”三大均衡工程，先后出台了关于进一步落实农村义务教育“以县为主”管理体制、教育经费保障机制改革、学前教育改革与发展和新居民子女教育等一系列文件，有力地促进了各类教育协调发展。在统筹城乡义务教育均衡发展上努力做到“六统一”、“一高于”。“六统一”是指：统一城乡学校校舍建设标准（由县财政统筹落实城乡学校改造与建设经费，全县累计投入3.4亿元基本完成了“校安工程”三年建设规划）、统一城乡中小学生均公用经费标准（对农村学校班额不足的按照标准班额安排生均公用经费和补助经费）、统一城乡学校教育装备配备标准（每年安排1 000万元专项教育装备经费，其中80%用于农村学校，加大数字化校园、书香校园、科技校园建设，全县教育装备城乡均衡度和教育信息化水平领先全省）、统一就近招生（2010年起打破城乡界限调整义务教育学校学区，全面实现了学生就近入学，消除了择校现象，全县义务教育学校向新居民子女全面开放招生）、统一划定高中学校招收保送生比例（省一级重点高中每年招收的保送生名额按比例分配到各初中学校）、统一城乡教师配置标准（按照生师比合理配足教师，近几年农村学校招聘教师人数多于城镇学校，满足农村学校的师资需求）。“一高于”是指农村教师待遇高于城镇（农村教师工资高于县城，享受农教津贴、奖励以及上下班免费接送等优惠待遇）。

二、亮点成效

2010年10月，嘉善县“义务教育学校教师流动试点工作”被正式确定为国家教育改革试点项目，成为全省唯一由一级独立承担的国家教育体制改革试点项目——义务教育学校教师流动的试点县。嘉善县自承担教师流动这一国家教育体制改革试点项目后，感到使命光荣，责任重大。为此，县委、县政府专门建立了工作班子，深入研究并制定了切合嘉善县实际的实施方案和配套政策，出台了财政激励保障、改革教师职称评聘制度和名师评创办法等配套激励改革政策，落实专项经费，为试点工作顺利推进提供组织保障和政策支持。

嘉善县教师流动试点工作创建了城乡教师多元流动模式。首创学校中层以上干部、名师、普通教师、特长教师、新教师等五个类别的教师流动对象，实行片域和县域多元化的流动范围，在尊重教师个人意愿的基础上，有效带动各类教师参与流动，特别是鼓励城镇名师流向农村学校，引领培养农村教师，促进城乡优质师资合理分布。同时，创设流动教师后续培养管理平台，促进教师专业成长。截至 2012 年 7 月底，嘉善县参加 2011 年和 2012 年两年流动的教师累计已达 396 人，累计流动比例达到 18%。其中城乡互动流动达 230 名，占流动教师总人数的 58.1%。

嘉善县教师流动试点工作始终得到了国家省市各级领导的重视和肯定。国家教育体制改革领导小组领导和专家、浙江省教育厅领导会同嘉兴市领导先后来嘉善县作专题调研和指导教师流动工作，对嘉善县的教师流动工作提出了建设性的意见和建议，充分肯定了嘉善县在义务教育学校教师流动试点中所做的工作，对整个实施方案给予了高度评价。中央有关媒体专题报道了嘉善县义务教育学校教师流动工作情况，向全国推广嘉善的做法。

近两年的实践证明，嘉善县教师的合理有序流动，彻底改变了以往单一、单向的教师由农村调入城镇的方式，较好地扭转了城乡优质师资分布不均衡和教师结构不合理的状况，有效实现了教师素质提升、学校共同发展、学生从中获益的多赢效果，有力地促进了义务教育的均衡优质发展，为嘉善县创建义务教育均衡发展县和教育现代化县奠定了坚实的基础。主要成效可以概括如下。

（一）缓解了教师职业倦怠问题

嘉善县的教师流动工作最广泛地得到了教师及学校领导的支持，普遍激发了教师和学校领导干部的干事创业热情，为嘉善县教师流动工作营造了良好的氛围。近两年来，嘉善县报名参加流动的教师多达739名，远远超出既定目标，有近95%的教师是首次流动。让一定数量的学校领导干部和教师流动起来，较好地解决了教师队伍中“职业倦怠”和发展后劲不足等问题，改变了教师以往一成不变的教育工作环境，丰富了教师多校工作经历和教学经验，有助于教师的专业成长。在流动教师的带动下，2011年嘉善县各义务教育学校的教育科研上了新台阶，全年教师论文获奖、发表和各级各类课题立项都有明显增加，对激活整个教师队伍的活力起到了良好的群体效应。

（二）促进了城乡骨干教师合理分布

嘉善县首次打破城乡界限实现县域范围内城乡教师多元流动，两年来，全县共有103名骨干教师由城镇学校流入农村学校。他们平均教龄在6年左右，精力充沛、基本功扎实，其中一半以上在学校担任备课组长、教研组长、年级组长以及中层干部，既有教学经验，又初具管理水平。特别是有24名名师参与流动，主要流入农村学校和薄弱学校。县流动名师“高级研修班”和学校名师工作室的创建，有助于激发名师的干劲和潜力，真正发挥其示范作用，也促进了名师师徒结对活动的深入开展，让更多的农村教师有了更好的学习拜师的机会和专业发展的空间。全县流动工作开展近一年来，教师师徒结对人数有明显增加。城镇骨干教师流入农村，无疑能带动和提高各农村学校的学科和教师队伍建设水平，促进城乡师资均衡发展。与流动前农村学校所占名师不到三分之一、12所农村学校无县级以上名师相比，流动后，嘉善县名师中农村名师增加到近一半，实现了全县义务教育学校名师全覆盖，也实现了农村学校基本学科都有县级以上名师引领的目标。全县优质师资分布日趋均衡，成为消除学生择校的一剂“良药”。

（三）促进了学校干部队伍优化组合

嘉善县针对大部分农村学校管理层人才和学科带头人需求迫切的实际情况，加大了校级领导的流动力度，对同一学校、同一岗位任职满 6 年的校级领导原则上实行轮岗流动，注重选拔管理能力强、年纪轻的校级领导流入农村学校和薄弱学校。截至 2012 年 7 月，嘉善县 38 所义务教育学校已有 66 名校级领导、54 名中层干部进行了流动，平均每所学校流动 3 名。特别是 2012 年加大校级领导流动力度，共流动校级领导 58 人，流动比例占义务教育学校校级领导的 41.1%。校级领导合理流动有效增强了农村学校和薄弱学校的管理力量，有助于提升办学水平。

（四）促进了城乡学校均衡特色发展

教师流动增加了校际之间的交流互动，实现了优质资源的共享，促进了城乡义务教育学校之间的良性竞争，缩小了校际之间的差距，推进了学校之间的均衡发展。特长教师的科学合理流动，有利于有一技之长的教师能充分发挥各自的特长，促使有潜力的特长教师向特色学校集聚，进而推动特色学校的发展。2011 年全县义务教育学校开展校级交流 160 余次，其中邀请省市专家讲学近百次。全县评选出的 17 个义务教育特色项目中，农村学校占了 11 个，占比达 65%；一些农村薄弱学校，以前一直没能凭实力评上先进集体，现在许多学校也成为先进，给城镇学校增加了进一步争先发展的压力。

（五）提高了学生和家长满意度

教师流动使城乡义务教育学校优质师资部分均衡，大大地缩小了城乡义务教育学校之间的校际差距，城乡义务教育更加均衡了，优质师资资源不再是城里孩子的专利，城乡学生共同享受优质教育，特别是农村学校和薄弱学校学生也能共享优质师资资源，从中受益更多了，择校现象消除了，广大学生和家长对教育的满意度增加了，推进义务教育教师流动工作成为学生受益、家长满意、社会赞誉的“民心工程”。

三、探索与举措

（一）开展七项调研，摸清教育现状

1. 开展七项调研

多年来，尽管全国各地都致力于教育改革，特别是在对教师流动工作方面进行多方尝试，但是没有形成比较成熟的流动机制，也没有固定的成功流动模式可以借鉴。再加上，受当地基础建设现状、文化传统制约、教师综合素质影响，教师流动工作的开展非常不易。同时，教师流动工作涉及每一位教师的切身利益，关系到当地教育的深远发展。要是对基本情况掌握不全，不摸清“家底”，就会使方案的制定出现偏差，最终导致试点工作的失败。为此，在县委、县政府的高度重视下，2010 年 8 月初嘉善县成立了以分管县长为组长，县人民政府办公室、县教育局、县财政局、县人事局主要领导或分管领导为成员的领导小组，在嘉善县教育局设办公室，统筹协调教师流动试点工作。教育局抽调了相关科室负责人和部分中小学校长共 13 人组成了工作小组，集中精力着手开展工作。在广泛征求意见、建议的基础上，最终确定了七个专题，开展了专题调研。

一是农村义务教育学校教师居住地调研。摸清了义务教育阶段 65% 左右的教师居住在城区，45 周岁以下的教师基本居住在城区。以此确定普通教师的流动年龄当前界限为男 45 周岁以下，女 40 周岁以下较为适宜。

二是义务教育学校教师工作年限调研。目的是分析普通教师流动的

意义，确定普通教师 6 年为流动最佳服务年限。

三是义务教育学校教师职称结构分析以及名师现状分析。目的是分析教师队伍现状，明确名师流动的现实意义和流动方式，充分认识城区学校名师向农村单向流动的模式是非常迫切的需求。

四是义务教育学校学科设置现状分析。分析学校学科设置对教师流动的影响以及小学科如音乐、美术、计算机等学科的教师流动的现实问题。

五是后三年在校学生规模及教师需求数预测。主要是规划好 5 年教师流动的规模以及每年流动的比例。确定第一年 8% 左右，每年逐步提高，5 年 50% 的流动规模是可行的。

六是义务教育学校不适岗教师人数预测。确定校内岗位流动的必要性。

七是农村中小学薄弱学科调研。目的是研究新教师培养流动的合理性。

2. 摸清教育现状

在七项专题调研过程中，嘉善县感受到了推进义务教育学校教师流动有基础、有优势，同时也发现了因长期缺少师资流动所带来学校发展困惑。

（1）有基础

2010 年，为切实解决多年来县城学区生源分布不合理、学生无法就近入学、择校热和教育资源浪费等问题，嘉善县利用部分学校搬迁扩容和学校更名的有利时机，首次打破城乡二元招生体制，以就近入学为原则，对县城区三个街道的 17 所初中、小学的学区进行合理调整。这一涉及群众切身利益的敏感工作进展顺利，没有发生一例上访或举报，而且学校和学校之间形成了一种良性互动的竞争发展态势。这项工作顺利推进，得益于前期工作做得深，做得实，最关键的是嘉善县对县城区 6 所学校的 17 名教师进行了合理流动，尤其是对其中 2 所薄弱学校进行重点扶持，从优质学校选派10名骨干教师到薄弱学校任教，不仅推动了师资均衡发展，而且增强了学校的活力。

例如，泗洲小学是一所城郊接合部的农村学校，2010年，搬入新校区，按就近入学重新划分学区，部分城区学生也划在泗洲小学。尽管校舍是新建的，硬件很好，但老百姓始终认为是农村学校，包括农村籍的孩子在内都千方百计想转学到其他优质学校。为了切实改变这样的现状，加强对薄弱学校的扶持，嘉善县先后流入了11名骨干教师到泗洲小学，其中选派县教育研训中心副主任陈岳锋到泗洲小学担任校长，学校的活力一下子增强了。陈岳锋校长带领他的团队，紧紧抓住这一契机，以“智慧校园”建设为引领，着力推进学校内涵发展，全面提升教学质量。两年下来，泗洲小学已经成为嘉善县又一所优质学校，学区生源纷纷“回流”。

同样在学区调整中受益的是嘉善县的实验中学，这是一所相对较薄弱的学校，与城区的优质学校嘉善一中和嘉善四中之间率先尝试了教师流动，两所优质学校选派名师到了实验中学，实验中学则选派年轻有活力的青年教师前往两校挂职锻炼。初试教师流动，让嘉善县不仅看到了薄弱学校现状的不断改变，同时也看到了优质学校出现了前所未有的活力与生机。县优质学校嘉善一中蒋兴华校长的一句话道出了心声：“嘉善县输出的是名气，流进的是活力。”这使嘉善县对教师流动这项工作更增强了信心。

（2）有优势

近几年，嘉善县政府不断加大对教育的投入，教育经费倾斜农村，以实施“校安工程”为契机，大力推进教育资源均衡工程，实现城乡学校教育资源“零差异”。一是统筹城乡学校建设。结合校舍生均面积、使用年限、单位造价、新旧程度等实际情况，统筹安排城乡学校校舍维修改造专项资金，并统一按照省有关标准建设改造。近4年来已累计投入5.75亿元改善城乡义务教育学校办学条件，改造撤并农村薄弱学校11

所，有37所义务教育学校的校舍建设达到浙江省九年义务教育标准化学校标准，其中农村学校占67%。同时，该县还把“校安工程”实施作为进一步统筹均衡城乡校舍建设的有利契机，总计已投入3.4亿元，至2012年7月，已基本完成“校安工程”建设规划。二是统筹城乡教育装备。对城乡教育装备做到“统一规划、统一标准、统一建设、统一配置”，并向农村学校倾斜。据统计，县财政每年安排1 000万元教育装备专项经费，其中80%用于农村学校。目前，全县义务教育学校在仪器设备总值、图书数量、生均仪器值、生均图书册数上，农村学校的数值均高于城镇学校；农村学校建成省级示范图书馆数量、市级标准化实验室数量分别占全县各校已建成总数的50%、62.5%。网络教研成为嘉善县城乡携手共进的亮丽风景线。全县教育装备城乡均衡度和教育信息化水平领先全省，其经验在2011年全省教育信息化工作会议上获交流推广。此外，全县县域内半小时交通圈的建设完成，一定程度上解决了教师流动的交通问题。绩效工资以及农教津贴的实施，为城乡教师的流动消除了不同学校间待遇不均的障碍，并实现了农村教师待遇高于城镇，确保了农村教师队伍的稳定发展等等。

（3）有困惑

一是优质师资分布不均，导致家长择校。全县义务教育学校有县级学科带头人及以上名师89人，其中农村27所学校共28人，还不到三分之一，12所农村学校没有名教师，缺失学科领军人物，在学科建设和骨干教师的培养上力不从心。农村学校教育教学质量明显低于城镇学校，也导致了“择校热”的产生，造成了农村薄弱学校资源空余浪费，城镇学校出现超班额现象。二是教师队伍相对稳定，产生职业倦怠。在传统的人事管理制度下，嘉善县教师队伍“极其稳定”。全县义务教育学校2 444名专任教师有68.6%的教师未曾流动过，有21.3%的教师流动过一次。其中学校中层干部70%一校终身制，不流动，普遍缺少动力，创新不够。因缺少流动，队伍管理和梯队培养问题凸显。这种“稳定”的现状，导致了教师在职称达到顶峰后，失去了活力，产生了职业倦怠。三是教师不能按需设岗，导致效率低下。由于历史等种种原因，嘉善县教师队伍中部分教师确实不适宜在一线教学。城区和农村学校均有一定数量，约占教师总量的3%—5%。四是校际之间缺乏交流，发展后劲不足。2010年以来，嘉善县改革学校评价体系，全面实施学校发展性评价工作，鼓励学校自主发展，特色发展，想通过努力使每一所学校都能形成自己的核心办学理念，都能形成一定特色引领学校优质发展，从而在更高层次促进教育公平。但由于缺少校际之间的交流，学校办学思维出现定势，发展缺乏活力，学校发展进入瓶颈阶段。迫切需要通过学校管理层和教师流动、学校之间的交流，实现优质资源共享，不断增强学校的发展后劲，形成校际间竞争态势，推动学校特色优质发展。

通过对嘉善县教育现状的分析，嘉善县进一步认识到，嘉善县义务教育学校教师合理流动条件已基本具备。

（二）首创五大类别，制定实施方案

为使教师流动实施方案切实可行，嘉善县教师流动实施方案起草工作组先后召开了十多次意见征求会，分别从普通教师、校级领导、学校中层、名师、人大代表、政协委员等各个层面最广泛地听取意见，最大限度地吸纳教师的建议。在充分征求意见的基础上，分别召开局班子会议、领导小组会议，反复研究，经历了多次修改和模拟实施，形成了《嘉善县义务教育学校教师流动工作实施方案》，首创五大类别流动，并报省教育厅，国家教育改革试点工作领导小组已同意实施。2011年5月19日，《嘉善县义务教育学校教师流动工作实施意见（试行）》在县第十四届政府常务会议50次会议上审议通过，并由县人民政府办公室发文。

1. 学校中层及以上干部流动

嘉善县对该类别对象作了明确规定，主要指义务教育学校正、副校长；学校各处室正、副主任，一般男不超过50周岁，女不超过45周岁。

校级领导任期为三年一届，满届后，按干部选拔任用办法，采用竞争上岗的办法，由嘉善县教育局统筹安排在县域内流动。原则上，对在同一学校、同一岗位任职满六年及以上的正、副校长作为流动重点对象，鼓励县城区学校年轻优秀校级领导流动到农村或者薄弱学校任职。2012年，校级领导流动是嘉善县这项工作的重头戏，社会关注度高。把优秀的校长派到薄弱的学校去，是推动教师流动走向深入的关键，一个好的校长，能带动一个好班子，建设一支好队伍，办好一个好学校。为此，嘉善县做了大量的准备工作。一是思想准备。通过教育年度工作会议加强宣传引导，强调了校长流动工作的重要性，在年初教育局党委“激情干事创新业，创先争优作示范”专题动员大会上作了深刻解析，明确了这是学校领导干部干事创业的良好契机，还通过各类座谈会广泛听取了学校领导和广大教师对校长流动工作的意见和建议，鼓励年轻干部激情干事。二是组织准备。嘉善县教育局在2010年就开始每月一次举行“双休日大课堂”，邀请省内外的专家、教授、名校长来善讲学。围绕教育改革发展的热点、难点举办校长论坛。还每年选派一定比例的年轻干部到名校挂职锻炼，给他们压担子，培养了一支优秀的校长干部队伍。三是工作准备。嘉善县确定每年4月和11月为驻校月，县教育局领导带着机关干部深入学校调研，和学校领导一起理思路，从中发现了一批优秀的学校领导干部。2012年2月份，县教育局建立了回访考察领导小组，历时两个月（3—4月）的时间，分别对全县中小学校级领导干部进行了考察回访，最终形成了考察报告。5月初教育局党委领导专题听取了各考察组的考察汇报，并对每一所学校的情况作了详细分析。最终县教育局拟定了校长竞聘上岗（校长流动）实施意见。6月份，县教育局对每一位参加正校长竞聘的学校领导进行了竞职演讲，7月2日完成聘任工作，28名正校长进行了流动。7月20日，县教育局又完成了副校长的竞聘流动工作，30名副校长参加了流动。

顾敏杰是嘉善县城区车站路小学的年轻副校长，是县级数学名师，在体育、艺术方面也有很高的造诣。在竞聘流动中，他根据自身的特长，主动要求流动到农村偏远的大舜小学。这所学校是以“校园纽扣文化”为特色品牌建设的学校，需要有特长、有干劲的校长来带动发展。顾敏杰校长的流动，正是切实了大舜小学的发展实际，也定会给该校优质特色发展带来生机。

中层干部流动原则上每三年集中流动一次，各校推荐1—2名流动对象，县教育局在全县统筹安排，一般每校至少流动一名。流动方法主要为四类。一是培养型流动。根据多校培养锻炼、丰富工作经验的需要，对工作经历单一，但有培养发展潜力的青年干部，有针对性地进行流动。二是优化型流动。根据学校中层干部的结构和学校需求的状况，进行有选择的流动。三是任期型流动。流动重点对象为在同一所学校任职六年及以上的中层干部。原则上申报推荐后，由嘉善县教育局统筹在同类学校间流动。四是回避型流动。对在同一学校工作并有亲属关系（如夫妻等）的中层干部（或一方），实施回避流动。中层干部流动整个过程为先自己申报，学校推荐，再由嘉善县教育局对各校上报的《嘉善县学校中层干部流动信息表》进行集中分析，拟定流动对象，统筹选配流动，最后由嘉善县教育局对参与流动的中层干部进行集体谈话，公布流动结果。截至2012年7月，嘉善县已有54位中层干部参加了流动。

左文骥老师是洪溪中学政教主任，流动到丁栅中心学校担任教科室主任。他利用自身的教科研管理特长，带领学校教师，主持课题“‘嘉善田歌’融入校园特色文化之研究”。该课题成功立项为省级规划课题，编撰的校本课程《栅里歌——水乡流韵·嘉善田歌》获得县精品校本课程评比一等奖，并被嘉善县教育局和档案局推荐参加省级评比。学校被评为第一批“嘉兴市中小学综合实践样本学校”。

赵亮老师是嘉善三中的政教处副主任，流动到洪溪中学担任政教副主任后，发现学校的德育工作比较薄弱，在校领导的大力支持和鼓励下，逐步把原先在嘉善三中分管德育工作上一些好的做法进行了融入，不断完善学校德育工作。例如，把学生“国旗下讲话”从原本在广播室里进行，改变为让学生真正站在国旗下进行讲话；从校园广播形式单一的录音方式，改变为每周各班学生轮流进行主播；从‘四好少年’评选原以演讲为主，改变为增加学生个人才艺展示，把学校德育活动开展得生动活泼又富有成效。

2. **名师流动**

嘉善县确定县学科带头人以上的教师为名师，目标是利用五年时间，使 80% 左右的县城区名师参与流动，使农村各校在基本学科上至少有一名县级名师引领。流动的方法是主要由县城区学校向农村学校流动。以个人申报和学校推荐相结合的方式，产生学校流动名师。县城区各校流动名师每年不得少于一名。名师流动服务时间一般为三年，三年后原则上回原单位，根据工作需要也可以统筹安排到县城区其他学校。鼓励各级各类名师主动服务农村教学，延长农村服务年限，投身农村教育事业。

为了使名师的流动不影响学校的发展，又能更好地服务于农村学校，嘉善县对名师的流动进行统筹安排。首先流动名师经县教育局审核确定后，在县教育信息网上公布，再由农村各义务教育学校根据本校学科建设以及教师队伍现状，向嘉善县教育局提出名师流入申请，最后由县教育局统筹确定名师流入学校。

名师的流动正发挥着极其重要的作用。嘉兴市体育名师董明华流动到农村的西塘小学后，不断创新学校体育工作的内容和形式，积极开展立体式、全方位“生态体育”的实践和研究，取得了显著实效。他在延长学生大课间活动时间的基础上，注重延伸课外体育活动，深化民间体育特色活动，先后开展了民间体育游戏进课间、进课堂、进家庭、民间体育游戏“6 + 1”锻炼模式等活动，举办了学校首届民间体育游戏吉尼斯挑战赛和民间体育游戏亲子运动会。每逢假期，向学生发放一份特殊的寒暑假体育作业，对假期积极锻炼的学生予以表彰和奖励。该校民间体育游戏“6 + 1”活动模式已相继获得嘉兴市基础教学成果一等奖和浙江省基础教学成果二等奖，首都体育学院的专家两次专程来该校作调研，多所学校前来参观取经，多家媒体对此进行报道，打响了学校“生态体育”品牌。

嘉善县第五中学作为一所农村中学，多年来在县学科带头人等名师评选活动方面一直处于弱势，到 2010 年为止没有一位县级学科带头人，高级专业技术职称的教师也只有 3 人。2011 年，市级学科带头人杨晓霞流入后，积极引导教研组、备课组开展主题教研活动，深入开展课堂教学实践，在提高校本教研的有效性和质量方面做了大量的工作，在她的带领下，本校的教师中又再次涌现出了三位“土生土长”的县学科带头人，另外还增加了 8 位县教学能手。本土化县学科带头人“零”的突破不能不归功于“名师流动”项目的效应。

3. 普通教师流动

嘉善县规定了自 2011 年 7 月 31 日起，在一所学校连续任教 6 年以上，男未满 45 周岁、女未满 40 周岁的中青年教师均有参与教师流动的义务和责任，连续任教满 9 年的教师将自动进入学校流动候选对象。特别是工作满三年未有农村任教经历的县城区学校教师，也将作为主要的流动对象。同时对不适合原任教学岗位的普通教师也提出了校内转岗的流动形式。通过普通教师的流动，进一步均衡教师资源配置，优化教师队伍结构，解决教师队伍中“职业倦怠”和发展后劲不足等问题，促进全县教师专业成长。

普通教师流动方式主要有四类。① 竞聘型流动。对部分相对有优势且编制有空缺的学校，经嘉善县教育局同意后，在全县公开竞聘优秀在职教师，这一流动一定程度上激活了教师工作热情。② 服务型流动。嘉善县规定了无农村任教经历的县城区教师凡需申报中级及以上职称，须具备农村学校任教 2—3 年的经历，农村学校教师申报中级及以上职称时，有多校任教经历者优先。服务型流动以片域流动为主，流动比例为嘉善县教育局对学校所定计划流动额度总数的 60% 左右。③ 互动型流动。互动型流动有两种。一是农村学校骨干教师培养锻炼流动。凡有名师和服务型教师流入的农村学校，须根据对等要求，向流出学校选派中青年教师任职。二是同类学校教师对等互动流动。学校根据教师报名，审核后拟定教师流动名单，并与其他同类学校之间协商确定流动教师名单。同类学校的界定为县城区学校 11 所，距离县城区相对较近的近郊学校 9 所，其他 18 所学校为远郊学校。具体操作程序为教师个人申报，学校双向选择，县教育局统筹协调。④ 转岗型流动。对不适合原任用岗位的教师，采用个人申请转岗与学校安排相结合的方法，由学校根据实际需要，作出岗位调整。

这一类别的流动，为普通教师的成长提供了广阔的空间，由于改变了教师以往一成不变的教育工作环境，使得普通教师在流动期间角色进行了转换，从而丰富了多校工作经历和教学经验，增强了不同教育环境下的工作能力。能力增强了、机会更多了，在自身发展的同时，也带动了教师队伍整体素质的全面提升。王智姝老师原先在嘉善县泗洲中学工作。作为一所县城中学，教师间竞争激烈、工作压力大，王智姝老师参加教学比武类竞赛的机会非常少。但流动到一所农村学校——嘉善县杨庙中学后，她异军突起，在学校教学比武选拔中凭借扎实的基本功、先进的教学理念和科学的教学方法脱颖而出，一路过关斩将，成为学校第一、片里第一，最后在全县教学比武中成为全县第一名，2012 年还将代表嘉善县参加嘉兴市的教学比赛。值得一提的是，在她的影响下，她所在的八年级语文备课组创出了前所未有的好成绩，各项教学指标均排在全县前列。王智姝的成绩得益于教师流动，学校的教学质量提升也得益于教师流动。谈起对流动的感受，王智姝说:“差异是一种资源。压力是一种动力。变化是一种幸福。流动后，我感受到两所学校的很多差异，这些差异让我不得不重新审视自己的教学，探索新问题的解决途径，这就进一步激发了我思考、研究的热情。当我发现农村学生对名著有兴趣时，于是就开设了名著微型讲堂，而且讲解的主角，逐渐由我过渡到学生，有时学生还在讲堂中展开激烈的辩论。此外，学生的作业情况差异，也让我思考了农村孩子作业的有效性问题；促成了我的个人课题‘初中语文教学中学生参与教学内容确定的实践研究’；我和几个同时由泗洲流入杨庙的老师，在对比分析两所学校学困生成因的基础上申报课题‘城乡教师流动视角下农村中学学困生成因分析及转化策略研究’，该课题也已立项为2012年度县科协规划课题。在对学生程度差异问题的思考中，杨庙中学的‘小先生制’、‘五步教学法’，也进一步拓展了我对问题思考、探究的深度和广度。”

在农村天凝小学教了十多年书的董海燕老师，2011年参加城乡互动型流动，开始站上了县城嘉善县第二实验小学的讲台。“这里有许多教学方法让我大开眼界。”董海燕说，根据学生学习能力不同采取的“分层布置作业”让她很收益，准备回天凝后也将实施。此外，嘉善县第二实验小学针对性开展了叙述教育故事、个人课堂教学行为诊断等教研活动，让农村教师董海燕受益匪浅。

4. 新教师培养流动

新教师培养流动主要是以当年新招聘的教师为主。嘉善县教育局根据实际情况，确立新教师培养基地。每年安排一定数量的新教师在基地学校进行专业成长培养。期限一般为一至两年，期满后新教师回原招聘学校任教。流动对象选择由嘉善县教育局统一安排。2011年，县教育局针对新招聘教师实践经验相对薄弱的问题，专门选择4所整体师资实力较强的中、小学建立新教师综合培养和学科培养基地，以基地学校的学科建设为依托，专职承担新教师流动实践培训任务。同时，把新教师纳入流动对象，分批交流到基地学校，开展为期一到两年的培养实践，借助综合培养基地和学科基地学校的师资力量，通过实施新教师流动培养，使新教师获得新的教育思想、教育理念、教育方法，享受优质的教育资源，在浓厚的教育、教研氛围中学习成长，在优秀教师群体的带动下，尽快形成自己的教学风格，促进新教师教学业务能力提高和专业成长。

期满后再交流回原录用学校任教，切实帮助提升新教师的专业素质和能力，带动全县各校的学科建设。截至 2012 年 7 月，已有 6 名新教师交流到基地学校任教培训。

2011 年，新教师李能能招聘录用的学校是农村学校——西塘小学，第一年被安排到嘉善县学科基地学校——嘉善县实验小学进行流动培养。学校给他安排了一位教学经验丰富的钱钢老师作为导师，一年来，李能能在县级平台上得到锻炼，辅导多位学生在县级层面获奖，自己撰写的论文《挂彩引入 聚神课堂》选送入嘉善县 2012 教育教学论文评比，获得三等奖。他很有感触地说：“城区学校在师资的整体实力和配置上比农村学校要好，如果能够让新教师在一个相对较好的成长平台中完成前几年的专业成长和素质提升，对嘉善县新教师非常有意义，对录用学校也很有帮助，这也是一种优质教师资源的共享和互惠。”

5. **特长教师流动**

特长教师主要是指具有体育、艺术、信息技术、科技、劳技等专长的教师。这部分教师的流动主要是对经教育行政部门命名的特色学校或有特色项目的学校加强师资配置，在县域内公开选拔聘用具有相应特长的教师。特长教师的认定由学校把关审核并上报县教育局核准，以学校公开聘用为主，促进特色学校建设。2010 年以来，嘉善县改革学校评价体系，全面实施学校发展性评价工作，由各学校每年自主选定三个学校发展性项目，鼓励学校自主发展，特色发展，争取在 3—5 年内把每一所学校都办成各具特色的学校，从更高层次实现教育资源均衡及学校发展均衡。特长教师流动，既为学校特色发展物色了人才，也为特长教师特长的发挥提供了广阔的空间。

嘉善县第二实验小学是县城的科技特色学校，科技人才济济。此时，一所农村学校——姚庄小学在科技特色发展之路上走入了瓶颈，因为没有人才。为此，嘉善县第二实验小学吴国荣老师主动流动到农村的姚庄小学，利用自己的机器人竞赛辅导专长，在学校组建了一个小型机器人兴趣小组，以培养学生的科学探究兴趣为主，利用课余时间开展训练，并带领学生参加县级、市级比赛，取得了市二等奖的好成绩。这也是嘉善县第一次有农村小学在机器人比赛获奖。姚庄小学校长陈四观说："我在农村学校三十多年，从来没敢奢望过的事，因为教师流动成了真。"

嘉善县逸夫小学的王丽娟老师是一位县级科学科名师。她于 2011 年参加特长教师流动到较为薄弱的泗洲小学，承担起了科技辅导员的重任，走出了科普特色之路，为泗洲小学建成了第一个县青少年科普活动中心，使泗洲小学和学生的校园科技生活也变得更加丰富多彩。该校邀请省特级教师寿章元应邀来泗洲小学作"展开想象翅膀　放飞创新梦想"的科技讲座。讲座有讲解，有演示，有互动，有交流，还有知识抢答，激发了学生的科技兴趣，拓展了学生的科学视野，激活了学生的创新思维。学校举办了以"科技伴我成长"为主题的科技节，活动内容丰富多彩：有科幻绘画评比；小发明、小制作评比；科技小报评比；高空扔蛋比赛；飞机模型比赛；直线车模比赛；船模比赛；遥控车模比赛；《小爱迪生》知识竞赛；火箭模型表演；观看智慧电影；体验科普中心，书写智慧心语等。学校还承办了嘉善县万人大挑战奥林匹克"越长越好"比赛活动和"智慧杯"科技小实验邀请赛。

特长教师的流动更激活了一部分教师的特长发展，为学校开展发展性评价工作提供了人才保障。农村九年一贯制丁栅中心学校成功地创建成省艺术特色学校，偏远的农村俞汇小学创出科技特色之路，两项科技小发明成功申请了国家专利，科技教育荣登中国科协网等等。

（三）建立四大机制，破解四大难题

1. 建立宣传引导机制，由"怕流动"到"想流动"

开展义务教育学校教师流动工作，是一项涉及面广、政策性强的学校重大人事制度改革，需要上下达成共识，营造良好的教师流动氛围。为推进这项工作，嘉善县开展了"一坛一班、两级动员、多方座谈"的

宣传工作策略。

（1）“一坛一班”

“一坛”是指“校长论坛”，嘉善县教育局依托教育系统干部每月“双休日大课堂”，举办以“教师流动”为主题的校长论坛，由5位校长作了专题发言，他们从不同的角度阐述了教师流动的重要性、必要性，表明了学校在教师流动工作中的态度。全县各校校级领导，教育局全体机关干部近200人参加了论坛。“一班”是指为了推进教师流动工作，嘉善县教育局还举办了全县中小学校长专题辅导培训班，主要针对教师流动工作在思想层面上达成共识，在操作层面上达成一致。

（2）“两级动员”

为了深入推进教师流动工作，嘉善县召开两级动员大会，先是在县层面上，由县人民政府办公室牵头召开全县义务教育学校教师流动工作动员大会，县财政局、县人事局等相关部门和各镇（街道）分管领导及县教育系统校级领导、教师代表共700多人参加会议，由分管县长作动员报告，5位教师和校长代表作了表态发言。在2010学区调整中就参加教师流动的名师李根余在会上谈了流动体会：“作为嘉善县教师流动的先行者，我有过彷徨，因为换一个工作环境怕自己不适应；我有过压力，因为受到社会的高度关注，担心所教学生的考试成绩不理想，怕不好向家长交代。但流动后，消除了在一所学校重复教学的疲劳感，新环境激发起我加倍努力工作的劲头，收获了成功，收获了喜悦，收获了更多的朋友。”县层面动员大会之后，全县义务教育学校也分别召开动员大会，县教育局成立6个工作组指导小组，分别深入学校指导工作，全面深入的宣传发动。各层次的宣传发动，消除了教师们的顾虑，为教师流动奠定了思想基础。在嘉善县逸夫小学召开的义务教育学校教师流动工作动员座谈会上，在校长沈森传达了全县动员会议精神，并对教师流动工作实施细则进行解读后，教师代表纷纷座谈感想。青年教师代表周雅萍针对流动工作也谈了自己的想法，表示参与这次的流动，一开始心里还是有些顾虑的，毕竟在原先的学校里已经非常适应，突然之间要换个环境总归有些担心，但是从自身的发展来看，听了校长的动员讲话后，还是很希望自己能参与到此次的流动工作中，到新的环境中锻炼自己。

（3）“多方座谈”

为了使教师流动工作流得更加顺利，嘉善县教育局多次召开了各个层面的座谈会，通过座谈会来进一步深化宣传动员工作，包括学校中层干部、名师、普通教师、新教师以及人大代表、政协委员等，征求广大教师和社会各界的意见、建议。各类座谈会中，大家也踊跃发言，他们均表示教师流动能增强教师队伍的活力，激发全体教师的工作热情和提升教育教学能力，有利于干部的成长。特别是一些青年教师都很希望自己能参与到此次的流动工作中，到新的环境中锻炼自己。学校中层干部孟雅琴老师表示：“‘义务教育学校教师流动试点工作’这项国家级教育改革试点项目落户嘉善，是嘉善的光荣，作为嘉善教育的一分子，我将积极响应这项工作，踊跃报名参与”。嘉善县实验中学教师沈文说：“启动初期，学校里人心惶惶，都担心自己被派去交流。”通过全县上下的广泛宣传，看到身边的流动教师在教学上、科研上的成就，还未参与流动的沈文老师也有些迫不及待了：“现在不一样了，茶余饭后嘉善县还会说起教师流动这个事情，讨论的不是去不去，而是想去哪所学校。”县人大代表王瑞林也饶有兴致地说道：“教师流动工作能促进教育公平，增强学校发展活力，提升教师素质，激发干事创业热情，是一件大好事，更是为嘉善人民办了一件大实事。”针对一些名师和中层干部提出的成长方面和生活方面的困惑与担忧，县教育局领导均作了详细的解答，打消了他们的顾虑。

2. 建立政策驱动引导机制，由“被动流”到“争着流”

在教育投入加大、硬件设施逐渐完善的今天，师资均衡配置成为实现教育公平的关键。但根据前期调研发现，长久以来，教师相对较为稳定，即使流动，也是“只见进城忙，罕有下乡热”，给教育城乡一体化建设，促进教育均衡优质特色发展带来了巨大的困难。要改变教师“被动流”到“争着流”，嘉善县大胆地作出了改革尝试，推进了各项有关教师职称评定、考核、待遇等制度改革，建立政策驱动积极引导机制，在充分考虑教师个人的利益和实际困难基础上，努力实现每一名教师愿意流动、乐意流动，带着感情、激情流动。

（1）改革职称评聘制度

嘉善县修订了教师职称评定有关规定，明确：城镇义务教育学校教师申报高级职称，必须具有 3 年以上农村任教经历；申报中级职称，必须具有 2 年以上农村任教经历；农村教师有多校任职经历的，同等条件下职称评聘优先。为了鼓励教师及早流动，对教师职称改革中的农村任教年限设置了过渡期，早流动教师早得益于职称改革政策。具体政策为：2011 年在农村任教服务年限上延续以往评审政策，即申报中学高级教师的须农村任教服务至少一年，其他不作要求；2012 年凡需申报中级（中学一级和小学高级）及以上职称的教师，须有一年的农村任教服务经历；2013 年起凡需申报中级职称及以上的教师，须有两年的农村任教服务经历；2014 年起凡需申报中学高级职称的教师，须有三年的农村任教服务经历；凡 2011 年 7 月 31 日之前已有农村任教服务一年及以上经历的教师，今后在申报晋升高一级职称评审时仍按照之前政策办理，不受以上条款限制。

2012 年县教育局进一步完善与教师流动相配套的教师岗位设置政策，对具有高级、中级职称教师的岗位晋级规定了多校任职的要求。据统计，两年来，嘉善县共有 83 名无农村任教经历的年轻骨干教师流入农村学校任教。2011 年有 111 名符合农村任教年限条件的教师评上中高级职称，占同期全县评上中高级职称教师数的 65%。

陈文雯老师是这一政策驱动下自愿参与流动的服务型教师，2005 年参加工作以来，多次承担县级、市级的展示课，在说课、教学设计、课堂教学等比赛中多次获得一等奖。对参与流动，她高兴地说：“流动工作既是一份荣誉，更是一份责任；是学习和提高，也是锻炼自我，磨炼意志的一次好机会。”在 2011 年全县教师流动试点工作动员大会上，她作为全县青年教师代表作表态发言，表示要“争取参加第一批的教师流动，我有决心和信心做好这项工作。”

吴镇小学徐宁老师是一位年轻的县教学能手，之前一直在县城工作，还没有评上小学高级教师职称。2011 年，尚在哺乳期的她主动申请流动，流动到一所偏远的农村学校——天凝小学担任英语教师，全身心投入到教学工作中，认真负责、积极上进，教学效果好，获得领导、同事、学生和家长的好评。2012 年荣获嘉善县“十佳优秀流动教师”荣誉称号。

（2）强化财政保障制度

嘉善县财政每年安排 400 万专项经费，用于流动教师的奖励、培养、交通等费用，专门安排了 43 辆教师接送车，让住在城镇但在农村任教的 859 名教师免费乘车，确保其安心在农村教学。对农村教师不带编制流入城镇学校以及城镇学校教师流入农村学校的，服务期内均享受每月 60—400 元不等的农村任教津贴，所有农村教师薪级工资比城镇同级教师上浮一级。农村义务教育学校教师待遇高于城镇教师。

陶庄中学位于嘉善县最北端的陶庄镇，流动到该校的嘉善一中的流动教师林峰深有感触，“当初，上班距离远是我最大的顾虑，”他说，“后来得知，县里安排专项经费解决嘉善县的交通问题，也就没有什么顾虑了。”

“现在，农村教师的收入普遍高于城镇教师，仅名师津贴一项就是城镇教师的 3 倍，带着编制下去，在嘉善县才能享受这个待遇。”在嘉善县学科带头人、城西小学校务办主任金华看来，这项措施既贴心，又有效。

（3）改革名师培养制度

2011 年，嘉善县修订了《嘉善县名师评聘和考核管理办法》，制定一系列激励政策，鼓励名师带编流动到农村和城镇基础薄弱学校。参与流动的名师可优先享受一年一次的学术休假、农村任教名师为城镇名师相应津贴的 3 倍等，鼓励各级名师主动服务农村教学，投身农村教学事业。

目前，名师已有 24 人由县城区优质学校流入农村和城镇基础薄弱学校，另有流动教师 20 人经过流动后成长为名师。

吴镇小学周世芳老师是校务办主任、县学科带头人、县小学语文大组成员。2008 年曾到一所农村学校——杨庙小学支教一年，把一些好的教育教学经验带给了那里的教师，得到了学校同事、家长的认可和好评。周世芳老师从支教中亲身体会到师资的流动无论是对农村小学的教育教学，还是对自己，都是大有好处的。周世芳说："2011 年嘉善县启动了教师流动工作，教育局对名师的流动尤为重视，除了在津贴上予以更大的优惠外，更是提出了要建立流动名师的培养机制，保障和促进流动名师的专业成长。这样的政策显然会为嘉善县流动名师提供更多的成长机会和更广阔的平台，这令我十分欣喜，因此，我再一次报名参加了流动，作为名师流动到一所农村学校——范泾小学工作。"

3. 建立城乡多元流动机制，由"流不动"到"流得顺"

以往的教师单向流动，使得城乡优质师资的分布较为不均衡，结构也存在着不合理。为扭转这样的局面，让城乡教师成为一盘棋，不但流动起来，更流得顺畅起来，嘉善县在前期调研的基础上，依据县情、校情、师情，针对不同的对象，采取不同方式、不同层次和不同时间段进行流动，创建了多元流动机制，让适合的教师流动到适合的学校、适合的岗位，充分发挥其特长和作用。

（1）推行多元互动流动

一是流动的层次是多元的，涉及校级领导、中层干部、名师、特长教师以及新教师，等等。二是流动的范围是多元的，有教学片根据实际需要主导的片域流动，也有全县范围统筹推进的县域流动。三是流动的类型是多元的，有服务型流动、培养型流动、互动型流动、竞聘型流动，等等。四是流动的方式是多元的，有城市流向农村的流动，有农村流向城市的流动，有农村到农村的互动流动，有学校发展特色需要的特长流动。通过推行多元互动交流，在尊重教师个人意愿的基础上，有效带动各类教师参与流动，促进城乡优质师资合理分布。近两年来，嘉善县报名参加流动的教师多达739名，远远超出既定目标。其中，在396名流动教师中，城乡互动达230名。

（2）适度控制流动比例

教师流动要流动得顺，必须要制定切实学校实际的流动方案，以及明确各个类别的流动量。两年来，嘉善县始终按照教师流动比例（其中第一年为8%、第二年为10%）的总体目标要求，以量化的形式指导各校的具体流动指标数。同时，根据各校不同类别教师流动的实际意愿以及先期的调研信息，对38所义务教育学校按照城区、近郊、远郊分成初中、小学各三个层次合理调整流动数，确保各校流动教师数的科学、合理。两年来，全县累计流动学校中层以上领导干部120名、名师24名、特长教师14名（另有4名中层干部和名师兼有特长教师身份）、普通教师232名、新教师6名。

（3）推行分层有序流动

五个类别的教师流动，涉及面广，牵涉人多，为确保教师流动规范有序，嘉善县分层实施流动，各层次均明确了时间进度和工作内容。第一层次：组织实施普通教师竞聘型和特长教师流动，安排在1—2月进行。第二层次：组织实施中层干部流动、名师流动、普通教师服务型、互动型流动和新教师培养流动，安排在5—6月进行。第三层次：组织实施校级领导干部流动，安排在7月进行。教师流动采用个人、学校申报、双向选择，经学校和县教育部门实施和确认。其中：对中层以上干部和名师，由个人申请，学校同意，全县统筹调配；其他教师由片域学校组成8个教育联盟，按照流动办法和流动指标，根据个人申请情况及学科对应原则，统一协调流动，以有效减少流动的盲目性。为使教师流动“公开、公正、公平”地推进，按照教师流动实施细则的要求，各个类别、层次的教师流动申报对象及流动结果均分别在嘉善教育网或流动学校网站上及时公示。

城乡教师多元流动模式实现了城乡教师科学合理流动，有效实现了城乡教师的合理优化配置，解决了城乡学校尤其是农村学校学科结构的不合理问题。大舜小学是一所偏远的农村学校，有着农村学校普遍存在的“好老师留不住”问题，导致学校面临数学学科师资相对薄弱、学科骨干教师不足以及技能课教师严重缺乏的问题。新聘任和流入的校长顾敏杰从县城车站路小学流动到大舜小学、西塘小学优秀的数学教师孟冬良（新提拔为大舜小学副校长）、夏基伟（中层干部流动）也流入大舜小学，不仅增强了学校管理团队力量，而且为学校的数学学科教学注入了强大的动力，特别是校长顾敏杰作为嘉善县数学名师流入填补了该校无数学“名师”的空白。嘉善县第二实验小学的音乐教师柴人怡流入，也缓解了该校音乐专职教师缺乏的实际难题，为学校的艺术教育提供有效的师资支撑。此外，该校数学青年教师马建伟作为培养型普通教师流动到县城的嘉善县第二实验小学，使其在优质学校得到更多学习、锻炼、“深造”的机会，有力促进其快速成长，专业能力不断提升。城乡多元互动，构建了优质学校与薄弱学校资源共建机制和教育交流与合作机制，有效促进了城乡学校教师资源的合理配置。

4. 建立后续跟进管理机制，由“表象流”到“内涵流”

进行教师流动试点改革，最关键和最困难的是保证交流预期的实效性及政策的长期性。同时，也要探索教师流动的规律，针对不断变化的情况调整做法，才能有利于落实促进教育公平和提高教育质量的目标。否则，很难避免教师流动的形式化，甚至还会滋生出资源浪费和无谓攀比等新的矛盾和问题。教师流动只是手段，最主要的是让流动教师找到充分发挥作用的舞台，激发教师的积极性和创造性，进而努力实现流动目标，这一切一定程度上取决于后续管理。嘉善县实施教师流动后，相继出台了有关配套政策，努力为流动教师干事创业，自身发展搭建平台，注重内涵流动，避免了为流动而流动，在县校两级全面加强“一班、一室、一档、一台、一网、一地、一窗口”的七个一建设。“一班”是流动名师高级研修班。“一室”是建立名师工作室。“一档”是县、校两级建立了流动教师业绩档案。“一台”是全县流动教师专业发展培训管理全部纳入网络管理平台。“一网”是建立了教师流动网。“一地”是配合教师流动，建立相应的学科基地建设。“一窗口”是依托各级各类媒体建立宣传窗口。这些措施努力为流动教师搭建交流成长平台，激发教师的积极性和创造性。通过对流动教师的管理，带动学校骨干教师培养和学科建设，实现优质资源的共享，从而在更高层面推动学校均衡发展。

（1）充分发挥名师引领作用

为了更好地发挥流动名师效应，嘉善县积极为名师示范引领创造条件，搭建了“一班、一室”两个平台。

“一班”就是县教育局层面建立了嘉善县流动名师“高级研修班”，设立名师专项培养经费，确保各项活动的顺利开展。积极创造流动名师参与各类活动的机会，先后组织了特聘名师专题讲座、观摩课、展示课、研讨课和学术研讨活动，定期开展“送教下乡”等较为系统的研讨活动，为农村学校和薄弱学校传经送宝。设立流动名师专家辅导团队，县强师工程办公室邀请县内外市级以上名师、省特级教师、教育专家等担任专家辅导团队成员，为流动名师的专业成长提供人员保障。如 2012 年 4 月在农村的惠民小学举行了嘉善县流动名师高级研修班学术活动，安排了流动名师课堂展示活动，惠民小学副校长、县流动名师董宇晖执教了五年级语文课《桥》，他有效利用教学资源，引领学生积极主动地学习，充分展示了全新的教学理念和扎实的教学功底。姚庄小学副校长、县流动名师蒋卫红作了题为《精研教材，把握目标》的微型学术讲座，带给与会流动名师和教师许多启发和思考，使他们受益匪浅，流动名师并就岗位设置、自我发展、引领带动等方面交流了自己的看法，这有助于促进流动名师队伍的成长。

“一室”是学校层面建立了“名师工作室”。现在全县所有义务教育学校全部组建了名师工作室，制定了名师工作室制度，通过名师引领教师共同发展，对工作室成员提出了专业引领、专业成长和考核等要求。董宇晖是嘉兴市学科带头人，2011 年由嘉善县实验小学流入到农村的惠民小学，学校为其搭建了名师工作室。工作室由名师领头，以县教研大组成员和县教学能手为组员共 20 人组成。学校制定了《惠民小学名师工作室规章制度》，对工作室成员提出了学习、研讨、引领、考核等要求。在名师工作室的引领下，学校着力打造“雪中送炭、春蕾初绽、锦上添花、绿树常青”四项工程，努力使学校青年教师快速成长、骨干教师成为学校教学中坚、名师队伍发挥效应、老年教师再现活力。学校安排了亮相课、展示课、汇报课、比武课、研讨课，使不同层次老师的课堂教学得到了有效锤炼。2011 年，董老师带领 20 名教师开展教学活动 15 次，申报成功市级研究课题，指导青年教师在县级说课比赛中获二等奖 2 人，指导青年教师论文获县一等奖 1 人，二等奖 3 人。该校教师的课堂教学水平不断提升，教师承担省级公开课 1 节，县级公开课 6 节，县级各类教学比武获奖 11 人次。名师工作室成为了学校的核心团队，专业引领教师的成长。

名师流动进一步深化了学校的师徒结对活动，让更多的农村教师有了更好的学习拜师的机会和专业发展的空间。从嘉善县第二实验小学流动到姚庄小学的嘉兴市名师蒋卫红老师充分发挥自己的岗位职能和学科专长，从抓实教师常规管理和青年教师培养入手，从细化、规范化备课、听课、评课制度及作业管理制度来保证所带青年教师规范教育教学行为，促进教学质量的提升；组织青年教师上汇报课、开展青年教师教学技能竞赛活动、要求师徒同上一节课等，以青年教师的培养带动中老年教师一起发展。一个多学期已经帮助 3 位教师圆满地完成了县级公开课任务。她不仅在所任教年级为青年教师上示范课，还到其他年级上示范课，还带自己的徒弟来学校里上课研讨，让大家观摩。“树挪死、人挪活，在一个固定的环境和岗位待久了，就会产生惰性，教学也会失去活力。”她深有体会地说：“离开农村学校 18 年后再次回到农村，希望自己能在流动中实现自我价值。也许是受我这个名师潜移默化的影响吧，这两个学期嘉善县姚庄小学申报县级公开课的人数从个位数上升到了24人，上交教学论文、课题、案例、体会等文章69篇，其中获省级奖2篇，市级奖5篇，县级奖35篇，有5位语文教师在县级以上执教公开课。”

（2）加强流动教师跟踪管理

为了促进流动教师更好地发挥作用，嘉善县采用“一档、一台”方式加强流动教师的跟踪管理。“一档”是2011年嘉善县为流动教师建立了县校两级业绩档案。其中领导干部和名师的业绩档案由县层面管理，其他类别的流动教师业绩档案由学校管理。每学期把流动教师所取得的各类成绩及时存入个人档案，作为评职评优、提拔任用的重要依据。“一台”是全县流动教师专业发展培训管理全部纳入网络管理平台，由流入学校负责管理所有流动教师的基本信息录入和信息更新维护，以及教师选课审核等工作。流动期满后，由有关学校需及时做好教师信息变更工作。同时，借助“教师流动网”，将流动教师风采、成绩和先进典型事例及时进行宣传。业绩档案的建立，激发了流动教师的工作干劲，教师的专业成长成了他们内在的发展需求。

欧静是流动教师188名中的一位，2003年从安徽黄山招聘到陶庄中学，一干就是8年。2011年在教师流动中作为培养对象流动到县城一所优质学校——嘉善一中，教2个班语文兼年级备课组长。刚到一中她还有点不适应，家长也不够信任，但凭着她刻苦、虚心、思考、实践，一年下来，已经成为一中的骨干教师。班级学生在演讲、朗诵等比赛中多次获市、县一、二等奖，她本人也被评为了优秀指导教师奖，成了家长信任的教师。

马晓燕是县逸夫小学校务办主任，参与教师流动到偏远的大舜小学，在新岗位工作近一年中，她承担了县级小学英语高段课堂教学研讨活动开课、县综合实践活动主题交流，均受好评，所撰写的论文3篇分别在省、市、县获奖，1篇在省级刊物发表，2篇在县级刊物发表，辅导学生县级获奖3人次。因为业绩突出，2012年2月，她获得了“第十一批县学科带头人”称号。也是在她的带领下，学校被评为“嘉兴市首批综合实践样本学校”。

（3）重视学校教研平台建设

教师流动促进了校本教研的有效开展，使得不同的教育教学理念得到冲击、碰撞、互融，进而提升教师各自的教育教学理念，形成更理性的先进的教育教学理念。流动教师以优势学科为突破口带动了学校校本教研的积极开展。

泗州中学集体团队合作的方式，被流动教师带到了杨庙中学，使得杨庙中学各备课组活动更有方式了，集体“磨课”的氛围浓厚了，组内讨论合作的氛围加强了。并带给杨庙中学好的教育教学方式与方法，起到了领头作用，并能指导身边的年轻教师，传授先进的经验，特别是能使该校一些学识、能力相对比较弱的老师有学习的机会。这样，各备课组的力量加强了。在流动教师的带动下，2011年嘉善县各义务教育学校的教育科研迈上了新台阶，全年教师在县市级论文获奖、发表递增140篇/次，各级各类课题立项增加50多个。

教师流动也增加了校际之间的交流互动，实现了优质资源的共享，推进了学校之间的均衡发展。姚庄小学领导充分利用结对学校第二实验小学的名校、名师资源，积极组织开展校级交流活动。2011年下半年，两所学校组织开展了流动教师课堂教学交流研讨活动，分别由流动教师和实践培训新教师到姚庄小学上汇报课，再由两位学科名师进行现场点评，这既是对青年教师实践培训情况的一次检验，也借此为全体学科教师作了一次专业引领。2012年3月，两所结对学校利用两周时间分四场开展了语文、数学、英语、科学四门学科的系列教研活动，由第二实验小学的名师和青年教师到姚庄小学“送教”、“送研”，姚庄小学全体相关学科教师全程参与活动，促使教师们通过活动尝试反思自己的课堂教学，许多教师在活动之后填写的反馈表中表达了想要参加更多此类活动的愿望，并希望自己能够在学科教学中得到更多的发展机会。据统计，2011年，嘉善县义务教育学校开展校级交流160余次，其中邀请省市专家讲学近百次。

近两年来，嘉善县创建的城乡教师多元流动模式让家长、教师、学校、教育管理者真切感受到教育活力增强了，既初步解决了农村学校学科建设缺乏领军师资的问题，又很好地发挥了“鲶鱼效应”，激发了教师团队的活力，有效地解决了教师的“职业倦怠”问题。这一流动模式促使全县教育大环境发生奇迹般的变化，带来了明显的社会效应，好学校一时间多了起来，有效地刹住了嘉善的“择校”风，增加了学生家长和社会对教育的满意度，这在以前择校现象较为普遍的县城学校尤为明显。实施流动前，县城优质学校和薄弱学校差距明显，嘉善县实验小学、嘉善县第二实验小学、嘉善县第一中学、嘉善县第四中学，这几所学校的名师多，学生成绩好，招生爆满，班级超额，是家长学生选择的目标学校。而嘉善县实验中学、嘉善县泗洲小学等薄弱学校却存在生源不足和教育资源浪费的问题。如今，每所学校都有名师，年轻骨干教师专业成长很快，学校发展各有特点。嘉善一中原来是县里公办初中里的“老大哥”，择校情况严重，家长千方百计把孩子往城里送，教师流动后，附近由农村中学升级而来的嘉善县实验中学开始崛起，许多学生“回流”，家长更愿意把孩子送入家门口的优质学校。

嘉善实验中学八（7）班学生家长汪涛说：

回顾自己孩子就近到实验中学读书的这整个事情，自己的心态是从最初的着急、两难、无奈，到将信将疑，到现在的放心，我孩子那一届学生的班风、学风很好，学习成绩提高很快。我孩子的成绩和各方面表现也不错，到现在真的是一块石头落了地了，真是走了一个很大的曲线啊。最终让我感到教师流动真的从客观上增加了我们家长择校的难度，最后也在主观上消除了我们择校的意愿，从我角度上讲是个好事。教师流动是消除择校的一剂良药。

嘉善四中八（2）班学生家长马佩华说：

作为家长，很庆幸孩子能在本学区的城区优质学校——嘉善四中读书。但孩子读初一时，班主任恰恰是从边缘郊区薄弱学校流入的年轻的李益飞老师，一开始家长们心里是七上八下的，没底，但是李老师很快就向大家证明了他的教学实力以及班级管理水平。一个班里调皮孩子一大堆，在他手里，都成了积极向上的好学生。在最近的全国希望杯数学竞赛中，全校八年级650名学生，得奖39位，李老师所教的8名参赛学生，有7名获奖，而且最高分就是他的学生。班内数学成绩的A等率也从10%提高到了30%。可以说，我们现在已经很放心地把孩子放在他的班里，而且还要把这样一位好教师宣传给新生的家长们。

嘉善县的教师流动试点工作已经取得明显的阶段性成果，下一步，嘉善县将不断总结经验，深化改革，巩固和扩大义务教育学校教师流动成果。在此基础上，积极探索非义务教育学校教师合理流动新路子，并努力实现"纵向流动"，即幼小衔接、初小衔接和高初衔接。"创教师合理流动之先，争教师队伍建设之优。"这是浙江省教育厅厅长刘希平在嘉善调研时对嘉善县实施义务教育学校教师流动改革试点工作时提出的殷切希望，嘉善县将以此为新的起点，积极探索，务实创新，扎实有效地推进此项改革试点工作，不断创造新的经验，为嘉善县嘉善科学发展示范点建设作出更大的贡献。

四、典型案例

（一）优质学校培养农村教师

嘉善县第二实验小学建校才六年，但是经过短短六年的奋斗，该校创建的“活力教师”培养方法已经培养出了省特级教师1名，县级以上名师11名，骨干教师无论在数量上，还是在比例上都高于县内其他学校，是嘉善县的一所优质学校。因为学校有了这么一批充满活力的高素质教师，所以该校领导深深地意识到：需要将学校自身积累的培养师资的经验传递给兄弟学校。适度的名师、骨干教师流出，不会影响学校教师群体的整体质量，相反会增强这个群体的活力。举个不恰当的例子，叫作“割韭菜理论”。当韭菜长到可以收成的时候，菜农们必须把成熟的韭菜割去，那么新一茬韭菜才会再长出来，反之，第一茬韭菜会越来越老，而新一茬韭菜永远也不会长出来。于是，该校根据县政府关于教师流动的文件精神，积极宣传、主动参与。2011年，该校有7位教师流到了4所农村学校引领农村教师专业成长。同时，流入到第二实验小学的农村教师也有7位，面对他们的到来，该校首先考虑的是：维持长期的城乡教育均衡需要把他们培养成为优秀的农村“活力教师”。于是该校积极为流动教师营造更好的专业氛围，寻找更为有效的专业发展途径，使每一位到来的流动教师都能实现专业发展由“他律”向“自律”的转变。目标是培养更多的“活力教师”，并将“活力因子”洒向更多的学校。

嘉善县第二实验小学针对农村教师专业发展的缺陷，对流动教师开展了“错日制校本教研”、“叙述教育故事”、“个人课堂教学行为诊断”、“系列性的课堂教学比赛”、“片内学校教科研联动”等诸多针对性的校本教研，取得了很好的成效。流动进该校的朱涛老师有比较深的体会。他说，这几年自己认为中级职称也解决了，该松一松了，所以专业成效不显著。但自从来到第二实验小学后，面对浓厚的教科研氛围，忙碌的教育教学活动，富有激情与活力的老师们，自己也积极地参与各类教研活动，在实践中不断地提高自己，完善自己，并虚心学习，取人之长，补己之短。不到一年的时间，朱涛老师获得了县教学评比二等奖，教学论文县级奖，个人作品获县美术教师作品评比一等奖，另有一作品刊登在《浙江教育报》上，还三次获得优秀指导教师的称号，所辅导学生获县级及以上奖的有7人次。在奋斗中，他体会到了活力与激情，感觉自己的人生因此而充实。还有该校机器人俱乐部辅导老师吴国荣曾培养出的小选手获全国第四，他流动去农村任教后，新来的教师王荣同样勤奋，他利用双休日等休息时间虚心向吴老师求教，在原“专家”的传帮带下，第二实验小学的学生在全国小学生机器人比赛中再获全国第三，可以预见，不久的将来，这位新教师一定会青出于蓝而胜于蓝。

“顺木之天以致其性”。这是嘉善县第二实验小学培养活力教师所遵循的，也是该校对于流动教师培养过程中所期望的。

（二）促进农村学校特色发展

大云中心学校是嘉善县一所农村学校，九年一贯制，39个班，1 746名学生，其中新居民学生占53%。尽管是农村学校，但该校的硬件条件并不比城镇学校差，在教学质量，学校品牌建设上，该校的目标一直是办一所书香校园，以“阅读与实践相结合”为特色，能让农村的孩子也享受优质的教育。但优质师资的缺乏，是一直困扰该校的问题，学校的特色发展面临瓶颈，该校迫切需要有一技之长的教师充实到团队中来，尤其是音乐、美术等技能教师。在2011年有6位老师流入该校，2位名师、3位技能专职教师，他们的到来，让该校领导看到了让理想变成现实的希望。

书香校园的特色创建，需要一支优秀的团队。两位名师来校不久，开设、指导的示范课就达20多节。同时，他们的到来，还形成了名师汇聚的效应。周边地区的特级教师、名师多次来校交流与指导，不到一年，就有4位特级教师与5位市名师来到该校，为青年教师把脉课堂，使教师不出校门，就领略到了省市名师风采。在名师的带动下，2012年，该校又有3位教师成为县学科带头人，有12位青年教师在县市开了公开课，15位教师在县市课堂教学评比中获奖，这一切都进一步壮大了打造书香校园特色团队的力量。

书香校园的特色创建需要营造师生共读的氛围。市名师祝贵耀在儿童诗、儿童时事漫画写作教学上都颇有研究。每周二的中午，总能看到他与一群孩子，围坐在校园香樟树下，时而捧书吟诵，时而会心交谈，那是他的儿童诗社团在开展活动。在他的影响下，该校 30 多位青年教师还成立了书香品读会，制定了活动章程，课余时间经常在一起品读经典，品读课堂，不仅提高了课堂教学水平，也提升了教师的个人内涵。

书香校园，不仅需要让学生爱上书本，更需要让学生走出书本。这是刘希平厅长来到大云镇中心学校后，对该校提出的希望。从城区流入的美术老师蒋伟擅长摄影，来学校后主动成立了摄影俱乐部。每天傍晚，都带着学生在摄影教室品味光与影的盛宴，节假日则带着学生走入乡村，融入古镇。如今，他们的一张张照片将学校四百米的长廊，点缀成校园内的一道亮丽风景。生化专业的薛老师，把世博会城市未来馆的理念引入了学校，结合本地现代农业的特色，成立了植物栽培小组，在学校的农业未来馆中进行无土栽培，孩子们惊奇地发现，原来植物在水中、空气中也能生长，之后，他们查阅书籍、动手探究的热情更是空前高涨。陶行知先生说过“读活书，活读书，读书活”，就是说不仅要让学生学知识，而且要学技术；不仅要学会动脑，而且要学会动手。在这两位老师的带领下，其他老师又相继开设了模型制作、影视欣赏等俱乐部，利用图书馆资源，将阅读与实践牢牢地结合起来。

教师流动使大云中心学校这样的农村学校也能像城镇学校一样办出自己的特色，办出自己的品牌。

（三）带动薄弱学校由弱转强

2009 年 7 月，嘉兴市学科带头人、嘉善县姚庄小学副校长姚彩萍作为该县校长流动的先行者，流动到嘉善县最偏远的农村薄弱学校之一的俞汇小学担任校长。县教育局领导对这位年轻的流动校长寄予很高期望，希望 3 年后，俞汇小学能焕然一新。这给了姚彩萍很大的压力。也正是这样目标性的压力给予了姚校长更大的动力。所以她总想着要把俞汇小学办成一所让别人知道的学校，即让家长、同行、领导认可和满意的学校。现在3年已经过去，学校教师队伍呈现的巨大变化和科技文化特色的凸显，是最能让她真切感受到了自身流动后的教育潜力和工作价值。

流动后首先让姚校长最敏感的便是学校的教师，非常年轻，平均年龄只有29岁，打造这支队伍很关键。她采取的第一个举措便是根据任职年限和教育教学能力的差异，推行梯队式青年教师的培养，不同的层次，不同的要求。到学校后的第一年和她同年级教语文的是两位刚工作一年、两年的教师，于是姚校长让他们比自己慢一拍教学，经常先听她的课，然后实施教学，再对比分析。应该说他们成长很快，这几年先后都在县里承担了多次的公开课教学，而且现在均为嘉善县的教学能手了。同时姚校长让业务校长、教导主任及学科组长都去引领不同层次的教师，效果明显。这样，三年来该校涌现出的嘉兴市级学科带头人、县级导师、教学能手教师数已占教师总数的51.3%。看到学校教师取得的成绩姚彩萍校长很是欣慰。

除了教师队伍，流入俞汇小学后的特色办学也让姚校长花了很大的努力和精力，但收获的确令人喜悦。当初姚校长刚提出该校要走科技特色之路时，教师们觉得不可思议，也不可能。他们说："我们是农村学校，县城中的几所学校科技都做得那么好了，我们是比不过他们的。"但是姚校长告诉老师们，俞汇小学的科技要有别于城镇学校，有自己的特色。作为农村学校，要让科技特色立足一个"农"字，做足一个"普及"，实现与生活相结合进行科技创新。2010年该校搞了一个"科技达人秀"，全体师生人人参与，在最后的挑战赛上，转魔方的六七秒就能按要求转出十字或同色的一面两面，孩子们自己制作的水火箭最远的发射近60米……充分展现了一种科技才能。连续3年，参加嘉兴市科技创新大赛，屡获战绩，每一年获奖数均在嘉善县名列前茅。2012年，朱建明老师的可旋转挤压水槽软管、除臭马桶垫2项发明申请获得国家专利，俞晓颖老师获得嘉兴市优秀科技辅导员称号，许奕文同学获得嘉兴市科技之星称号。更可喜的是该校的“科技文化校园”被评为嘉善县首批学校特色项目，俞汇小学被命名为嘉兴市青少年科学院分院。特色的发展也带动了学校的整体发展，2011 年度该校被评为先进集体，这样的荣誉对嘉善县偏僻的俞汇小学来说是前所未有的。看到这个变化与成绩，姚校长心里是乐滋滋的。

姚彩萍深有感触地说：“作为校长流动的先行者，这样的流动不仅给了我心灵上的挑战和考验，同时也让我有了多校任职的经历，面对不同的学校实行不同的管理，自己的教育潜力和管理能力得到了极大的激发与提升，更欣喜的是带动了一所薄弱学校的发展。”

五、发展改革点评：推动教师城乡流动须以人为本

义务教育硬件建设推进到了一定的水平，如何提升内涵，优质特色发展，从更高水平推进均衡发展，真正实现教育公平，关键是教师队伍，是师资的优质均衡发展，优质师资均衡才是真的均衡。为此，浙江嘉善县坚持不搞一刀切、不强迫推进的原则实施城乡教师交流工作，由于充分从教师利益出发，促进了优秀教师主动合理流动。由于均衡了师资，2010 年，全县进行强弱学校合并调整工作，这一涉及群众切身利益的敏感工作进展顺利，没有发生一例上访或举报，并且学校和学校之间形成了一种良性互动的竞争发展态势。嘉善推动教师均衡的关键是坚持了以人为本，抓住了教师的需求，调动了教师的主观能动性。通俗讲，要想让人动，关键要给予。

（一）给予生活条件

嘉善县通过城乡一体化发展，全县基础设施条件已基本均衡，县域内半小时交通圈已建成，教师合理流动基本条件成熟。财政支持方面，

县财政每年安排400万专项经费，用于流动教师的奖励、培养和农村教师的交通费用。同时，修订完善了嘉善县名师评创、培养、管理办法，使农村任教的名师津贴标准是城镇的三倍，参与流动的名师可优先享受一年一次的学术休假等激励政策。

（二）给予发展政策

推进教师流动，嘉善始终坚持原则性和灵活性相结合，确保每一名教师愿意流动、乐意流动，带着感情、激情流动。在职称评聘方面，明确规定，城镇义务教育学校教师申报高级职称，必须具有三年农村任教经历，这种农村任教区别于原来的农村支教，占编制、带责任。对农村教师有多校任职经历的在职称评聘方面予以倾斜。

（三）给予培养环境

教师流动只是手段，最主要的是让流动教师找到充分发挥作用的舞台，激发教师的积极性和创造性，进而努力实现流动的统一局部目标，这些在一定程度上取决于后续管理。为此，我们强调事业留人，感情留人，让新流入的教师感受到新家的温暖。在此基础上，嘉善推进了“一室、一档、一网、一地、一窗口”的“五个一”建设，努力为流动教师搭建交流成长平台，尽快融入新的家庭。

教育部部长袁贵仁指出，教书育人是一项专业性、探索性、创造性极强的工作，要求教育者必须先受教育，具有高度的使命感、责任心，静下心来教书、潜下心来育人，来不得半点急功近利，来不得半点三心二意，来不得半点弄虚作假。我们一方面要千方百计改善教师的学习、工作和生活条件，为教师解除后顾之忧，让他们全身心地投入到教育教学工作中去；另一方面要努力改进教师管理制度，使每位教师都能够成为爱岗敬业的模范、教书育人的模范、终身学习的模范，成为受学生爱戴、让人民满意的教师。推动教师流动要充分尊重这些原则，坚持“以师为本”。

第六章 辽宁省大连市西岗区推行“小班化”教学

一、域情教情

大连市西岗区是一个面积只有26.1平方公里，人口只有30.4万的行政区，但就是这样一个区域成为了辽宁省115个涉及教育县区中的第一个教育强区。在几年的实践中，大连市西岗区实现了教育理念更加科学、办学行为日益规范、队伍建设更具活力、教育环境根本改善、教育质量全面提高、薄弱学校彻底改变、择校现象明显减少，回流返校比比皆是，群众满意社会认可的良好局面。2012年初，继完成全辽宁省第一家基础教育强区的创建之后，正式开启教育现代化进程。

西岗区委、区政府始终把推进义务教育的均衡发展作为全面提升教育发展水平的主线，制定了“均衡发展、品牌创优、服务至上、质量一流、和谐满意”的教育发展战略，大力推行“小班化”教育，优先改造薄弱学校，坚持全面优质不动摇，推进西岗教育高位均衡发展。如今，学前教育、义务教育、高中教育、特殊教育、师校建设、社区教育和教辅机构实现有机衔接，学校、社会、家庭三位一体的教育格局已逐步完善。交替式改造薄弱学校、“片区+校群”管理模式、“规范+特色”学校发展模式、管理微创新、“关注每一个”小班化教育策略、高效课堂教学模式等区域特色已经在全国产生了一定影响力，打造了独树一帜的西岗教育品牌。

西岗区教育局牢固树立大质量观，均衡教育稳步发展。

2003 年区委、区政府作出推进教育创新，建设教育强区的决定，为区域教育的均衡发展创设了良好的政策环境。

2004 年高标准实现了班班通工程，全面提高教育信息化水平。

2007 年以突破 300 分（满分为 307 分）大关通过辽宁省双高普九验收，为区域教育设施设备的均衡化奠定了坚实的基础。

2007 年提出并推进小班化教育，成功申报了国家首个小班化课题，成为辽宁省首个小班化教育研究基地，使“关注每一个”的教育成为可能。

2008 年实施小班化高效课堂建设，通过全面普及高水平小班化课堂教学，切实减轻了学生过重的课业负担，全面提高了学习质量。区域内各校间学生学习质量差异逐年减小，到 2011 年全区学生学业差异系数达到 0.14，教育均衡发展的目标基本实现。

2008 年全面启动了国学进校园工程，为教育内涵发展注入传统教育元素。

2008 年率先启动教师“过三关”计划（学科知识过关、学科拓展知识过关、学科教学能力过关），实施校长攻读硕士教育计划和拜名师工程，启动新一轮具有西岗特色的全面提升教师业务能力和职业道德的全员全学科培训。

2008 年，组建首批以名校长名字命名的名校长工作室，最大程度地发挥本区优秀校长的引领和辐射作用，使工作室成为优秀教育管理人才成长的摇篮和薄弱学校改进与发展的研究和示范的平台。

2009 年实施以学生免费制服计划为牵动的微笑校园工程，让学生的校园生活更加健康、快乐和自信。

2010 年启动创建辽宁省教育强区工程。

2011 年提出“教育是提升区域核心竞争力的重要资源和指标”的思

想，站在区域经济社会健康和谐发展的高度，加快步入教育现代化和国际化进程。

2012 年，高分通过评估，成为辽宁省第一家基础教育强区，纵深推进教育现代化进程。

截至 2012 年 7 月，全区有中小学校共 30 所，其中小学 20 所，初高中 10 所。另有素质教育中心、劳动技能培训中心、特殊教育学校、教师进修学校、社区教育学院、学校保健所、教育发展研究中心各 1 所。区属学校共有 18 292 名在校学生。中小学教职工共计 1 777 人，其中 5 名特级教师，100 名市区学科带头人。中小学教师 100% 学历达标，其中拥有硕士学历的教师占专任教师的 8%，小学高级以上职称占 90.9%，中学高级教师占 46%。

二、亮点成效

（一）新理念，创新均衡发展策略

西岗区教育局基于实践探索提出的松散型九年一贯管理理念和小班化教育理念切中教育质量提升的最关键环节。松散型九年一贯管理和“关注每一个”小班化策略作为西岗教育的首创理念，受到教育界的广泛关注和认同。西岗区得以站位于教育理念的高地之上。

（二）新规范，办学行为深受欢迎

西岗教育始终坚持严守规范的铁律。开发电脑程序实施阳光分班、开办政策解读专场会等公正公开的做法保证了政策的有效执行，学校规范操作，消除了疑惑与隔阂，家长拍手称快。教学管理标准件的研制和使用成为西岗教育的规范工具，上至机关领导和学校干部、下至每一位一线教师都有相应的《校长工作领导力手册》、《中小学教师研修手册》、《学习指导案》、《班主任工作指导手册》等工作册，便于查阅和操作，受到干部和教师的欢迎，以100%的使用率成为他们日常管理和专业发展的有力抓手。

（三）新活力，队伍素质整体提升

西岗区通过教师区内交流和特色教师培养打造了一支站在学术前沿和道德高地上，充满激情与活力的教师队伍，适应了优质均衡发展对教师的更高要求，这种要求既体现为学识水平，又体现为教学观念和教学方式。持证上岗制度、嵌入式培训、升高新入职教师的门槛、已入职教师的后续培训，从根本上保证了教师队伍旺盛的教育活力。

（四）新作为，教育环境不断优化

学校特色文化建设是西岗区教育环境建设的新思路。把小班化教育软硬环境配套作为学校硬件配备和文化建设的标准和依据。如今，全区每所学校都已构建起既符合小班化教育理念，又符合自身特点的文化环境并形成详细的参观解说词。每个班级的触摸电视、电子白板、短焦投影、实物展台、电子储物柜等配备齐全，班级小名、班训、班级文化解读一应俱全。学生对教育环境的满意率和幸福指数均达到100%。

（五）新攀升，教育品质螺旋提高

连续三年中考各项指标全市第一，只是西岗教育品质的一个侧面。片区和学校的整体文化建构与经验重组使学校兼备教育品质与品位。“优我教育”、“励美教育”等提炼成形，每所学校都梳理形成了学校文化建构示意图，每位教师都能准确详尽的解析自己学校的文化建构，学校的愿景和理念更加务实而富有个性，为学校提升教育品质明确了方向。多家教育专刊、报纸、电视台等媒体都对西岗区域和学校的文化建构做了宣传报道。

（六）新生机，薄弱学校焕发活力

“关注每一个”的小班化教育理念和薄弱学校改造，极大地促进了教育公平，使不同层次的学校得到同样的软硬件保障，使不同层次的教师得到同样高端的专业培养，使不同层次的学生享有同样优质的教育资源，使不同学科的课堂得到高效科学的运转。一大批因生源流失和历史原因而陷入薄弱困境的学校焕发了勃勃生机。目前，全区中小学薄弱扶强工作已全部完成，七十一中学、二十六中学等学校走出低谷成长为新优质学校。

（七）新成果，教育科研提炼升华

西岗区教育科研管理探索并实行了“区域—片区—学校”三级模式，围绕小班化教育和高效课堂教学等内容开展课题研究。“十一五”以来，承担国家级课题 7 项，省级重点课题 1 项，省级规划课题 48 项。探索出“5 + 1”小班化教育模式；形成《小班化教育经验 20 条》；研制《西岗区小教化课堂教学常规》、《西岗区小班化高效课堂学科教学评价要点》标准；建立小班化教育研究网站；组建环渤海地区小班化教育联盟；出版《西岗区小班化高效课堂教学智慧书》、《小班化教育实践论》等著作。在核心期刊和高端媒体公开发表论文 70 余篇，《教育理论与实践》和《中小学管理》曾对西岗教科研进行过专题报道。在全国基础教育课程改革教学研究成果奖评比中，辽宁省共获国家级二等奖四项，其中西岗区就荣获两项。2011 年，以第一名的成绩荣获辽宁省教育科研强区称号。

（八）新测量，数据平台日臻完善

西岗区创新实施数据测量，设计了校长、教师、学生、家长四类问卷，用以研究小班化教学实践中的干预因素。从社会支持与认同、学校文化、学习动力等十六个项目进行统计分析，建立横、纵两个纬度的数据体系，得出20余条小班化教育效能结论。建立起全国首个也是唯一的小班化教育研究数据平台，通过两期全样本的数据测量，形成了国内首份《大连市西岗区小班化教学实证研究》报告，以科学的技术手段取得了前沿性的研究成果。

（九）新思路，区域特色明显增强

西岗区实施的“片区＋校群”管理模式和“规范＋特色”学校发展模式引来教育部和多个地区教育部门的高度关注。西岗区教育管理上的特色做法解决了九年一贯制教育衔接、学校特色发展等长期困扰教育界同仁的问题。区域、片区、学校三级特色项目创建、特色教师队伍建设、学生专长培养工程已进入自动循环状态。独创的艺体“4＋2”项目实现了“校校有品位、班班有特色、人人有爱好、个个有专长”的目标。

（十）新整合，社会功能日渐明显

“学校—学生—家长—社会”反馈链的构建为西岗教育赢得了家长的普遍满意和社会的高度认可，发挥了教育服务社会的功能。创设教育议事会、社区教育学院、家庭教育宣讲会、辖区大型企业员工子女入学绿色通道等，使得社会资源以学校为轴心重新整合。学校在发挥社会功能的同时，也成为反馈链的最大受益者，得到校外力量的有力支撑，在更大范围内形成教育辐射影响力。

三、探索与举措

西岗区始终把以人为本、为人民谋幸福作为区委、区政府的第一要务，将教育的发展视为更深刻、更和谐的社会发展和人的发展，优先发展教育，使孩子最先品尝区域经济发展的成果，更多愿望在校园得到满足，使区域教育均衡发展在西岗成为现实，并以独特的“西岗现象”为其他城区教育发展提供了有价值的借鉴和参考。2012 年 5 月，著名教育专家、北京师范大学教授顾明远先生专程访问西岗，连续一周深入这里的学校，与教师、学生、家长们交流，对西岗区委、区政府高瞻远瞩，支持重视教育发展，充分肯定了独具西岗特色的十条义务教育均衡发展举措，特别是对西岗区关注每一名儿童的健康成长的科学理念以及在改变薄弱学校面貌方面取得的实效，给予了高度评价。

（一）“片区 + 校群”网络化管理，破解发展规模薄弱化

1. 思考

儿童的成长是一个连续的过程，这种连续性体现在儿童身心发展的各个阶段及其教育的不同阶段之间，应该是相互联系或衔接的，而不能是隔断的。从现实看，教育的这种连续性要求教育的每个阶段都应该充分考虑彼此之间的过渡与衔接，不考虑这样的衔接，不仅是教育的浪费，更是学生生命的浪费。现代学校建设强调要强化自主办学，但现阶段学校自主办学经验和能力普遍不足，特别是对于薄弱学校而言，依靠自身实现良性可持续发展受到很多主客观因素制约。如何破解上述难题，西岗区从创新教育管理入手，充分考虑义务教育阶段教育的连续性，进行了有效而深入的探索和实践，创新实施“片区 + 校群”网络化均衡管理新模式。

2. 具体措施

西岗区在采取“片区 + 校群”拉动的方式推进义务教育均衡发展的道路上，依据教育发展的不同阶段，从建立“名校长工作室”，到架构“教育协作片”，直至全面实施“片区 + 校群”管理，采取了一连串相互联系的重大举措，体现了区域管理整体建构、层层递进、不断提升的管理思想。

（1）纵向上，将对口中小学按组织管理的方式组成一片，实行松散

型九年一贯管理，形成了“片区”管理模式

围绕稳定质量、提升质量，稳定特色、提升特色的目标，“片区”管理使片区中小学共同发展、自主发展成为现实可能。

① 同步实施。一方面，确立片区共同发展目标、阶段发展计划和发展项目，并以任务驱动的方式保障落实；另一方面，依据学校各自传统和优势并对接片区发展要求，实施学校整体文化建构，实现片区一元理念下的多元发展。通过建立片区每月沟通、学期总结、学年评估等工作机制，实现片区管理制度化、系统化。

② 中小衔接。积极开展小学、初中课程衔接与整合研究，通过中小学教师相互听评课、共同教研，从课程标准、教学内容、教法学法及质量标准等方面加强衔接，逐步达成教学共识。在纵向上，强化小学高段和低段、小学和中学的相互渗透；在横向上，强化学科整合。使片区学生在道德培养、习惯养成和知识技能上构成九年教育的连续性，推动教育过程不断优化。

③ 全程视野。立足片区实际，挖掘片区特色资源，发挥特色教师作用，整合、统筹片区特色发展项目，既进一步发展学校各自传统优势特色，又形成片区一致的重点特色项目，使学生在小学阶段培养和坚持了六年的兴趣和特长，在升入初中后能得到有效衔接和获得进一步的发展，确保中小学特色有效承接，中学能充分享受到小学的教育成果，保障片区学生九年培养方案的实现。

④ 资源共享。为实现片区资源效益最大化，片区内的硬件教育资源实行统筹配置，中学配备数字地理教室、科学探究室，小学配备动漫实验室，片区统一规范专业教室使用管理制度，围绕专业教室的使用功能、中小学课程设置及学生活动安排，编制片区“大课表”，实现片区中小学专业教室资源和片区名优、特色教师资源共享。

西岗区九三小学那丽娟校长说：

教研引领、特色牵动、共享资源激发了我们每一所学校自主管理、自主发展的内驱力，在‘片长’的带动下，我们的学生小学毕业后，进入片区中学，按照设定的科学成长路线，又在一个熟悉的氛围中继续发展，我们学校择校回流现象比比皆是，整个片区已成为一所蓬勃发展的‘松散型’九年一贯制大学校。

（2）横向上，将同阶段强弱校组成联合群体，共同探讨本学段问题和片区发展中的难题，形成了“校群”管理模式

西岗区组建了以名校长名字命名的名校长工作室，七个工作室成员涵盖全区所有校长和副校长。目的是形成一种有形的工作机制，最大程度地发挥本区优秀校长的引领和辐射作用，使工作室成为优秀教育管理人才成长的摇篮和薄弱学校改进与发展的研究和示范的平台。随着工作的深入，名校长工作室组织日益紧密，在此基础上，西岗区进一步强化管理制度，七个“校群”应运而生。

① 优势互补与协同发展。在校群管理中，以制度为保障，通过定期组织召开校群会议，搭建校际交流展示平台，各成员学校把自身发展的优势和特色不断转化为校群资源，各学校的课堂和独有的品牌活动面向校群全面开放，很多做法被推广成为校群中同类活动的规范程序，促进了区域特色活动的形成与发展。校群中定期发布教育教学研究成果，为其他学校提供参考和借鉴。各成员学校在校群中相互示范、群策群力，从校群中产生的大量管理经验已经成为区域管理的规范要求。

② 独善其身与兼济天下。西岗区传统名校在区域高位均衡发展中肩负特殊使命，立足“片区＋校群”网络化管理模式，在纵向上扶持和带动片区内更多的学校成为名校，即做“孵化器”；在横向上示范和引领校群中更多的学校走上“规范＋特色”的发展道路，即做“规范标尺”。纵横之间，以传统名校为节点抬升区域整体的高位均衡发展。

第三十四中学于艳波校长深感肩上的压力，他说：

作为老优质学校，我们正处在区域“片区＋校群”网络化管理模式的关键节点上，这就要求我们不仅能时时“独善其身”，还要能

够处处“兼济天下”。努力促进教育均衡发展，化解择校问题是老优质学校的时代使命，也是我们的社会价值所在。我们心向往之，也会一如既往地致力于此。

西岗区通过“片区＋校群”管理，形成纵横交叉的网络化管理体系，及时消化和处理学校发展中的各种专业问题。这一管理模式有效弥补了学校自主办学经验和能力的不足，更加强化了片区的自主管理，建立了干部教师、家长、学生和社会各界统筹协调的运行体系，实现了教育内容、教育方法、管理策略、评价机制的有机统一。

（二）“规范＋特色”差异发展，破解教育管理薄弱化

1. 思考

薄弱学校的形成有多方面原因，但学校自身管理质量的优劣起着关键作用。在一定发展时期，区域实施步调一致、规范统一的管理举措，可以迅速提升区域各学校管理者的管理水平，并拉近学校间教育质量的差距。但随着义务教育均衡发展的进程不断推进，新的问题又不断涌现，模式化教学指导方式和评估手段会影响教师工作的主动性和创造性；标准化的评估制度会抑制学校的特色发展。如何协调和处理好这看似相互矛盾的两方面，西岗区在区域教育管理中以“规范＋特色”的管理要求很好地回答了这一问题。

西岗区认为，要想真正解决教育“均衡化”发展过程中面临的实际问题，必须在认识上有新的突破。第一，规范管理会促进均衡，但均衡发展并不意味着全面抹平差异。第二，必须清楚在哪些方面实现均衡，在哪些方面鼓励差异。第三，必须采取措施激发教师和校长们的创造性，鼓励和支持学校的差异性和特色发展，实现“大家不同，大家都好”。

2. 具体措施

西岗区在推进规范管理中紧紧抓住两个核心要素。

一是选准突破口，规范区域教学管理。从 2008 年开始，西岗区教育

局先后出台20余份教学管理文件，其内容涉及起始、毕业年级管理、高效课堂建设、课程建设和学科教学管理、薄弱学科（教师）建设、区域教学管理成功经验推广等涉及教学管理各个方面、各个环节。这些规范教学管理文件的出台和实施，在短时间内使薄弱学校教学管理水平和教学质量迅速提升，极大地增强了这些学校发展的信心，同时更带动学校各方面管理发生积极的变化。

二是明确管理载体，研发使用新的教学管理标准件。西岗区以前一直沿用大连市统一的教学标准件，但随着区域教学管理的深入，旧的标准件在内容编排和功能上已不能适应教学要求。西岗区果断决定独立研发新的标准件，从形式和内容上对旧的标准件进行大幅改变和增减，并从管理标准件使用功能上提出新的要求：一要引导教师在课堂教学中突出学生的学；二要使标准件成为教师科学开展教学研究和班级管理的“参考书”；三要使标准件成为校长及学校管理者开展各种管理的“工具书”。基于以上要求，西岗区研发了《学习指导案》，取代旧的备课本，研发了《案例分析型教研活动记录》，取代旧的教研活动记录本，研发了《听评课记录》，取代旧的听课本，研发了《班主任工作指导手册》，取代旧的班主任工作记录，新研发了《中小学教师研修手册》，用于指导学校在组织开展各级各类培训学习中提高实效，新研发了《校长工作领导力手册》，用于指导学校管理者有效开展学校各项管理。新的教学管理标准件的研制和使用，从课堂教学、教学研究、教师培训、班级管理和学校管理等诸多影响学校教学质量的关键方面，解决了学校干部教师干什么、怎么干以及达到什么要求的困惑，对促进薄弱学校提升质量、区域教育均衡发展起到极其重要的作用。

西岗区坚持把学校的特色发展以及教学模式、管理模式等的创新作为实现“差异化”发展的主攻方向，使之在达到教师资质、全面发展的教育目标以及教育设备基准的前提条件下，真正实现特色发展。

一是多措并举，实现差异发展。每所学校由于主客观因素的不同，而存在不同问题或薄弱环节。要想改造这些弊端，盲目照搬照抄其他学校的经验肯定不行。只有立足于本校实际情况，挖掘本校的潜在优势或资源，才能形成符合自身条件的特色发展之路。在管理实践中，西岗区通过及时总结提炼学校的管理经验和成果，召开成果发布会，对学校进行有效推介，引导全区学校依据需要借鉴和转化，并将成熟的经验和成果以文件形式固化，从而确立学校品牌项目。2010 年以来，西岗区提炼形成了大量区域教育经验，涉及行政管理、专业引领、信息支撑、教学策略、课堂评价、品牌教师等各方面，全区半数以上的学校管理特色得到充分的肯定和认可。“差异化发展”让西岗区的薄弱学校“燃烧”起来，薄弱学校师生在成功的体验中获得了极大的精神激励，他们以发展策略、特色项目为区域教育发展提供了新的动力；西岗区的传统优质学校再次焕发新的活力，他们以品牌、管理经验和学校文化为区域教育发展继续做着贡献。

二是顶层设计，使学校文化各具特色。西岗区在硬件建设与使用的同时，着力加强学校文化建设，使学校文化在有视觉、文化冲击力的同时，从形式到内容，为学生学业服务，为儿童终身成长服务。2010 年，学校特色文化建设工作全面启动以来，经历探索实践，如今“优势教育”、“励美教育”、“尊重教育”、“责任教育”、“求我教育”、“激励教育”等学校发展内涵逐步彰显，师生共建、个性张扬的班级文化异彩纷呈。着眼“个性、特色”，通过更具影响力的品牌，完善和丰富区域教育的品质内涵，实现了校校有品位、班班有特色、人人有爱好、个个有专长的目标。倡导“认同、理解、尊重、合作”，深化跨文化教育，推进学生数字博览馆建设，培养学生形成广泛的兴趣爱好和高雅的人文素养。提出区域“4 + 2”体育艺术发展策略（“4”包括 2 项全体学生均能掌握的群体体育项目，2 项学生社团类个性化体育项目。“2”包括 1 项全体学生均能掌握的群体艺术项目，1 项学生社团类个性化艺术项目）。“海娃”合唱团、“海浪”交响乐团和“海之星”舞蹈团及 6 中女足、“新学堂歌”、京剧区本教材等成为西岗区的品牌，在省、市甚至全国都有很大的影响。

三是设立教育议事会，增强办学活力。为增强区域学校办学水平和活力，凸显教育的社会价值，充分发挥家长的教育能动作用，2012 年 2 月，西岗区教育局在深入学习、领会《教育规划纲要》的基础上，制定了《关于实行教育议事会制度的指导意见》，在全区中小学中实行教育议事会制度，通过建立科学决策的保障机制和民主监督机制，在以往家长委员会的组织结构之上成立教育议事会，推进民主办学、开放办学，促进学校建立现代学校管理制度，真正实现学校有效管理和可持续发展，同时，提高薄弱学校办学热情，增强学校管理改变的针对性，切实提升办学水平。

西岗区大同小学的"同心"教育议事会以学校为主体，社区提供实践场所，教育专家给予科学引导，学生家长积极参与到教育中来。每周二下午，经过培训的家长代表都来学校的同心工作站解答其他家长的问题，议事会的成立为孩子搭建了一个良好的教育平台。

家长代表孙锋涛说：

> 家长和班主任因为教育理念不合，往往走入双方各执一词的死胡同，经过议事会上家长、老师和专家的共同讨论商量，肯定能找到科学途径……过去自己和好友总是挤时间带着孩子去参观大学、慰问孤老院，参加社会活动，现在学校和社区形成了定期会议又有稳定的活动计划，自己也省事了许多。

在推进义务教育均衡发展的同时，西岗区已经充分认识到简单均衡可能带来的问题，"规范＋特色"从根本上解决了千校一面的问题，使教育更加生动活泼、丰富多彩。

（三）教师交流刚柔并济，破解师资均衡薄弱化

1. 思考

在教育快速发展的同时，教育资源在西岗各校之间呈现严重的失衡状态。而作为最重要教育资源的教师分布也是如此，在不同学校之间的

分配存在巨大差异，呈现结构性失衡的态势，导致了学校之间教育质量的较大差距。真正实现使每一个适龄儿童或少年都能受到平等而有利于其个体发展的教育，除了有标准化的办学物质条件做保障外，校长和教师队伍整体素质的提升和均衡配置则是更重要的条件，教师交流就成为基础教育资源均衡配置和促进教师专业成长的重要措施之一。

2. 具体措施

（1）教师交流因教育均衡而动

建立区域统筹的教师管理和调配机制。为了给教师交流提供良好的环境和条件，西岗区首先着手教师管理的体制建设，变“学校人”为“区域人”，将教师的管理和使用权从学校上移到区教育行政部门，建立了教师由区教育行政部门统一管理和调配的机制。2004 年西岗区教育局出台了《西岗区教育局关于教师交流工作的实施方案》，统筹了本区域内校长、教师的整体资源，在科学调配的交流体系中，实行由校长先行交流带动教师交流，使优质的学校成为优秀校长的培养基地，再使优秀的校长向薄弱学校流动，实现扶持。在教师交流中，采用“圆桌式”交流方式，屏蔽优质学校间的教师交流，由薄弱学校、薄弱学科优先选择优秀师资，实现师资力量的主动均衡。区委、区政府领导带头不递条子，不干涉交流制度。同时认真分析了教师交流的障碍和困难，采取各种方法统筹区域内教师的待遇。

长春路小学宋慧娴校长深有感触地说：

> 作为一所普通小学的校长，我们深知师资的重要性。学校的好坏第一个看师资，第二个看生源，而这些往往是互相作用的。好的生源冲着好教师和好学校而来，最后就形成了名校生源爆满，只能通过选拔来挑学生，而普通学校连学区内的生源都在流失，非常无奈。教师交流是非常必要的，教师交流有力推动了校级间师资力量的均衡，只有这样才能达到教育的均衡发展，也才能从根本上杜绝择校热的出现，中小学家长和学生才能真正地卸下包袱。

（2）教师交流在激励中深入

行政命令之下必须辅以激励机制，只有这样才能实现教师交流的软着陆。为促进干部、教师交流，西岗区教育局规定：自2005年起，评选特级教师以及市级以上模范、优秀校长和教师必须具备在薄弱学校任职和工作一年以上的经历；自2006年起，凡申报中学教师高级职务评审的专任教师以及参评和续评市、区级骨干教师称号的教师，必须有异校交流任教一年以上的经历。鼓励教师向师资相对薄弱的学校流动，对交流到师资薄弱学校的教师在教师教育、评职、评优等方面可采取适当的倾斜政策。其他干部和教师在评职和晋级时，也要把其在薄弱学校的工作经历和业绩作为重要的依据之一，给予重点考虑。

2004年，刚到大连市实验小学上任的孙荣君校长正好赶上了第一批教师大交流，走马上任不久的她很想在这所大连的小学名校中有一番作为，但是还没等放暑假，她就碰上了教师交流。“有好老师才能确保好学苗，这个道理谁都明白。说实话当时对教师交流我是有怨言的。”面对区里要求学校必须交流走8名教师的要求，孙荣君为此找过相关领导，哪怕能缓一年也行。

一下子要让这么多教师“连根拔”，难度可想而知。为促进教师交流，西岗区拿出了相应举措：交流去向尊重教师个人意愿；在教师个人意愿得不到满足的情况下，尽可能保证教师就近上班；依据学科教研组力量强弱排序，由学校进行选择；没被选择的教师返回原学校，不算交流；超员教师集中培训后，以助教的方式到大班额学校辅助教学等。同时，为了防止学校“藏匿”骨干教师、减少暗箱操作，西岗区把每年的交流名单、分派结果要在网上公示，这样做既是为了公开透明，另外很重要的一点就是引导公众，消减家长对学校师资的神秘感和择校意愿，保证教育的公平公正。

（3）教师交流在探索中精细

教师交流政策在调整中逐步细化、逐步完善。针对有些学校借教师交流之机向外推教师的情况，西岗区于2007年进行政策调整，规定学校年度考核排序靠后的教师暂不进行交流。同时，细化政策，在教师交流中充分重视对学校特色的保留，规定凡涉及学校特色维持的核心教师，谨慎交流，如果非要交流，必须等相关教师带出徒弟后才能进行。如今，在西岗，考虑到家长的感受和要求，教师交流尽量不涉及毕业年级的主要教师。

几年摸索下来，教师确实真正动了起来。西岗区很快又将教师交流推向深入，即告别为交流而交流的初级阶段，加强教师交流的指向性，有意识地交流骨干教师，更加关注强弱对接，为薄弱学校的快速提升服务。最近几年，教师交流更加注意学科建设，面向教研组、学校管理团队建设交流教师干部。在这个阶段，促进教育均衡发展，实现强校和弱校的对接被摆到了更加重要的位置，把优秀教师送到薄弱学校，逐步缩小了校际间差距。深入实施5年后的教师交流已经为西岗区教育带来重大转变，学校之间师资贫富差距悬殊的局面已悄然改变。

西岗区正在推动教师交流进入第三个阶段，教师交流不但要为均衡化服务，还要通过交流促进教师的专业化发展。2012年，西岗区将进一步完善教师交流制度，着重提高骨干教师的交流力度，同时继续增加区域内优质师资学校和相对薄弱学校的教师交流数量，让西岗的教育更均衡，更具活力。从2004年以来，西岗区共交流教师928人，占专任教师总数的近60%。

大连第三十四中学的于璐老师交流到六中后，她向学校提出开设“教师讲坛”活动的建议，并主动承担了第一次讲座的任务。她所做的《我做现代教师》的报告，引发了六中的一次大讨论活动。如今，“教师讲坛”已经成为六中的一项品牌活动。她利用班组群进行家校沟通的班级管理方式在六中也被广泛推广。到六中仅一年，她就被学生评为最受喜爱的班主任老师。刚柔并济的教师交流制度，使薄弱学校的教师力量得到加强，校际间师资队伍水平的差距逐步缩小，优化了教师队伍结构，均衡了区域内人力资源，不仅给教师本人带来新的追求和自我发展的新机遇，更为薄弱学校的发展带来了新的生机和活力，对教师队伍整体素质的提高起到了良好的促进作用。

（四）品质科研，破解教育理念薄弱化

1. 思考

教育科研是推动学校发展的重要生产力，是促进教师专业发展的重要途径，是提升办学品质，实现学校办学目标的重要抓手。区域教育的均衡发展取决于学校，学校的可持续发展取决于教师，而整个教师队伍建设在很大程度上取决于名优型骨干教师的支撑与带动。制约薄弱学校发展的根本因素还在于其自身能力建设不足，尤为突出地表现在教师队伍的教育理念和专业水平方面。因此，在加强硬件建设的同时，如何增强学校内在的自主发展能力就成为一个关键的问题。

2. 具体措施

西岗区创造性地实践了“以教育科研为动力、促进学校的改革与发展”的宗旨，始终坚持“课题牵动战略”，通过承担课题，使薄弱学校研究方向更明确，目标更集中，内容更前瞻，成果更丰富，逐步形成自己的办学特色。

（1）课题带动

以国家、省、市、区域重点课题为抓手，推动薄弱学校的教学、科研相结合。如 2009 年承担“中小学小班化高效课堂教学研究”等国家级课题五项，“冷冉教育思想创新研究与应用”等省级课题十项。其中“中小学小班化高效课堂教学研究”课题作为国家、省重点课题，是全国第一个国家级小班化研究课题，实现了大连市区级主持研究国家级课题零的突破。通过该课题的研究，探索出了小班化高效课堂的实施策略，为新的历史条件下薄弱学校课堂教学质量不断提升提供了具有时代特征的研究成果。为了保证有价值课题研究的连续性，西岗区创新管理，组建

了兼具行政和业务功能的小班化教育研究与推进中心、冷冉教育思想创新研究与应用中心等机构，针对“小班化”、“冷冉教育思想”等课题进行长期的专门化、系统化的研究，并出版了《小班化教育》、《冷冉教育思想研究》等内部期刊，为薄弱学校科研课题研究提供了平台。

（2）统筹指导

教师进修学校担负着指导教学、培训教师、指导科研的重要作用，将教学指导和教育研究工作有机结合起来，确定其统筹指导相关课题和项目研究的计划，深入学校特别是薄弱学校进行教学和科研指导，不断进行指导模式创新，“个性打造”、“三层调研”、“行为跟进”、“联合教研”、“按需服务”、“教科研联合调研”等指导模式均取得了良好的效果，同时建立科学有效的评价机制，激发薄弱学校的科研热情，明确研究方向。

二十六中校长史美丽说：

> 进修学校的专业引领使我们的教师找到了研究的方向，有计划和有针对性的指导使教师的研究能力不断得到了提升。

（3）加强合作

邀请知名教育专家进行针对性的科研指导，安排校长和教师参加北京师范大学和华东师范大学等培训基地的定期培训；与东北师范大学、辽宁师范大学等就本区域的教育、教学实际问题广泛开展课题合作研究；积极采纳研究机构的最新科研成果并应用到教育教学实践中去；邀请知名专家学者定期为全区教师、干部进行培训，提高教学、管理、科研的理论水平。

五中教师鄢东石说：

> 以前我从未近距离接触过这样多的国内知名的专家、学者，更不用说能和他们面对面地交流，这样的机会对我来说太宝贵了。

“十一五”以来，西岗区各级各类教育、教师进修学校、教辅机构共承担国家级课题 7 个（结题 2 个），省级重点课题 1 个（已结题），省级规划课题 48 个（结题 27 个）。在 2011 年 6 月 16 日召开的辽宁省全省教育科研工作会议上，西岗区荣获“辽宁省首届科研兴教十强县（区）”称号，区内大连第三十四中学、大连市实验小学、五四路小学被评为“辽宁省首届科研兴校百强学校”，在基础教育课程改革教学研究成果奖评比中，辽宁省共获国家级二等奖四项，其中西岗区获两项。

随着教育改革的不断深入，教育科研的地位和作用越来越被人们所认识和重视，“科研兴区”、“科研兴校”已成为西岗区的强烈共识和极为重要的发展战略。为了更好地利用学校优质教育资源，使“科研名校带动”战略常态化，西岗区实施了“区域—片区—学校”三级教育科研管理模式，促进了区域教育的优质均衡发展，使不同层次的教师得到同样高端的专业培养，使不同层次的学生享有同样优质的教育资源，使不同特色的课堂都得到了科学高效的发展。

（五）创新培养模式，破解教师队伍薄弱化

1. 思考

学校均衡的关键是教师的均衡，教师资源的均衡配置是区域教育质量均衡的核心要素，是推进区域教育均衡发展的突破口。在长期管理择校问题的实践中，西岗区注意到，尽管有的学校在校舍、教育场地、教学仪器设备等办学条件方面已经相当不错，但还是有许多家长想尽办法舍近求远，选择师资力量更好的学校。毋庸置疑，“教师是教育事业的第一资源”，教育质量的根本在教师。

2. 具体措施

要实现义务教育的均衡发展，当务之急是培养一支高水平的师资队伍，西岗区从“名优教师、班主任教师、特色教师”三支教师队伍入手，带动师资队伍整体水平的提高。

（1）让名优教师领衔发展

制定了《西岗区“十二五”期间中小学教师教育规划》、《西岗区中小学教师学历再教育学习有关规定》等规章制度，精心设计了教师培训

课程体系，教师年培训专项经费增至1 000万元，教师人均达到5 500元以上，逐步形成了西岗教师“嵌入式系统型”培训模式，实现教师激情与活力的再焕发，并着力在教师培训模式上进行探索。比如：开展教师全员培训，提升队伍整体水平；开展学科专项培训，提升教师专业素养；采用集中培训与分散培训相结合、假期培训和平时培训相结合等信息化教育培训方式，提高教师信息化教育水平。依托“三名工作站”（即名校长工作站、名师工作站、名校工作站）、“书记工作室”等开展专题研究，充分发挥“名师”、“名校长”、“百名学科带头人”的引领和辐射作用，使工作室成为优秀教育管理人才成长的摇篮和薄弱学校改进与发展的研究和示范的平台。开展了案例分析型教学研究活动，实施“过三关”计划，开展名师开放课，严格校长听评课制度，实行“3 + 1”评课方式，创建研究型教师进修学校，提升了队伍专业化素养。

邀请全国著名教育教学专家、特级教师进行讲座及现场指导，于永正、王崧舟、刘德武、吴正宪、李烈等先后来到西岗区，他们精彩的课堂教学，强大的气场和人格魅力，对教育事业孜孜追求的热忱，给予教师心灵上极大的震撼。尤其是全国著名特级教师刘德武先后在西岗区带了三批徒弟，为教师的快速成长提供了平台。紧紧抓住课堂教学这块主阵地，通过不同层面的课堂教学活动——研训教师示范课活动、骨干教师小班化赛课活动、校长指导下的小班化研讨课活动、副校长践行《小班教学常规》研讨课活动等一系列的课堂教学展示活动，带动全体教师研课、磨课，提高教师的课堂教学能力。

同时，选派部分研训教师、基层学校校长、一线教师去日本、美国、新加坡参训，带回迁移项目，制定项目计划书，引领学科教师提高教育教学能力；与我国香港合作，建立“香港小班化教育促进中心大连西岗培训基地”，采用工作坊培训形式，提高培训实效，同时，扩大西岗区小班化教育在东南亚地区的影响力；赴上海、北京、南京等教育发达地区或培训基地挂职，定期到北京师范大学、华东师范大学等培训基地参加培训，最终形成了“社会各界知名专家学者和全国知名特级教师参与培训，北京师大、华东师大培训基地定期培训，国外参训，区域量身打造专项培训”的良好局面。

（2）让班主任从技巧走向技术

之所以提出这一点，是因为西岗区认为班主任要实现专业化，特别是现代社会科学技术对教育发展的促进作用已初步显现的今天，班主任一定要掌握一些脑科学理论研究成果等相关的学习科学知识，不仅要有普通教育学和普通心理学的功底，更要站在班级即社会的高度，从教育社会学的视角分析班级组织结构和学生成长特点，以及从关注学生情绪和动机的角度，应用脑科学知识，全面把握学生的生理、心理因素，促进学生健康成长。为此，西岗区将打造专业化教师队伍作为提升教育发展内涵的主渠道，并率先将班主任专业化与学科教师专业化列为共同发展项目，从班主任专业化素养结构体系出发，将班主任的专业道德、专业职责和专业能力有机地结合在一起，构建了西岗区培养班主任幸福感的实施策略。设立“关怀机制”——激发班主任的专业情意；设立学习机制——提升班主任的专业素养；设立“微笑工程”——提高班主任的师德修养；设立专业化框架——助推班主任的专业化成长。值得一提的是，西岗区还提出班主任工作的“新三基”，即基于脑科学、基于信息科学、基于小班化的教育。要求班主任持心理咨询师证上岗，学会利用“数字故事”等信息化手段达到育人目标。

（3）让特色教师更具活力

为促进教师的专业成长，进一步激发教师的职业活力与创造热情，形成个人特有的教育教学风格，更好地服务于学生的健康快乐成长、服务于教育的内涵发展，西岗区制定了《西岗区推进特色教师队伍建设的意见》，出台了“三类三级三联动”机制。西岗区特色教师特指区内经过长期教育教学实践与探索，逐步创立了一套独特有效的教育教学方法与技能的教师。分为特色班主任、学科教学法特色教师、个人专长特色教师三大类，建立学校、片区、区域三级特色教师队伍，形成“培养与选拔、培训与使用、提升个人与辐射他人三联动”机制，以特色促发展，推动教师队伍建设和各学科发展。

通过特色教师的队伍建设，以促使人的转型推动“课堂转型”，深化素质教育内涵发展，营造人人都可以成为特色教师的氛围，从而带动薄弱教师快速成长起来。

目前，西岗区把“名优领军，专家引领，全面优化，科学调配”作为提升薄弱学校师资水平的策略，把工作重点放在教师，特别是薄弱教师的培训提高上，全面“提升优质师资总量”，在强化师资队伍建设的过程中，新入职教师的门槛更高，已入职教师的后续培训力度更大，教师队伍的能力素养和特色教师队伍建设不断提升。西岗区中小学教师学历达标率均为100%，拥有硕士学历的教师占专任教师的8%，教师在岗培训率100%。着力打造了一支站在学术前沿和道德高地上、充满激情的教育工作者队伍。2010年初，《人民教育》以《西岗，激情与活力的热土——辽宁省大连市西岗区教师专业成长纪实》大篇幅报道了西岗区教师队伍建设的智慧之举。

（六）优先投入，破解发展硬件薄弱化

1. 思考

所谓薄弱学校就是在同一时期，同一区域内的同一类型的学校中，存在的办学条件较差，师生素质相对较低，教学管理不完善，教学质量不高，办学效益和社会声望相对低下的学校。薄弱学校的形成有多方面原因，如建校历史、地理环境、社区环境、生源差异、教师素质、管理体制，等等。但是，对薄弱学校的改造如果仅仅依靠薄弱学校自身的努力，则会出现启动慢、时间长、花费大、效果差的问题。

2. 具体措施

西岗区坚持全面优质的发展理念不动摇，科学调配各种资源，以优

先投入薄弱学校改造资金和优先保证薄弱学校改善条件确保薄弱学校超前发展、优先发展，实现薄弱扶强。

（1）优先投入薄弱学校改造资金

西岗区每年的教育投入都以超过区级财政支出 20% 的力度设计，教育投入年增长大幅超过经济增速。以 2011 年为例，全区财政经常性收入 18 亿元，增长 36.52%，教育支出为 4.2 亿元，增长 39.35%，；设立改造薄弱学校办学设施、校舍维修和小班化教育等专项经费 2.3 亿元。在实施过程中，坚持“直接提升薄弱校办学条件，直接改造薄弱校办学理念，直接促进薄弱校激情升华”的原则，确保资金使用效益和薄弱学校一次性改造的超前性和先进性。

（2）优先保证薄弱学校改善条件

西岗区坚持以薄弱学校为重点，加快推进校舍改造维修和环境美化绿化工程，100% 高质量铺设了学校塑胶操场，100% 按照国家 I 类标准配备了理、化、生等教学仪器设备，100% 高标准建设和更新学校专用教室，100% 配齐配足信息化设施和现代化设备。同时，大力强化设备的使用，建立了设备使用登记制度，将专用教室的使用排进课表，保证设备有人用、不闲置；加强设备使用的培训工作，保证设备用得好、有实效；建立了教育技术装备专业队伍，保证使用有指导、能维护；搭建教育装备网络管理平台及教研平台，保证教师有处学、能交流。通过这些手段，使西岗区配备的现代化设备充分发挥作用。加大对差异性项目的扶持力度，把全区的教育现场会、活动展示会等全部放在薄弱学校，让薄弱学校的校长走上讲坛，举办薄弱学校的教师成功经验展示等，快速提升干部教师素质；重点扶持薄弱学校的男子鼓队、合唱队、花样跳绳等项目，提升办学特色；实行教师、学生免费制服工程、微笑校园工程，加速改变薄弱学校师生的精神面貌，让教师、学生由外而内提升形象，以崭新面貌面对社会和公众。

（七）回归原点，破解课堂质量薄弱化

1. 思考

众所周知，学生每天在校的大多数时间都是在课堂里度过，课堂教学是学校教育活动的主要形式，可以说，课堂是师生生命对话的重要场所，是影响学生成长的核心教育活动，是教育的主阵地，课好了质量自然就好了。作为一个有责任感的教育者，我们要为之探索和奋斗的恐怕不应是更多的所谓的教育“创新”，而应是让教育回归“教书、育人”的原点，这才是当前教育要亟待解决的问题。那么，如何让教育回归原点？西岗区认为践行和推广高效课堂是其中不可或缺的一条，因为打造高效课堂就是在做回归原点的教育，就是通过构建适应新课程要求的，更有利于学生发展的高效课堂教学方式，让每一个学生都高效学习，快乐学习，持久保持学习动力，通过关注细节、强化过程管理，缩小校际间学业质量差距，根本上消除薄弱学校，全面提高教育的质量。

2. 具体措施

在这一思想的指导下，西岗区积极探寻高效课堂教学模式，既有教育家冷冉先生的情知教学模式推广，通过情境创设，情感投入，情绪调控的作用，增强学习动机，提升课堂活力；又有合作学习的推广，通过强调知识的深层次协商和构建，强化学习共同体的创建和人的社会化，关注最近发展区，激发学习动机，引导学生关注个体和共同的学习目标，积极参与学习。

（1）坚持行政引领不动摇

先后出台《西岗区关于推进“高效课堂教学”的指导意见》、《西岗区关于加强教学反馈的指导意见》、《西岗区关于推进区域成功经验的指导意见》、《西岗区关于加强薄弱学科（教师）建设的指导意见》等十几项教学管理文件，对高效课堂教学中各环节的安排和师生的行为方式提出明确要求，规范全区教师的教学行为。同时，利用每月校长月例会总结《指导意见》落实情况并交流高效课堂建设工作。以区域国家级科研

课题“中小学小班化高效课堂教学研究”为牵动，着力确定“高效课堂教学”范畴中的评价着眼点、评价标准、教师教学行为的规范等高效课堂建设体系。成立西岗区“高效课堂教学研究”专家小组，实施行政领导包校制度。定期开展“教学质量月”活动，坚持学校领导上课、听评课、参与教学活动，坚持不进课堂就没有发言权，校长听课量从每学期60节提高到120节，全年240节。确定了多项教学管理常规，积极开展案例分析型教研活动、“3 + 1”评课活动、课堂观察、自主录课、视频反思等常规管理，切实提升课堂质量。

（2）坚持带动辐射不动摇

组建了首批以名校长、名师名字命名的教育教学研究工作站。名校长工作室实行领衔人负责制，采用讲课、组织研讨、现场指导、读书沙龙、专题研究、课题研究、公开课讲评、观摩考察等形式对学员进行培养。名师培养工作站包括特级教师培养室、学科名师培养室、名师班主任培养室。分别开展教研员和校长指导下的高效课堂赛课活动，安排副校长、学科带头人面向全区上视频展示课。建设研究型教师进修学校，发挥研训教师的专业指导作用，成立了以“高效课堂教学”为研究重点的“学科研修工作室”，在西岗教育网上为每一位研训教师设置资源库，真正使“高效课堂教学”的研究成为一项系统工程，促进薄弱学校教师及全区教师素质的不断提高。

（3）坚持策略探索不动摇

依据布鲁纳的“发现学习”理论、主体教育理论和建构主义学习理论进行学习指导案例策略研究，研究制定师生共同的探究活动，指导学生自学、探究，通过教案学案的有机统一，完成共同目标和个性目标的一种师生共用的个性化学习方案。同时，进行师生互动、小组合作教学策略和个性化学习指导策略的探索研究。以小组合作学习为基本形式，系统利用教学中的动态因素，如生与生、组与组、生与师之间的互动，促进学生的学习，达成教学的目标，关注学生的学习过程以及学习过程中的体验与感受，关注学生的创造性与主动性人格的培养。还根据每个孩子不同的学习需要、个性特征等，为其制定适合其特点的辅导策略。

伴随区域课堂教学改革的推进，各校的探索更加深入，并逐渐构建了一些新型课堂教学模式，例如，体现师生平等的“两只红笔”矫正式评价方式，引导学生自主学习的“个性化学案”、“双学案”导学模式，保证学生充分体验、参与实践的“三五法”、“20＋20”、“定时限讲、师生互动”教学模式，以及“目标驱动式”教学模式、“问题牵动式”的课堂教学模式，等等。一些学校还为提高课堂教学质量开办了各类“教学节”，并创建了许多新的备课模式，例如，“十二字备课方针”、“三二三式”反思型备课模式。教师在课堂练习方面也颇多探索和创新，例如，提出“多元化习题组”、“校本习题库”等练习题形式，推出“作业超市”等新的选择性很强的作业方式。

经过多年的课堂教学改革实践，西岗区的高效课堂教学模式正经历着由“入模”到“脱模”的变化，一些教师尤其是薄弱学校的教师已逐渐成熟，可以不再机械套用模式，而是根据模式中蕴含的理念精髓，形成自己的教学特色，这种变化实现了师生潜能与价值的再次释放，连续三年，区域教育质量校际间成绩差异系数全市最低，薄弱学校彻底摘掉了质量薄弱的帽子。

（八）构建信息生态环境，破解教育手段薄弱化

1. 思考

教育信息化是教育新的跨越式发展的最佳选择，也是推进薄弱学校跨越式发展的最佳选择。随着互联网创造的新时空迅速拓展，教育信息化打破了各种边界和壁垒，为我们提供了一个完全开放的教育，一个完全交互的教育，一个完全共享的教育，一个真正注重信息能力和创新能力培养的教育。教育信息化关注的中心是“人”（学生和教师）的生命存在，对学生和教师的生命的热爱，并促使个体的全面发展。为了让学生

和教师在信息化环境中得到不断的、全面的发展，西岗区始终坚持把为学生和教师创造一个信息化的生命环境，让每一所学校都焕发出生命活力，把提高师生的精神生命质量，提高整个民族的素质作为教育信息化的根本出发点。

2. 具体措施

多年来，西岗区把教育信息化建设作为教育工作的重要组成部分，坚持以“信息化带动教育现代化，实现区域教育跨越式发展”为指导思想，将管理、培训、课改和信息环境建设放在同等重要的位置全面推进区域教育信息化工作。为每所学校每个普通教室配备了基于电子白板或触屏电视的显示设备、实物投影机和中控设备，实现了高标准班班通。数字化专用学科教室齐备，每所学校都建设了电脑教室、多媒体教室、自动录播教室、数字地理教室、动漫、探究实验室、远程教室和校园电视台，构建了均衡优良的教育信息生态环境。

（1）以应用推动建设

几年来，西岗区相继出台了一系列管理文件，如《基础教育信息化建设与应用管理办法》、《学校校园网网管员基本技能要求》、《教育系统信息安全管理制度》等十几个管理办法和制度，以规范教育信息化建设与应用行为。同时，在开展信息技术基础建设、应用普及、推进教育改革三个层次上，对行政管理人员、校园网管理员、学科教师及精英团队四支队伍开展培训。建设高标准的“班班通”工程、安全与病毒防护系统、教育管理基础数据库、教育教学基础数据库、信息化工程技术支持服务体系；在教育部教育管理信息中心的指导下建立了视频互动教学及网络研修系统、网络教育电视台系统等一系列标志性工程。

（2）以技术促进应用

成立精英团队，团队以服务、分享、开拓为宗旨，成员由各中小学不同专长的信息化应用精英组成，除了要发挥引领作用之外，还担负着全区教师信息化应用的指导、教师优秀思路的开发实现、新资源设计以及培训任务。设立维护体系，建立中小学信息化工程技术支持服务体系。建构四大平台，包括教师学生数据与分析评价系统，全区域学校基础数据资源平台与管理分析系统，全区域视频互动教学及网络研修系统和学科教学综合应用系统等四大平台。树立应用典型，利用视频互动教学及网络研修系统，开设了校长论坛、班主任论坛、特级教师工作室、远程视频公开课、小班化教学研究面对面、视频手把手等专题栏目；利用网络教育电视台系统，各学校开设了具有各校特色的电视栏目。尤其是交互式电子白板的应用，更是关注到了学生在教学活动中的主动参与，提高了教学效益。逐步完善远程视频教学系统、学科特色资源等教学资源数据系统，学校和教育局可利用其评价教师的教学工作，平台还同时为薄弱学校和其他学校的教师之间、学校之间资源交流与共享提供完备的服务。

（3）以成果启迪提高

西岗区教育信息化四大平台的设置都有助于对数据进行回归分析、分布分析、综合统计以及横向与纵向的对比分析，为教育决策提供宏观和微观两个层面上的基础数据依据和理论模型。如学校工作评价分析系统是将教育局对各学校和科室的评价由定性转为相对定量的分析。学校都可利用该系统对学校的自评与教育局评价数据进行耦合分析，通过两个评价耦合度数据的线性回归，学校知道自己的问题，教育局可在全区域层面上了解各学校的状况。学校评价数据的正态分布分析，对教育局在管理方向的宏观决策上给予定量的数据支持，教育局按照实际数据和理论成果及时、准确地调整管理方向，拿出管理办法，找准工作重点。教师信息数据库是对全区教师以及学生的成长状况的综合数据挖掘，可使教育局、学校、教师本人对自己有非常直观的认识。同时教育局可以全面掌握教师的能力分布状况，通过能力分布数据表调整全区教师布局，做到教师交流有充分、真实、可靠的数据依据。

如今，在西岗区，通过区域的网络教育电视台，师生们随时随地能和全国教育名家、大师面对面，打开视频资源就能学到国内外最先进的教育理念与教学经验……为优质教育资源的区域共享提供了技术上的可能性。“数字化校园环境下的校园文化建设与应用研究”和“小班全景式教育信息化环境的建设与应用研究”两个课题成果，更为学生的个性化发展创设了良好的氛围。全区域教育信息化环境建设、软件与资源建设、人员素质、教学应用、师生信息素养和科研成果大幅提高，基本上构建了一个良好的、可持续发展的信息生态环境，尤其是推动了薄弱学校的教师和管理人员将信息技术运用到教学实践和管理实践中去，改革教学方式和管理方式，推动了学生学习方式的变革，学校管理水平的提高。

（九）堵疏结合，破解政策引导薄弱化

1. 思考

生源质量的均衡对区域教育均衡发展有着重要的影响，但义务教育择校热已成为现今教育的最大问题，控制择校无疑是解决问题的关键。作为一项系统工程，控制择校必须堵疏结合，政策引导在其中起着尤为关键的作用。

2. 具体措施

为切实破解择校热这一教育难题，西岗区通过制定相关政策、强化政策落实力度，取得明显效果，有效促进了区域教育均衡发展。

（1）科学制定区域入学政策

西岗区中小学学区划分要求：学校位于中心位置，小学学生就学半径一般不超过 500 米，初中学生就学半径一般不超过 1 000 米。适龄儿童根据户口和房证所在地划分学区就近免试入学，凡持有户籍证明、在连务工证明和暂住证的外来务工人员子女均可免试就近入学，入学率必须达到 100%；区特殊教育学校就读的残疾儿童及在区普通中小学随班就读的残疾儿童入学率 100%。为认真贯彻执行外来务工子女入学的相关政策，西岗区加强与社区联系，面向社会，通过多角度宣传区域中小学招

生政策并向社会公示学区规划，同时公布投诉举报电话，努力让所有家长了解招生政策、维权渠道，确保了小学毕业生就近升入对口初中；确保了符合借读条件的农民工子女免借读费就近入学；确保了中学不举行任何选拔性招生考试，所有学生免试入学。

（2）着力落实重点高中招生指标分配政策

按照大连市教育局要求，公费生指标75%到校，即每年重点高中计划招生数的63%被派发到学校，而且这一比例将逐年递增，学校中只有学区学生享有这一政策，无论优质学校、薄弱学校，如果学生选择择校即丧失此项权利。区教育局每年6月份，在市教育局、纪检监察部门、教师家长代表、学生代表等相关人员的监督下，现场进行电脑派位，学校根据应届毕业生中学区学生数占市应届毕业生中学区学生总数的百分比，客观生成各校所得重点高中招生指标生数。中招录取时，依据各校志愿填报情况，享有指标生政策的学生按中考成绩，在本校所报考学校的指标生中排序，如果报考该重点高中的初中学校指标生排序录取成绩与最高的学校差值超过35分，则成绩低的学校的名额将被收回，进行全市范围的统一录取。比如，一名学生如果在相对薄弱学校，可能会以指标生身份进入理想高中，而在热点校可能会因学校高分较多，只能择校进高中或无缘以指标生身份进入理想学校。为了让更多家长能很好地了解指标生分配政策，区教育局要求辖区小学从低年级开始就对家长就这一政策进行解读，同时，面向社会加大解读力度。家长对政策的熟悉了解，促使绝大部分家长选择让孩子回本学区初中就读，一定意义上有效遏制了择校热。

（3）全面实施阳光分班

为解决当前社会较普遍存在的择班热问题，近年来，西岗区实行阳光分班，要求中小学全部实行电脑派位分班，任何学校不设重点班，从根本上遏制了择班现象，进一步促进生源配置的基本均衡。同时，西岗区要求初中新生分班必须严格落实三个“均衡”一个“不”，即：各班级任课教师配备均衡，学生班干部分配均衡，各班级学生小学毕业成绩均衡，不举行任何选拔性招生考试。阳光分班政策彻底打消了部分家长的择校择班念头，在这一政策的促使下选择让孩子回本学区就读的家长明显增多，教育公平得到了进一步体现。

同时，为保障政策得到严格执行，西岗区定期组织相关部门就各项政策执行情况进行检查，并在区域管理例会上总结检查情况，对存在问题的学校限时整改，并依据区域管理责任追究制度，对相关责任人进行处理，切实保障区域各项遏制择校的政策得到全面执行。

（十）活力小班，破解发展载体薄弱化

1. 思考

“教育要面向现代化，面向世界，面向未来”是邓小平同志为当代中国教育指明的方向。放眼全球舞台，从《联合国儿童权利公约》到“教育公报”，都在释放着一个强烈的信号：教育过程中，个性化的学习权力，学生的幸福感和师生真正意义上的互动已成为首要内容，教育已经进入个性化时代。基于国际潮流和时代发展的需要，西岗区确定了小班化教育——这种激发个体活力、因材施教、有效促进教育公平、提高质量从而改造薄弱学校、提升教育内涵的发展思路。高分通过省“双高普九”验收和随着旧城区改造及人口出生率的逐年降低，西岗 75% 的学校进入了自然小班的状态，为西岗区实施小班化教育提供了有力的发展基础和便利的客观条件。2008 年，西岗区委、区政府将“实施‘小班化’教学，减轻中小学生课业负担，全面提高教育质量，办好人民满意的教育”写入年度的区委全会报告和政府工作报告，标志着行政推进的西岗区小班化教育正式进入行动阶段。

2. 具体措施

近年来，西岗区把小班化教育作为薄弱学校快速发展的内在动力和实现区域间教育均衡的重要抓手，按照“两步走”、“一过渡”、“五个一”

的推进轨迹，在小班化教育研究与推进的道路上留下了一串坚实的足迹。

（1）“两步走”，明确理念与策略

在小班化教育实施初期，西岗区采取“两步走”策略。第一步是汲取我国南京、上海、香港、台湾以及新加坡、瑞士、芬兰等地的教育经验。第二步是对各地的做法进行比较，将西岗与各地进行比较。在汲取和比较中，西岗得到了一条重要启示，这个启示就是西岗区小班化教育的最本质特征，也是西岗区教育发展的核心理念与行动策略：关注每一个。

（2）“一过渡”，强调科学与规划

相继出台了《大连市西岗区中小学小班化教育战略发展三年规划》、《西岗区中小学小班化教育研究指导意见（试用稿）》、《大连市西岗区小班化教学工作实施方案》、《西岗区教育局关于“十一五”课题〈中小学小班化教育研究〉实施方案》、《西岗区教育局关于全区教师开展“小班化教育”相关知识学习的要求》、《关于“中小学小班化高效课堂教学研究”推进工作要点》、《大连市西岗区小班化教育研究过程管理规范》、《西岗区教育局关于全面推进小班化教育的意见》等规章制度。在建立规范的基础上，采取国家级课题牵动的方式深化研究实践，加入长三角小班化教育联盟，组建了环渤海小班化教育联盟，夯实了辽宁省小班化教育研究基地的作用，建立全样本小班化数据库，使小班化教育发展更具科学性，顺利实现了从“自然小班”到“规划小班”的过渡。

（3）“五个一”，让孩子生活更美好

在“关注每一个”的策略下，西岗区以“微笑每一个、健康每一个、智慧每一个、创新每一个、高尚每一个”为教育愿景，实施课堂发言100%、作业批改100%等策略，关注每一位学生的生命质量，关注每一位学生的个性差异，关注每一层面的教育过程细节，通过小班实现了校际间、班际间和人际间的均衡，实现了小班化教育尊重每一个学生的个性，让每个学生都健康成长的目标。

同时，西岗区在研究中不断总结，在总结中反复实践，用行动不断求证研究的科学性。2010 年，提炼形成了区域小班化教育经验 20 条，涉及行政管理、专业引领、信息支撑、教学策略、课堂评价、品牌教师等方面。如七十一中的“两只红笔进课堂”、八一小学的“激活课堂的小白板”、红岩小学的“课前调查”、长春路小学的“小组合作学习”、二十六中的“个性化辅导”、七中的“双学案”、实验小学的“校本习题库”和“数字博物馆”、景润小学的“多元化练习题组”、进修附校的“个性化学案”、六中的“自主设计、自主学习”策略等。同时，采取分阶段推广点校经验，循序渐进地巩固经验，重构和提升经验内涵。事实证明，经过三年多的实验和推广，“小班化教育”的优势已经越来越为广大教育工作者和家长们的认可，区域推进“小班化教育”已呈现良好的发展势头，曾经的薄弱学校迎来了学生回流的热潮。小班化教育已经成为西岗区乃至大连市的教育品牌，成为在全国都有一定影响的教育特色项目。

西岗区 71 中学毗邻市内最大的小商品和水产批发市场，学生中外来务工人员子女占 80% 多，如何让不同身世背景的学生尽快融入班级，跟上学习进程，是许多年轻教师面临的课题。

作为班主任的青年教师艾茹说：

> 小班化教育使我们更有可能关注每个孩子的变化与需求，同时使每个孩子都可以最大限度地参与班级教学和管理。在我所带的班上，有个孩子性格内向，喜欢电脑，老师就鼓励他作班级的电脑管理员，使他有了和同学们交流的共同话题；有个孩子个性鲜明，擅长摄影，老师就鼓励她组织班级培训，抓拍全班同学的快乐瞬间，最终她的作品形成一面“笑脸墙”，吸引广大师生来参观……

71 中学学生家长应志芳说：

> 过去，孩子不管作业多么少，都不愿写，现在，学校针对学生学习掌握情况分层次布置作业，一下刺激了孩子的竞争意识，他天天预习，每周还制订计划，从不爱学习的人变成会学习。孩子的作

品在班级随处可见，她能够面对几十名参观者从容自如地介绍班级文化，我时常感觉自己也在和孩子一同幸福成长……有太多的不可能，在孩子的身上都变成了可能；让每个孩子都收获成功，让每个孩子都博学自信，学校说到了，更做到了。

2012年，西岗教育经过5年的变革，以破解发展规模薄弱化、破解教育管理薄弱化、破解师资均衡薄弱化、破解教育理念薄弱化、破解教师队伍薄弱化、破解发展硬件薄弱化、破解课堂质量薄弱化、破解教育手段薄弱化、破解政策引导薄弱化、破解发展载体薄弱化为破题口，已经走完了从差距到差异之路，踏上从差异到优质的道路。“西岗现象”给人留下深刻的印象，“西岗模式”也受到广泛关注。《人民教育》杂志先后以《教育是社会发展的基础性软环境——辽宁省大连市西岗区区委、区政府教育一席谈》、《以管理激活教育发展的“内驱力”——辽宁省大连市西岗区教育管理创新纪实》、《高尚道德：孩子们成长的精神力量》等为题，《中小学管理》杂志先后以《激情打造小班化教育高地　推进区域教育优质发展》、《缩小差距　力戒趋同　走向优质：大连西岗区义务教育均衡发展的“三步走”》等为题，从不同侧面深入报道了西岗区在推进义务教育均衡发展中的亮点举措和行动智慧。近年来，来自全国各地的赴西岗区的教育访问团络绎不绝，在谈到对西岗教育去薄弱化、推进均衡发展理念的思考性评价时，有以下几点认识。

第一，西岗教育的均衡化牢牢把握了“人民满意”这一根本标准，时刻把群众的受教育需求作为工作的原动力，并具体转化为对教育事业、对每一个学生的爱，形成“关注每一个”思想观念，使之成为教育发展的不竭源泉。

第二，西岗教育能够主动适应社会结构的新变化，遵循教育的发展规律，积极主动地研究、寻求和破解薄弱学校发展、教育均衡发展、优质发展的难题，开创适合本地区的义务教育新局面。

第三，西岗教育始终把学生全面发展作为目标，高度关注课堂、高度关注教师的具体言行、高度关注师生关系、高度关注学生的具体学习行为，促进了师生的身心和谐发展。

第四，西岗教育把充分调动街道社区、社会组织、家庭等各方作为发展义务教育的有效力量，充分整合资源，打开学校思想、视野和服务的围墙，办好了全社会大教育。

第五，西岗教育在区域层面和学校层面的管理体制等方面进行了新的思考和探索，逐步适应信息化、现代化对教育的新要求，形成更加科学有效的管理格局。

第六，西岗教育能够准确把握教育局部适度超前与局部后来跟进之间的关系，控制“反择校”等新一轮不平衡现象发生，使义务教育始终保持总体动态均衡，同时又充满了活力。

第七，西岗教育在整体构建流动人口的教育管理方式之前，主动承担教育责任，不退不让，创造公民公平的受教育平台，为今后的机制完善奠定了基础。

当然，在率先成为全省第一个教育强区，成为教育部第六次推进义务教育均衡发展典型案例系列新闻通气会的发言城区之一以后，西岗区委、区政府更清醒地认识到，今后的西岗教育必须坚持以《教育规划纲要》为指导，以更宽广的视野、更先进的理念、更强烈的紧迫感和使命感，遵循教育规律，开拓具有时代特征、西岗特色的教育改革发展新路。和前一阶段的短平快、重点鼓励薄弱学校跨越式快速发展不同，后一阶段更注重的应是教育的长期性、慢功夫，重在通过新老优质学校的竞争式发展，达到义务教育深层次优质均衡，在更高的起点上巩固、扩大义务教育均衡发展成果。西岗区将一直坚持基于对均衡发展的教育责任之哲学思考，坚持行走在为每个学生提供适合的教育之路上。

四、发展改革点评：改造薄弱学校还需追求一个“巧”字

推进教育改革发展，必须找准着力点、选好突破口，抓住牵一发而动全身的关键环节。近年来，随着适龄就读人口高峰的逐步过去，在不少城市的中心城区和部分农村地区，中小学校的生源都出现了下降趋势，薄弱学校生源的萎缩更加明显。大连市西岗区也面临着这样的办学困难，甚至出现了个别薄弱学校在几年的时间里由每年能招两个班变成只能招一个班，个别学校每年招生在10人左右徘徊，就是敞开招外来务工子女学校也只能勉强凑够一个小班。面对急需破解的新命题，大连市西岗区在一个“巧”字上做文章，通过发展“小班化”教学，提升薄弱学校的质量，化挑战为机遇，走出了一条特色推进义务教育均衡发展的道路，受到了全社会的普遍好评。

（一）巧在化不利为有利

小班化有利于实施先进的教学管理模式，紧紧围绕重在课堂、难在课程、关键在教师、途径靠科研这一主线，建立起全覆盖逐点透析式管理模式。有利于实施目标跟踪，根据不同学生的基础，制定阶段目标，进行达标实践，并通过分层递进、分层评价、全程跟踪，让每位学生的进步达到预期目标。小班化在重视人际间的交往过程中，产生推动教学转型的“促进性条件”。小班化更加重视班教学理念的培训、教师教学方法的转变、学校管理的支持、教育评价的功效等，在全面有力的保障条件下取得远远优于传统班、班级的教育成果。

（二）巧在注重细节安排

不少人认为小班肯定比大班容易办得好，但实际上，没有小班教育理念的自然小班很难有起色。为了彻底改变有了小班班型，但仍沿袭大

班教育模式运作的惯性，西岗区教育局从课题研究入手，从推进校长、教师的改变入手，先后出台了《关于全区教师开展“小班化教育”相关知识学习的要求》、《关于“中小学小班化高效课堂教学研究”推进工作要点》等系列文件，通过专业引领促进小班化教育理念在基层学校的落实。

西岗区全面推进小班化教育，主要是通过建立高效课堂来全面提高教育教学质量，从而促进学校教育实现内涵式发展。经过一番努力，如今，在实施小班化教育试点的学校里，课堂已经变了大样。学生和教师互动起来，教师采用启发式教学，用游戏闯关、学生当小先生等形式，让学生成为课堂上的主人。在西岗，依托小班化教育的探索，让每位学生都进步，每位教师都成长、每所学校都发展的理念正在逐步得到落实。

第七章　河北省邯郸市率先解决择校难题

一、域情教情

邯郸市位于河北省南端，西依太行山脉，东接华北平原，与晋、鲁、豫三省接壤，辖 19 个县（市、区），总面积 1.2 万平方公里，总人口 980 万。邯郸市是国家历史文化名城、中国优秀旅游城市、国家园林城市、全国双拥模范城和中国成语典故之都，国务院批准具有地方立法权的“较大的市”和市区人口超百万的特大城市。

邯郸历史悠久，文化灿烂，是中华文明的重要发祥地之一。早在 8 000 多年前，这里就有人类繁衍生息，孕育了新石器早期的磁山文化；战国时期，邯郸作为赵国都城达 158 年之久，是我国北方的政治、经济、文化中心之一；秦统一中国后，为天下三十六郡郡治之一；汉代与长安、洛阳、临淄、成都共享“五都盛名”；东汉末年，曹魏集团在邯郸南部邺城一带建都；北宋时期，邯郸东部的大名成为北宋都城汴梁的“陪都”。在抗日战争和解放战争时期，邯郸是八路军 129 师司令部和晋冀鲁豫边区政府所在地。邯郸悠久的历史孕育了磁山文化、赵文化、女娲文化、北齐石窟文化、建安文化、广府太极文化、梦文化、磁州窑文化、成语典故文化、边区革命文化等十大文化脉系，内涵博大精深，风格丰富多彩。

邯郸区位交通条件优越，位于晋冀鲁豫四省要冲和中原经济区腹心，在四省交界区是唯一的特大城市，与石家庄、太原、济南、郑州四个省会城市的距离均在200公里左右，与北京、天津等大都市的距离均在500公里以内。邯郸区位优势十分明显，为我国三大经济圈所环绕，东进可与长三角经济圈相接，南下可与珠三角经济圈联系，北拓可与环渤海经济圈近邻。邯郸是华北地区重要的交通枢纽，交通便利，纵穿南北的京广铁路、京港澳高速公路、大广高速公路、106国道、107国道与横贯东西的长治－邯郸－济南－青岛铁路、青兰高速公路和309国道在此交汇，境内形成了“五纵五横”的干线公路网络。邯郸机场于2008年通航，是国家重点发展的干线机场。在四省交界区域中，只有邯郸具备铁路交叉、国道交汇、高速纵横过境和航空港四位一体的立体交通条件。

邯郸产业经济基础雄厚，农业综合生产条件优越，是全国确定的小麦、棉花、玉米等5种主要农产品优势产区，素有“北方粮仓”、“冀南棉海”之称，有鸡泽辣椒、临漳獭兔、馆陶蛋鸡、魏县鸭梨等10个特色产业之乡。邯郸境内已探明矿物资源多达40多种，被誉为现代“钢城”、“煤都”。邯郸工业门类较为齐全，为全国重要的冶金、电力、煤炭、建材、纺织、日用陶瓷、白色家电生产基地。邯郸商贸物流发达，形成了一大批轻纺、汽贸、建材、钢铁等流通企业，建成了一批辐射全国的大型批发市场。

邯郸素有尊师重教的优良传统。市委、市政府历来高度重视教育事业的发展，坚持科教兴市和人才强市战略，坚持优先发展教育，不断加大教育投入，努力提高办学水平。邯郸教育为邯郸科学发展、跨越式发展提供了强有力的人才支撑和智力保障。特别是2004年以来，全市教育系统以科学发展观为指导，着眼建设区域教育高地、打造特色教育品牌，按照“和谐、均衡、强师、提质、创安、正风”的总体工作思路，大力推进教育现代化建设，教育事业步入健康协调、又好又快发展的轨道，人民群众对教育的满意度不断提升，在近几年的民主评议工作中，教育系统始终保持综合总评前四名的位次，2011年邯郸市教育局还荣膺“全国文明单位”。

截至2011年年底，全市共有各级各类学校4 318所，在校生190.08万人，专任教师9.8万人。其中：小学2 084所，在校生93.12万人，专任教师43 627人，小学毕业升学率99.99%；初中338所，在校生30.1万人，专任教师24 258人；特殊教育学校20所，在校生1 900人，专任教师388人，“三类”残疾儿童少年入学率达94%。

二、亮点成效

（一）加大投入谋发展，教育基础能力建设水平显著提升

2004年以来，邯郸市建立了城乡一体的教育经费保障机制，全民人均教育经费由2003年的147.61元增加到2011年的693.02元。2005年至2006年，大力实施了中小学危旧校舍改造，主城区对25所中小学进行了改造，农村2002年以前的危旧校舍全部改造完毕。2007年，打响了总投资为29亿元的农村中小学布局调整暨标准化学校建设攻坚战，撤并农村中小学1 325所，改扩建360所，异地迁建90所，建成标准化学校300所。启动住宅区配套中小学建设，保证新建住宅区配套中小学与住宅区一期工程同步建设、同步投用。2009年，强力实施了中小学校舍安全工程。同时，实施了教育信息化、农村中小学现代远程教育、装备晋档升位等工程，全市学校教育教学设施设备有了极大的改善，面貌焕然一新。

（二）创新举措促均衡，义务教育均衡发展走在全国前列

2008年，制定了《主城区中小学布局规划》和《农村中小学布局调整规划》，并纳入《邯郸市建设区域经济中心战略规划》，明确了推进义务教育均衡发展的“总框架”、“时间表”和“线路图”。在全国首创了盟校、并校、设分校、新建校“四种模式”。2008年10月，河北省教育厅在邯

郸召开全省义务教育均衡发展现场会。2009 年 11 月，教育部在邯郸召开全国推进义务教育均衡发展现场经验交流会，邯郸市被授予“全国推进义务教育均衡发展先进地区”。2010 年，出台《关于深入推进义务教育均衡发展的意见》，创造性地实施了盟、并、增、切、扶、强、训、改、投“九字方略”，一举打造出“无择校城市”。2011 年，邯郸市把义务教育均衡发展的目标定位于深度优质均衡，初步探索出了区域义务教育深度优质均衡发展的有效路径，即以校际均衡支撑和促进区域均衡、以班级均衡支撑和促进校际均衡、以师资均衡支撑和促进班级均衡、以团组均衡支撑和促进师资均衡、以教育教学的深度改革支撑和促进教学质量均衡、以素质教育的载体化和实效化支撑和促进育人水平均衡，实现了新的突破。

（三）解放思想拓思路，助推教师队伍素质实现大幅提升

从 2004 年“师德教育月”的开展到 2005 年“师本年”活动的扎实推进，建立完善了师德建设、教师管理、教师考评等长效机制，规范了教师校长行为。2005 年，在全省率先开展了市级特级教师评选活动，2005 年、2008 年两次组织全市中小学专任教师专业知识考试，并设立教师培训经费，扎实开展各类培训，深入实施“新秀工程”、“青蓝工程”、“骨干工程”、“名师工程”、“提能工程”等“五项工程”。自 2006 年以来，全市引进师范类大学生和面向社会公开招聘教师 6 000 余人。同时，大力开展了以“十心”立师德、“十力”提师能、“十气”修师表为主要内容的“三师”教育活动，打造出一支德才兼备的教师队伍。2011 年全市小学教师专科率由 2003 年的 44.4% 增长到 81.49%，初中教师本科率由 2003 年的 17.2% 增长到 62.12%，高中教师达标率由 2003 年的 71.6% 增长到 96.15%。

（四）完善载体重实效，全面实施素质教育取得丰硕成果

坚持“育人为本、德育为先、能力为重、全面发展”的原则，积极创新素质教育载体，为学生搭建个性发展的平台。2004 年开展了“教育教

学质量年”、“素质教育展示月”活动，启动了“四名”（名校、名长、名师、名生）创建工程。2005年实施了“教育教学质量提升计划”。2008年，召开了全市中小学思想政治工作会议，深入推进了以爱党、爱国、爱家乡、爱父母、爱同胞、爱自然为主题的“六爱塑魂”教育和“孝心、责任、博爱”等基础品德教育，邯郸市教育局被评为省级未成年人思想道德建设先进单位。在全市中小学推行了每名学生都有一门艺术爱好和一项体育爱好的“双爱好”活动，大力推进了“阳光体育”、“太极拳进校园”、“太极推手进课堂”、“129师精神进课堂”、素质教育“十个一”等活动，每年举办中小学生艺术节、体育节、科技节、读书节和书法、绘画、摄影作品展等系列活动。2010年，成功承办了河北省第十五届中学生运动会。出台《关于规范义务教育阶段办学行为的“十条禁令”》、《邯郸市中小学生减负十六条》等制度，狠抓违规办学和违规从教行为，有效减轻了中小学生的课业负担。2011年，主城区新建了综合性素质教育实践基地和青少年成长中心，各学校设立了心理健康教育咨询室。同时在各学校大力推进高标准图书馆、运动场、演艺厅、“六艺”（木艺、纸艺、陶艺、铁艺、厨艺、布艺）室建设。深入开展学校心理健康教育，加强中小学生体质健康检测，加强学校卫生管理工作，确保了师生身体健康和食品卫生安全。

（五）教育改革求创新，进一步增强教育事业发展新活力

2009年4月，继“师本年”、“六爱塑魂”、“双爱好”教育活动之后，在全市中小学兴起了以理念革命、校长革命、师本革命、生本革命、课业革命、评价革命等六项革命为主要内容的“校本革命”，在邯郸大地掀起了一场声势浩大的教育改革浪潮，使一批学校走上了错位竞争、内涵发展、特色发展之路。2011年，将创建新课堂活动作为校本革命的主旋律，在全市开展了“强力提师能、创建新课堂”活动，为纵深推进“校本革命”提供了新的载体，有力的促进学校的特色发展、教师的专业发展和学生的个性发展。

（六）学校发展求特色，基础教育进入内涵发展的新阶段

按照重在建设、循序渐进的原则，开展了以校园绿化、美化、净化和学生作品上墙为主要内容的“三化一上墙”活动。开展了校徽、校旗、校歌、校训、校刊“五个一”活动。以“学生社团”为载体，培育了一批具有较大规模、较强影响力的学生社团。同时，大力开展班级文化创建活动，着力推进了学校“核心文化”建设，进一步锤炼了学校精神，提升了办学品位。在此基础上，启动了特色学校建设工程，按照培育特色项目——做强特色学科——创立特色文化——建设特色学校——打造区域特色教育的发展轨迹，创立“丰富＋出色”的文化，建设“规范＋特色”的学校，培养“合格＋特长”的学生，办出“优质＋特色”的教育，基本形成了“校校有特色、一校一品牌”的发展格局。

三、探索与举措

邯郸市积极围绕打造冀中南重要经济增长极，建设四省交界区域经济中心城市的战略目标，确立了打造区域教育高地的总体思路，将推进义务教育均衡发展作为建设区域经济中心的固本工程和构建和谐邯郸的奠基工程，不断深化改革、创新举措、奋力拼搏、攻坚克难，破解了一系列发展难题，全市义务教育均衡发展取得了明显成效。2009 年 11 月，全国推进义务教育均衡发展现场经验交流会在邯郸成功召开。邯郸市推进义务教育均衡发展的举措主要围绕以下十个方面开展。

（一）强化基础能力建设，促进办学条件均衡

在全面实现“普九”目标后，人民群众对优质教育资源的需求和优质教育资源供给相对不足的矛盾成为教育改革与发展的主要矛盾，也是

推动义务教育均衡发展面临的重大课题和严峻考验。邯郸市重点实施了三项工程，加强资源统筹，优化资源配置，从根本上解决优质教育资源不足的问题，加快实现办学条件均衡。

1. **主城区中小学扩张增容工程**

2006年以前，邯郸市主城区义务教育与城市发展不同步的问题比较突出，主要表现在三个方面：一是学校占地面积小、发展空间受限。2006年，主城区114所中小学中，占地面积达标的只有15所小学和4所初中，校园狭小，缺乏专用教室、潜在安全隐患。二是学校数量少、班容量超标。1992年以来，主城区新增人口26.8万，新增小学、初中在校生1.2万人、2.4万人，而只新建了2所小学和1所初中，造成小学平均班容量55人，初中57人。三是布局不合理、择校之风难遏制。为社会公认的几所优质中小学全部集中在丛台区不到3平方公里的区域内，许多家长宁愿多花钱、跑远路也要把孩子送到这些学校就学。而一些相对薄弱学校则积弱难返，学生不愿去、家长信不过，一度陷入办学低谷。为此，邯郸市在全面摸底、充分论证的基础上，结合城市建设总体规划和新农村建设规划，综合考虑旧城改造、住宅小区配套、流动人口分布等综合因素，编制了《主城区中小学布局规划》，以政府法规的形式明确了以下内容：一是明确了今后一个时期主城区中小学的布点定位和发展数量。到2015年，主城区中学将由2006年的35所增加到47所，小学将由81所增加到125所，每所学校的区域位置和办学规模，都在《规划》里予以明确；二是规定了中小学的占地面积，旧城区占地不达标的小学按小学18亩、初中36亩的占地标准划定红线，红线之内的其他建筑只许拆、不许建，保证学校足够的发展空间，新建、拆迁小学、初中占地分别不低于24亩、40亩。2008年，市政府出台了《邯郸市中心城区住宅区配套中小学、幼儿园建设管理办法》，明确了配建的中小学、幼儿园必须与住宅小区首期建设同步开工、同步竣工，并由过去的开发商代征代建改为按住宅区建筑面积从开发商收取中小学、幼儿园配建资金

120 元 / 平方米，由政府统一配套建设，有效解决了配套中小学、幼儿园建设滞后的问题，为主城区学校发展提供了强有力的政策保障。近几年，重点实施了危旧校舍和薄弱学校改造工程，按照“拆一建三”的原则，改造中小学 25 所，拆除危房 2.76 万平方米，新增校舍 15.8 万平方米。

2. 农村中小学标准化学校建设工程

1999 年，邯郸市实现了“普九”，极大地改善了农村中小学办学水平，农村义务教育发展水平逐步巩固提高，从根本上解决了农村学生“进得来”的问题，但仍然没有解决“学得好”的问题。尤其是随着人口出生率下降和办学要求的提高，农村中小学布点多、规模小的问题十分突出。这种“散、小、弱”的格局造成了课程开不齐、课时开不足，专用教室及教师严重不足，校本教研无法开展，素质教育无法全面实施，教育质量长期徘徊在较低层次。为解决这一突出问题，邯郸市综合考虑农村城镇化进程、区域人口变化、交通区位等因素，经反复研究和多方求证，制定出台了《农村中小学布局调整规划》，规划具体明确了以下内容：一是明确全市农村中小学整体布局。到 2015 年，全市农村中小学将由 3 211 所调整为 1 190 所，农村小学校均规模将由 213 人增加到 790 人，农村初中校均规模将由 919 人增加到 1 735 人，基本消除不完全小学、1 轨制小学和 6 轨制以下初中，4 轨制农村小学将达到 527 所，占农村小学的 54%；12 轨制农村初中将达到 164 所，占农村初中的 76%。二是明确了学校建设标准。标准化小学建设施行省定“4138”标准（4 轨、在校生 1 000 人、占地 30 亩、建筑面积 8 000 平方米）；标准化初中建设施行省定“1215612”标准（12 轨、在校生 1 500 人、占地面积 60 亩、建筑面积 1.2 万平方米）。条件不具备的地方，标准化小学建设施行“2525”标准（2 轨、在校生 500 人、占地 20 亩以上、建筑面积 5 000 平方米以上）。标准化初中建设施行“8141”标准（8 轨、在校生 1 000 人、占地 40 亩、建筑面积 1 万平方米以上）。三是明确各地标准化学校建设目标任务。对 16 个县（市、区）每个县应新建多少、改建多少、保留多少、每年完成多少，都进行了指标明确。通过实施农村中小学布局调整暨标准化学校建设攻坚战，目前，农村中小学调整为 1 190 所，基本消除了 1 轨制小学和 6 轨制以下初中，已建成农村标准化学校近 400 所。中小学校舍安全工程实施后，邯郸市将两项工作结合起来，加大力度、统筹推进，2015 年可全面完成标准化学校建设任务，使每一所农村中小学在建筑质量、占地面积、建筑面积、师资配置、仪器装备等方面达到规定办学标准。通过这些措施，把学校建设成了本区域内最漂亮、最安全、最让人放心、最使学生向往的地方。

3. 主城区中小学扩优扶弱工程

一方面，在对优质学校进行改、扩建的基础上，特别是随着优质高中的建设，一是对一些高中强初中弱的完全中学，把的初中部取消，加大高中部的教育投入。二是对一些初中强高中弱的完全中学，把的高中部取消，加大初中部的教育投入。通过这种扬长避短的调整手段，使这些学校的招生范围进行了重新调整，扩大了相应的招生数量。例如优质初中二十五中、十一中和汉光中学，通过此项措施，比过去多招了 1 000 余名初中生，使优质学校辐射能力进一步增强。另一方面，大力实施了薄弱学校改造工程，使其率先在硬件设施上赶超优质学校，进而通过班子重组、盟校帮带、师资交流、指标分配等措施，使其在教学水平上逐步接近优质学校。近几年，先后为主城区 25 所相对薄弱的学校配齐了专用教室、铺设了塑胶运动场、装备了高标准的图书馆、设置了技能室和演艺室，实现了班班多媒体，基本消除了校际办学条件差异，得到了社会的认可。

（二）实施九字方略，打造无择校城市

为根本解决主城区和县城义务教育择校问题，邯郸市在不断完善盟校、并校、设分校、建新校等“四种模式”的基础上，进一步探索实施了盟、并、增、切、扶、强、训、改、投“九字方略”。“盟”，即在优质

学校和相对薄弱学校间实行“盟校”制，形成强校引领、资源共享、捆绑考核、互动发展模式。邯郸市不断扩大盟校范围，将盟校由城区扩大到乡镇，建立盟校346组，覆盖学校753所。“并”，即将优质学校与短期内难以转化的薄弱学校实质性合并，形成以强并弱、资源整合、班子重组、交融发展模式。例如，市二十四中办学质量差、社会声誉非常低，片内生流失率近三分之二，虽经过几次单项整改，成效不明显。2007年，邯郸市将其与市十一中实质性合并，作为十一中西校区，统一领导班子、教师、教育教学管理，不仅解决5所小学对口升入优质初中的问题，而且使该校片内生报到率由合并前的34%提升到86%，使这一区域内绝大部分孩子不再舍近求远、花钱择校。“增”，即通过优质学校设分校、新建优质校等方式增扩优质教育资源。优质学校跨区域设分校，形成了“强校孵化、资源分流、母校统筹、一体发展”的集团化办学模式，例如，市第四职业中学坐落在邯山区，原本打算将其撤并，并将其土地变现用于新建市职教中心，但考虑到从布局上看该区域初中不足，从区域上看邯山区初中学校整体较为薄弱，在市四职中整体外迁后，将其校址作为优质初中汉光中学南校区，当年实现片内生报到率96%，既解决了邯山区无优质初中问题，又解决了该区域学生不能就近接受义务教育问题。同时，在人口密集区和新建住宅区，高标准新建一批中小学，带动了区域办学水平迅速提升。“切”，即将省级示范性高中招生指标的80%切块分配到各初中，并将其中的8%倾斜到薄弱学校，促进生源均衡。“扶”，即扶持民办教育优质化、规范化发展。采取名校带动、名师引领、政策倾斜等措施，大力扶持由民营企业家投资的4所优质民办初中规范化发展，为有择校意愿的学生提供在公办学校以外择校的机会，形成了“公校不择校、择校到民校”的有序就学局面。“强”，即强化学校文化建设，提升内涵发展水平。一方面全面规范办学行为，制定了《邯郸市义务教育阶段规范办学行为十条禁令》和《邯郸市中小学减负十六条》；一方面做强学校文化，通过校园文化涵养学校特色，促进内涵均衡。“训”，即突出抓好师资培训提升教师素质。以打造激情课堂、魅力课堂、快乐课堂、高效课堂为主线，实施“实战式”师资培训，从根本上促进师资均衡。“改”，即深化教育教学改革，增添发展动力，大胆兴起“校本革命”，全面推进素质教育，促进内涵均衡。“投”，加大教育投入力度，促进教育资源均衡配置。算好政策账、潜力账、未来账，保障义务教育经费依法足额投入。通过以上成龙配套的措施，邯郸市主城区中小学片内生入学率达到 98% 以上，2010 年一举实现了“打造无择校城市”的目标。

（三）坚持统筹政策，促进城乡一体化发展

推进义务教育城乡一体化发展，对于实现教育事业又好又快发展，具有十分重要的现实意义和影响深远的历史意义。邯郸市在主城区率先实现了基本均衡的目标后，以政策扶持为导向，以城市优质教育资源辐射农村为抓手，强力推进城乡义务教育一体化发展。

1. 政策推动

在确保“三个增长”的基础上，足额争取政策内转移支付资金、教育费附加、城市建设维护税等法定资金。全市财政新增教育事业发展经费的 70% 以上用于农村，对于重大教育工程，市财政通过设立专项经费、以奖代补等形式予以补贴；组织各类教师培训时，农村教师参训人数不低于培训总人数的 70%，新聘任教师首先安排到农村学校任教；评聘专业技术职称和评优评先时，优先考虑农村教师。

2. 城市带动

针对城乡教育质量差距过大的问题，充分发挥主城区优质教育资源的辐射作用，建立了城镇教师对口支援县（市、区）农村教育的长效机制，每年组织 1 000 余名城镇教师到农村中小学支教。实行特级教师和省骨干教师定点联系农村学校制度，全市 245 名省、市特级教师和 207 名省骨干教师每人联系一所农村学校，定期巡回讲学、送教下乡。建立了农村教师到城市学校挂职学习、跟岗培训制度，促进农村教师素质大幅

提高。

3. 县域联动

拓展了盟校空间，把办学水平较高的县（市、区）与相对薄弱的县结成“盟县”，建立盟县12组，跨县域盟校29组，盟校覆盖率达39%。完善了“盟校”机制、建立较为完善的“盟校”运行管理机制，县域之间、校际之间实行对口帮扶，引导薄弱地区和学校教育理念、学校管理、办学特色、教改师训、教育质量等方面快速提升，实现教育资源的区域联动。

4. 信息化促动

投入8 608万元实施了农村中小学现代远程教育工程，全市义务教育阶段学校基本实现了“校校通”，一半以上的教学班实现了“班班通”。应用过程中，大力推广“六结合”模式，即与课程改革、课堂教学、教育科研、教师培训、原有电教设备和学生的探究性学习相结合，有力促进了城乡优质教育资源共享。

（四）深化学区管理体制改革，促进县域均衡

农村中小学点多、线长、面广，村村有小学，乡乡办初中。由于布局不合理，教育资源分散，导致部分学校无法开全课程、开足课时，办学条件和教育质量长期徘徊在较低层次的现状，针对这种局面，2007年，邯郸市在农村中小学布局调整和标准化学校建设过程中，实行了学区管理体制改革，全面打破了县域内乡（镇）行政区划界限，综合考虑人口分布、学校位置、经济文化等因素，按照区域教育协调发展的需要划分为若干学区，以学区为单位，整合区域内教育资源，推行规模化、标准化办学，形成学区内经费、师资、设施、装备等办学资源的均衡配置。通过学区内教育教学质量的均衡发展，进而促进县域内教育教学质量的均衡。根据《邯郸市农村中小学学区建设规划》，初中和小学三年级以上实行相对集中办学，一、二年级和学前教育实行一体化管理，以2—3个乡镇、4万—6万

人为单位，建立一个学区中心校，将全市原211个乡镇中心校撤并调整为131个学区中心校，中心校担负该区域内的教育行政管理中心、教研中心、教师培训中心、教育信息中心等职能，从而形成了县教育行政部门——学区中心校——学校三级行政管理网络。实施这项体制改革，一是解决了办学成本过高的问题。全市实施学区管理体制，将先后精减的800余名管理人员全部充实到教学一线，每年节省经费开支2 400万元。原乡镇中心校班子解聘后，通过基层选拔、竞争上岗等方式，精心选聘调配了学区中心校管理人员和研训人员，激发了区域内办学活力。二是解决了教育资源匮乏问题。学区范围内实行管理、课程、研训、资源配置、考核“五统一”。针对音、体、美、英等学科专业教师不足的问题，实行学生定点、教师走教，或是学生到邻近学校上课，确保每所学校开全课程、开足课时；针对多媒体、优质课件等资源不均的问题，实行统一调配、资源共享。三是解决了教研活动难开展的问题。每个学区中心校设立了由4—5人组成的研训室，承担教研和教师培训双重任务，为县级以下开展教研提供了人员、编制、体制上的保证，形成了县教研室——学区研训室——学校研训组的三级研训网络，使教师全员培训得以经常化、制度化，加快了教师的专业化成长。

（五）加强班级建设，促进校际均衡

班级是学校教育的最小单元，是学校教育教学工作的主阵地。班级之间的相对均衡是校际均衡的基本前提，没有班级均衡，校际均衡就无法实现。邯郸市着力均衡配置各个班级教育教学资源，努力使每名学生得到公平的教育对待和适合自身的发展，以此推动校际均衡。一是公平对待学生。全面取消了重点班和快慢班，实行电脑平行分班，并请学生家长代表现场监督，使每个班级的学生具有相对均衡的智力背景，整体处于同一个起跑线上。同时，先分班，后分班主任以及任课教师，并要求教师在教学过程中，面向全体学生，不放弃一名学生，公平对待每一

名学生，特别是消除对贫困生、后进生、特殊生的偏见，使不同家庭背景、不同智力水平、不同教养水平的学生得到同质的教育教学对待。二是科学配备班主任。学校可一日无校长，却不能一日无班主任。择班实质就是择班主任，选好配强班主任直接关系到班级均衡的实现。邯郸市采取选聘制和竞聘制相结合的办法，力求将有责任、有爱心、有追求、有能力的优秀教师选拔到班主任的岗位上来。有的学校正在尝试实行班主任组阁制，每个班的任课教师都由班主任根据班级实际情况选择，没人挑选的任课教师安排到教辅岗位。同时，大力提高班主任的地位和待遇，各学校都设班主任节，全市每年评选“十佳班主任”，绩效工资尽力向班主任倾斜，使广大教师争当班主任，乐做班主任。三是精心培育班级文化。发动学生动手美化班级环境，营造健康向上的班级文化氛围；提炼富有特色的班级名片、口号、班训，设计班旗，创作班歌，增强学生对班级的认同感和自豪感；制定建立班级制度、班级公约，构建和谐民主的班级人际关系；开展合作探究、小组互助等丰富多彩的班级活动，增强班级的凝聚力，促进学生的共同成长。通过班级文化建设，使班级成为学生心灵的栖居地，成为学生成长的乐园。四是完善班级评价机制。全市各学校广泛构建了集科学性、开放性、发展性为一体的多元化评价机制，打破了“成绩至上”的错误做法，从多角度、多层面来鼓励班级个性发展、特色发展。在评价内容上侧重管理绩效，主要从班级常规工作（学生出勤、卫生、两操、纪律等）、班级重点工作（班风班貌、班级文化、班级制度、学生行为规范的养成教育、班级安全防范、学生安全教育、学习成绩等）、班级特色工作（素质教育活动、社团开展及获奖情况等）等方面的评价，引导各个班级公平竞争、均衡发展。

（六）创新培训模式，促进师资均衡

教师队伍素质决定着教育发展的速度、质量和效益，因此，师资均衡是教育均衡的根本，师资素质的差异是造成校际发展落差的关键因素，

择校实质就是择师。但在几年前，邯郸市是河北省教师缺编最多的市，并且结构不合理，全市民转公教师和县（市、区）职教中心培养教师共占中小学教师总数的25.80%，此类教师业务水平整体偏低，严重影响了教育教学质量。邯郸市在科学配置师资的基础上，通过创新培养方式，拓宽培训渠道，加速提升教师队伍素质，努力实现师资均衡。

1. **开展三师教育**

重点开展以“十心”立师德、“十力”提师能、“十气”修师表为主要内容的“三师”活动，逐项提出明确要求，作为师资建设的重要内容，纳入教师考核、聘任和评价体系，增强了队伍建设的实效。“十心”立师德，即努力培育教师的忠心、爱心、匠心、痴心、童心、虚心、清心、恒心、良心、雄心，不断强化爱与责任的核心师德。比如“匠心”，要求教师要面向全体学生，因材施教，不拘一格育人才。就像晋代傅玄所说的那样：“大匠构屋，必大材为栋梁，小材为榱橑，苟有所中，尺寸之木无弃也”；“十力”提师能，即致力提高教师的学习力、研究力、创新力、驾驭力、表达力、感召力、观察力、反思力、执行力、沟通力，引领教师加快专业成长，比如“观察力”，是因材施教的依据，要求教师用眼去观察，用心去倾听，视其所以、观其所由、察其所安，善于透过最细微的小事，探索到学生心灵的奥秘；“十气”修师表，即大力涵养教师的才气、雅气、灵气、正气、锐气、和气、勇气、大气、心气、豪气，树立邯郸教师良好形象，比如“灵气”，教师的灵气表现为教育智慧，具有准确判断教学情势的敏锐，具有从容化解教育矛盾的机智，具有科学调节教育行为的魄力，具有凝聚学生身心的魅力。同时，同步实施新秀工程、青蓝工程、骨干工程、名师工程等“四项工程”，力促不同层次的教师加快专业发展步伐。

2. **创新培训模式**

邯郸市变过去学历、知识的培训为课堂实践能力的提升，采取走出去的方式，先后组织500余名骨干教师分赴洋思中学、杜郎口中学、昌乐二中、上海建平中学等全国名校跟班培训，让教师扎根课堂，观摩专家现场作课后，在专家的指导下编写导学案，再走上讲台进行体验教学，并结合专家评课意见撰写教学反思，以“实战式”、“体验式”培训提升教师课堂驾驭能力。与此同时，广泛开展名师大讲堂、教学大擂台、师能大比武和公开课竞赛、优质课评选、示范课观摩、常规课讲评等丰富多彩的活动，增强培训活力。同时，各县每年新聘任教师和特岗教师全部安排到农村学校任教，每年选派 1 000 多名城镇教师对口支援农村学校，选派 1 000 多名农村教师到城区学校跟岗培训，组织 200 多名特级教师、省级骨干教师、学科名师到农村巡回讲学，组织各学科教研员定期送教下乡、定期到基层学校上示范课，促进了农村师资的提升。

3. **丰富活动载体**

在全市教育系统广泛开展师德宣讲、师德论坛、师德征文、“师魂颂”师德演讲比赛等形式多样的师德教育活动，每年评选“邯郸市师德标兵”。2010 年和 2011 年，连续两年隆重表彰了在创先争优活动中涌现出的“感动邯郸教育”十大人物，并利用网络、报纸、广播、宣传栏等媒介大力宣传优秀教师的先进事迹，立体展示了优秀教师的个性风采，树立了先进典型，发挥了榜样作用，在广大教师中形成了崇尚先进，学习先进，争当先进的风气，营造出良好的师德建设舆论氛围。同时，广泛开展了名师大讲堂、师德大论坛、教学大擂台、师能大比武和公开课竞赛、优质课评选、示范课观摩、常规课讲评等丰富多彩的活动，增强培训活力。2010 年，举办了全市“师表形象大赛”活动，评选邯郸市首届教师形象代表，并印刷成海报发放到学校、社区。2011 年，举办了邯郸市首届教师风采大赛等活动，展示了新时代教师新形象。通过一系列活动，强化了爱与责任的核心师德，提升了教师专业水平，树立了邯郸教师良好形象，一批学科名师、特级教师和骨干教师脱颖而出。

4. **强化团组建设**

深入推进区域义务教育均衡发展的核心是实现的师资均衡，而师资均衡短期内又难以实现。围绕加快师资均衡这一课题，邯郸市强化了团组建设。团组实行组长负责、目标管理、捆绑考核制，通过团组内教师的互补、互助、互动、互学，以团组的集团优势促进师资的优质均衡。重点强化了学科团组、班级团组和盟校团组建设。学科团组由同一学科教师组成，由学科带头人任组长，定期开展主题活动，通过师徒结对、协作备课、同课异构、沙龙研讨、主题研讨等形式，在互补共生中成长，在互动合作中提升。班级团组由班主任、任课教师和班干部或学生代表组成，由班主任任组长。班主任定期召集各学科教师分析学生学习情况，召集班干部了解分析学生学习、心理和生活状况，从而有针对性地实施班级管理。还有部分学校正在探索实行学生分层次走班、分学科走班的形式，效果明显。盟校团组按照高中异质、初中同质、小学自由结合的方式组建，组长由各校校长轮流担任，各校共同推选学科基地，全方位实施校长与校长、年级与年级、学科与学科之间的无缝对接，从而有效促进师资均衡。

2004年建校的邯郸市广泰中学，无老教师、无特级教师、无学科带头人，他们的崛起战略就是师资团组建设，第一招，盟校团组。借盟校二十五中之力，以盟校优质师资为带头人，广泰所有教师分批跟定二十五中学科名师学习、研讨。第二招，学科团组。以学科为单位组建教师团组，集体备课、评课、说课。学校的评价导向由奖励个人到奖励学科团组。“攥起拳头形成合力”，依靠师资团组建设，建校仅8年的广泰中学现在办得红红火火。“团队作战之后，年轻教师提升很快。”初三物理教师邵海峰说，他所在的物理学科团组共4名教师，老中青结合，每周集体备课两次，对本周、下周的授课内容统一进度、确定难点、作业等。4名教师还反复琢磨新课堂的不同课型，同一堂课内容，尝试不同人授课，随后确定效果最好的模式。有时他们还用摄像机录下讲课过程，集体找毛病、提思路、解难题。

（七）兴起校本革命，促进教育质量均衡

办学条件的整体优化和教育资源科学配置只是最基本的均衡，是外延上的均衡。真正意义的均衡应该是内涵上的均衡，是学生接受同等质量教育的均衡。教学质量的均衡是教育过程均衡的主要体现，是教育结果均衡的重要保障。为加快实现这一目标，邯郸市创新举措，聚力师资，聚焦课堂，取得了良好效果。

1. 兴起校本革命

全国现场会后，在“全国看邯郸，邯郸怎么办”的新形势下，邯郸市深刻认识到，全市实现的均衡是基于办学条件整体优化和教育资源科学配置基础上的均衡，是最基本和外延上的均衡，教师苦教、学生苦学的局面还没有改变，先进的教育理念、科学的育人方式还没有真正确立起来。要适应教育发展的新形势，必须以“革命”的行动重新塑造学校发展、教师发展和学生发展模式，培育学校发展新的生长点，形成全市教育事业的新优势。

为此，邯郸市在全市中小学开展了以理念革命、师本革命、生本革命、课业革命、评价革命等五项革命为主要内容的校本革命。之所以提出“革命”二字，意在充分体现深化教育教学改革的坚定信念、破旧立新的坚强决心和攻坚克难的坚决勇气。之所以提出“校本”二字，其目的是引导学校从各自的办学实际出发，以坚强的决心、超常的力度、革命性举措，致力于冲破传统教育理念的束缚，突破校长、教师理念落后、方法陈旧、业务不精的瓶颈、唤醒学生自主学习的意识、攻破低效课堂的难关、打破机械性评价的障碍，使学校的发展更加符合教育教学规律和人才培养规律，促进学校的特色发展、教师的专业发展和学生的个性发展。

校本革命包括以下几点。一是理念革命，主要从发展观、育人观、质量观等方面进行革命，解决“办什么样的学校、怎样办好学校”和“培养什么人、怎样培养人”等方向性、根本性问题。二是师本革命，宋

朝许棐说:“庸匠误器，器可他求；庸妇误衣，衣可别裁；庸师误子弟，子弟可复胚乎”，一方面，从校长的办学思路、发展定位、管理方式、办学行为等方面进行革命，解决校长思路不清、定位不准、层次不高、学识不深等问题；另一方面，从教师的职业道德、教育能力、教学方法、专业发展、师表形象等方面进行革命，解决教师中存在的师德缺失、教育能力不高、教学方法陈旧、专业发展滞后等问题。三是生本革命，主要从学生的学习目的、学习方法、学习习惯等方面进行革命，解决学生为谁学、怎么学、如何学好等问题，特别注重学生的人生目标和职业规划教育。四是课业革命，主要从课堂教学模式、作业布置批改方面进行革命，解决课堂教学模式呆板、教学效率低下、学生课业负担过重等问题。五是评价革命，主要从评价标准、评价方法、评价途径、评价内容等方面进行革命，解决评价标准单一、评价方法落后、评价结果偏颇等问题。

“校本革命”以理念革命为先导，以课业革命为突破，以作为学校发展主体的校长、教师、学生革命为根本，以评价革命为保障，形成涵盖各个层次、各项工作、相对完整的体系。“校本革命”开展以来，邯郸市教育局印发了《邯郸市中小学“校本革命”行动纲领》，并就全面推进“校本革命”进行了多次动员部署，召开了两次校本革命现场经验交流会，掀起了全市教育系统的头脑风暴，更新教育理念成为广大教师和教育工作者的共同追求，加快专业成长成为广大校长和教师的共同行动，同时使学生的主体地位得以落实，科学的评价机制得以确立，涌现出了一批令人耳目一新的好做法，造就了一批勇于创新的好教师，培育了一批富有特色的好学校，一批学校走上了错位竞争、内涵发展、特色发展之路。

2. **创建新课堂**

课堂是教育教学主阵地，任何离开课堂的改革都是无源之水、空中楼阁。为打破传统教学“满堂灌”的教学方式、被动接受的学习方式、单调乏味的课堂氛围，邯郸市围绕提高教育教学质量这一核心，2011 年和 2012 年，均将创建新课堂活动作为市教育局 1 号文件，以强力提师能，创建新课堂为突破，以变革教学方法、转换课堂主体为重点，深入实施强力提师能、创建新课堂活动，先后组织举办了 7 000 多名教师参加的各学科新课堂博览会、15 000 多名教师参加的新课堂同课异构教学活动现场观摩培训会，先后邀请了 20 多名全国一线名师现场作课，聘请了冯恩洪、魏书生、李炳亭、郭应曾等知名专家现场评课，并通过举办研讨会、现场会、新课堂论坛、优质课评选等活动，增强了新课堂的实效。设立部分试点学校，引进先进的课堂教学模式，加快转变教师的教学方式和学生的学习方式，使课堂教学处于教师精讲、善导、巧评，学生乐学、会学、优学，氛围活跃、和谐、愉悦的状态之中，真正体现新课堂的新主体——全体学生，新关系——平等合作的师生、生生关系，新目标——知识与技能、过程与方法、情感态度与价值观的三维目标，新评价——由侧重教的效果转为侧重学的效果。从而逐步在外延上打造快乐课堂、激情课堂、魅力课堂、高效课堂，在内涵上形成审问式、思辨式、释潜式、授渔式、创新式课堂。为纵深推进创建新课堂活动，邯郸市教育局要求全体中小学教师、中小学全部学科全面实施新课堂教学，全体教师全部参加新课堂教学培训。出台了《邯郸市新课堂评价标准》，建立健全了新课堂评价机制、教学质量动态监测机制，及时掌握情况，及时纠正偏差，确保创建新课堂活动沿着科学的方向发展，由全市最优秀教师分学科、分学段、分课型、分单元编撰的教学通案已在全市中小学推行。目前，已经涌现出一批新课堂模式，独具邯郸特色的新课堂模式群正在加速形成。

3. **推进精细管理**

随着布局调整的不断深入，学校办学规模普遍扩大，有的甚至是几所学校合并成一所学校，特别是寄宿制等学生管理形式的变化，为管理者提供了全新的课题。假若继续走合并前管理模式的老路子，显然不能适应学校管理的现实要求，更不可能与布局调整合班并校这一重大举措的制定意图相吻合，更难以实现提高教育教学质量的根本目标。因此，邯郸市坚持布局调整与标准化学校建设应和实施精细化管理同步，以常规管理为基础，促进依法管理、创新管理。突出教学中心，坚持以人为本，发挥师生自主管理的积极性，全面推进人文校园、书香校园、绿色校园、平安校园创建活动，大力推进学校文化由物质环境建设向精神环境建设的转变，培育和形成良好的校风、教风和学风。积极借鉴先进教学管理模式，推行精致教学，实行精细管理，面向全体学生，注重每个环节和过程，提高课堂教学效益。同时，邯郸市充分利用有立法权的优势，以政府规章形式颁布了《邯郸市学校安全管理办法》、《邯郸市中小学安全工作责任追究规定》，建立完善了学校安全工作等级管理制度，逐步构建学校安全风险防范保障机制，使学校安全管理工作走上了法制化轨道。

（八）创新素质教育载体，促进育人水平均衡

教育均衡发展的终极目标就是全面实施素质教育，努力为学生成长搭建多元特色发展平台，为每一名学生提供适合的教育，让每一名学生得到适合的发展，从而实现育人水平的均衡。邯郸市坚持“育人为本、德育为先、能力为重、全面发展”的原则，充分挖掘学生个性潜能，在中小学深入开展了“双爱好”（让每名学生都至少有一项艺术爱好和一项体育爱好）的基础上，将社会主义核心价值观具体诠释为爱党、爱国、爱家乡、爱父母、爱同胞、爱自然，在全市中小学大力实施“六爱塑魂”教育，点滴培养中小学生孝心、责任、博爱三项基础品德。并将中小学必备素质概括为一流好品德、一身好习惯、一股好精神（创新精神）、一种好能力（实践能力）、一副好口才、一门好才艺、一生好体魄、一手好书法、一方好人气、一个好成绩，在全市中小学强力推进素质教育“十个一”活动，并做到了“三化一跟进”，即教材化、课程化、全员化和评价跟进。还充分发挥邯郸优秀文化艺术传统优势，在全市中小学全面推广“太极拳进校园”、“太极推手进课堂”和“京剧进课堂”等活动，组织编写的地方教材《中国杨氏武氏太极拳——中小学经典教程》在全市小学五、六年级和初高中一、二年级推广使用，目前全市80%的中小学生都学会了24式简化太极拳。注重在教学工作中点滴培养学生的批判思维、质疑意识、创新精神和实践能力，《一至九年级好能力丛书》也已出版启用。结合《邯郸历史文化》教材，深入推进“129师精神进课堂”（不怕困难、不怕牺牲，勇于担当、勇于胜利），传承邯郸文化传统，培养学生爱祖国、爱家乡的深厚情感。每年组织举办中小学生艺术节、体育节、科技节、读书节、安全节和中小学生才艺大赛、书法、绘画、摄影作品展等系列活动，积极开展“读红色书籍、讲红色故事、看红色影片、唱红色歌曲、走红色之旅”等“五红”教育实践活动，让这些活动成为学生最喜欢的活动。2011年，主城区建成了建筑面积1.5万多平方米、设有5个功能区、30多个实践教室、可同时接纳1 600名学生的综合性素质教育实践基地。各县（市、区）都新建了青少年成长中心，各学校都设立了心理健康教育咨询室。与此同时，还大力推进高标准的学校图书馆、运动场、演艺厅、“六艺”（木艺、纸艺、陶艺、铁艺、厨艺、布艺）室建设，让这些场所成为学生最向往的地方。通过创新素质教育载体，促进了学生生动活泼地学习，健康快乐地成长。

通过创新素质教育载体，使邯郸市的素质教育更加生动、更具活力，促进了学生生动活泼地学习，健康快乐地成长。课间操上，学生矫健有力的步伐、整齐划一的摆臂、井然有序的进退场，成为校园一道亮丽的风景。不经意间，你还会听到学生甜甜的问候——老师您好、客人您好。走进班级，你看到的是摆放整齐的桌椅、井井有条的物品，而学生的坐姿、写姿笔挺标准，回答问题的声音响亮干脆。

（九）加大政策倾斜力度，促进教育公平

推进义务教育均衡发展，必须保障不同教育群体之间享有平等的教

育权利。为此，邯郸市高度重视贫困儿童、留守儿童、进城务工人员随迁子女、“三残”儿童等弱势群体的教育问题。一是建立了以全市统一的学籍管理制度为基础的控辍保学工作体系，准确掌握了学生流动与辍学的家底，形成了“政府保学，社会助学，家长随学，学校包学”的义务教育就学保障网络。二是畅通流动人口子女入学绿色通道。坚持以流入地管理为主、以公办中小学为主的原则，做好进城务工人员随迁子女接受义务教育工作，2011 年安排 36 592 名进城务工人员随迁子女与城市学生统一管理、统一编班、统一教学，享受平等教育。三是大力实施农村“留守儿童关爱工程”，结合布局调整和农村中小学标准化学校建设，积极改扩建农村寄宿制学校 344 所，解决农村留守儿童寄宿上学等问题。同时保留教学点 152 个，使没有寄宿的农村学生也能就近上学。同时，建立健全了政府主导、社会参与的农村留守儿童关爱服务体系和动态监测机制，选派优秀教师担任“代管家长”，为留守儿童健康成长创造了良好环境。四是积极发展特殊教育，在基本普及特殊教育后，进一步提升县（市、区）域内残疾儿童、少年义务教育的入学率、巩固率，使其达到或接近健全儿童、少年的水平。目前，全市“三类”残疾儿童少年入学率达 94%。五是完善教育资助体系，在河北省率先建立了从小学到大学全覆盖的贫困学生资助体系，在全面落实国家贫困学生资助各项政策的基础上，市、县财政每年投入 1 000 余万元用于资助贫困家庭子女就学，绝不让一名学生因就学困难、经济困难和学习困难而失学，让全市人民共享教育改革发展成果。

（十）强化学校文化建设，打造特色教育品牌

文化是学校的灵魂，培育独具魅力的学校文化是学校持续发展的重要保障。作为一个经济欠发达地区，邯郸市中小学由于受到环境制约、投入不足、师资局限等多方面的原因，城乡之间、校际之间发展不均，优质学校和薄弱学校之间的差距愈来愈大，发展不均成为制约邯郸教育

的瓶颈。邯郸市认识到学校文化建设见效快、成本低、效果好，是缩小校际差距、促进均衡发展的捷径。为此，邯郸市先期在薄弱学校试点，进而全面推广，大力开展学校文化建设。在学校文化建设中，邯郸市以本土文化为根本，既继承又创新，注重兼收并蓄，注重彰显特色，构建了和而不同的学校文化。

1. 注重传承性与包容性，努力形成多元文化并存格局

邯郸市坚持植根本土、传承创新、积极融入、吸收借鉴，努力构筑开放多元立体的学校文化格局。一是植根本土文化。学校文化只有植根于具有深厚底蕴的本土文化才会有生命力，才会有发展后劲。邯郸市将主城区部分学校改为以邯郸的历史文化名人、名胜古迹或体现邯郸历史文化的名字来命名，回车巷小学、学步桥小学、赵都小学、丛台小学、建安中学、赵苑中学、荀子中学等新校名应运而生，但改名只是个形式，主要在文化内涵上进行了挖掘和提炼，学步桥小学积极打造“桥文化”，依托荀子中学成立了邯郸市荀子研究会，在建安中学举办建安文化研讨会并为中国最大的曹操铜像揭幕，不仅展示了本土文化的独特魅力，也能让学生接受邯郸历史文化的熏陶。二是传承传统文化。中华文化源远流长、博大精深，邯郸市在学校文化建设中十分注重对传统文化的传承，在全市中小学恢复写字课程，引导学生在书法练习中浸润传统文化、平心静气、专注心境。全面开展了“太极拳进校园”、“太极推手进课堂”和“京剧进课堂”等活动。一些学校还着力打造基于传统文化的特色文化。例如，广泰中学的书香校园不仅丰富了校园生活，也让学生感受到了中华文化的无穷魅力。三是融入时代文化。融入时代文化是学校文化建设的现实要求，许多学校在学校文化建设的过程中将传统文化和时代精神结合起来，不断创新和拓展学校文化的承载平台和表现形式。例如，市三十一中的“和文化”，融入了邯郸历史文化中的太极文化特质，吸纳了邯郸成语故事“将相和”中“和为贵”的文化内涵，体现了当前构建和谐社会的时代要求，形成了学校独特的精神内涵和价值追求。市十中的“竹石文化”，以“竹、石”为主，依石造竹、石竹相依，形成了竹风石韵的独特环境，以此打造学校师生的精神风貌。复兴中学着力打造“让每颗星星都闪光，祝每个学生都成才”的“星光文化”，从军工厂脱胎出来的海翔中学着力打造“军魂文化”。上述种种都体现了各自个性，彰显了独特的精神，并形成了学校特色。四是兼蓄世界文化。为进一步提升学校文化建设层次，邯郸市始终保持开放包容的心态，在更大范围、更广领域、更深层次上借鉴吸纳世界先进文化，先后组织多批校长和教育干部远赴欧美、澳洲等地，考察学习世界名校文化建设的先进经验。通过不断的吸纳、融合、嬗变、凝练，努力构建本土与世界接轨、传统与现代辉映、区域与校本融合的学校文化。

2. 注重渐进性与层次性，推进学校文化建设循序开展

在学校文化建设整体设计上，邯郸市按照重在建设、循序渐进的原则，多维度、多层次、多方面加强学校文化建设。一是开展了“三化一上墙”。2005年起，利用两年时间，在全市中小学开展了以校园绿化、美化、净化和学生作品上墙为主要内容的“三化一上墙”活动，要求各学校因地制宜，合理布置每一处地表、每一处空间，校园内除了硬化的地面就是草地和花、树，墙壁上、走廊上铺天盖地地悬挂师生的摄影、书法、美术等各类作品。力求从每一个细节入手，让每一面墙壁都会“说话”，每一棵花草都能“陶情”，每一寸场地都能“育人”，强化了校园环境的育人功能，提升了学校文化感染力。二是倡行了“五元”基础文化建设。为培育和形成良好的校风、教风和学风，引领学校走规范化办学之路，深入开展了以校徽、校旗、校歌、校训、校刊为标志的“五元”基础文化建设活动。各学校都广泛发动师生自行设计校徽、校旗图案，为校歌谱曲、填词，一些学校定期开展升校旗、唱校歌仪式；基本都凝练了凸显各自特色的校训，占据校园中的突出位置，醒目耀眼。有的学校还建立了校训释文碑，发动师生写释文，借此培育师生的共同价值追求；基本实现“校校有校刊”的工作目标。活动的开展促进了学校文化建设向精神领域渗透，提高了学校的管理水平和办学品位。三是大力实施了社团建设。全面实施素质教育，促进学生的个性发展是学校文化建设的应有之义。适应这一要求，邯郸市实施了社团建设，各学校都根据本校固有优势，培育了一批特色鲜明、具有较强影响力的学生社团，推动了素质教育的深入实施，校园出现了空前的活动热潮，学校的角角落落都能看到同学们活动时的快乐身影。此外，积极营造社团文化的大环境，进一步与社会融合，公益性、服务性社团除了在校内活动外，还经常到工厂、企业、机关团体等进行参观、考察，增长见识。社团文化的繁荣，开辟了学生素质教育的新领域，真正让每个学生的个性得到充分发挥，潜能得到最大程度的发挥，个人得到最适宜的发展，为其一生的发展和幸福奠定了基础。例如，丛台区逸夫艺术小学是位于城乡结合部的一所普普通通的学校，但它却拥有文学艺术、书画社、棋社、合唱队、舞蹈队、乐团等 33 个社团，孩子们通过自由选择参与其中，快乐活动，快乐成长。四是努力打造班级文化。班级是学生学习生活的主阵地，班级文化是一个班级的灵魂。班级文化的核心是课堂，课堂教学本身既是文化的传承，也是文化的交流，同时教材中也蕴含着极为丰富的文化内涵。发动学生动手美化班级环境，营造健康向上的班级文化氛围；提炼富有特色的班级名片、口号、班训，设计班旗，创作班歌，增强学生对班级的认同感和自豪感；制定建立班级制度、班级公约，构建和谐民主的班级人际关系；开展合作探究、小组互助等丰富多彩的班级活动，增强班级的凝聚力，促进学生的共同成长。通过班级文化建设，进一步增强了学校文化的针对性和实效性，增强了学生对班级的认同感和自豪感，使班级成为学生心灵的栖居地，成为学生成长的乐园。五是积极凝练核心文化。为进一步提升学校核心发展力，各学校充分挖掘校园文化内涵，从学校传统文化底蕴中，积淀和培育学校的核心文化，进一步锤炼学校精神，形成全校师生共同的价值追求。目前全市中小学都在精心提炼主题鲜明的核心文化，并通过开发校本教材、校本课程落实学校核心文化，如市二十三中的“塔松文化”、复兴区先锋学校的“责任文化”、丛台区曙光路小学的“我主动”、邯山区实验小学的“科技文化”等，增强了学校文化的针对性和凝聚力，文化已成为全市学校的最大看点、最新亮点和均衡教育的生长点。

3. 注重超前性与创新性，着力打造学校文化特色品牌

为将学校核心文化转化为推动学校特色发展的强大动力，邯郸市在全市中小学启动了特色学校建设工程，引导广大中小学培育特色项目、做强特色学科、构建特色课堂、创立特色文化、建设特色学校，创立“丰富＋出色”的文化，建设“规范＋特色”的学校，培养“合格＋特长”的学生，办出“优质＋特色”的教育，进而打造区域特色教育品牌。在创建过程中，各级各类学校在完成国家课程的基础上，充分挖掘学校的自身优势，结合学校的传统，走可持续发展、错位发展、特色办学之路。引导义务教育阶段学校特别是薄弱学校以特色增强办学吸引力，促进校际均衡，为更多的学生提供可供选择的空间。比如，邯山区实验小学具有浓郁的科技特色，不仅有科技制作室、科技展室、少年科学家科研基地等活动场所，还成立航模、车模、船模、机器人等20多个社团，给学生们搭建了学习科技的舞台，还有市二十六中的国学特色、市二十九中的音乐特色、浴新南小学的柔道特色、光明南小学的经典诵读特色、市三中的外国语特色、滏春中学的美术特色，等等。目前，已建成市级特色学校50余所，县级特色学校100多所，并建设了10所地域传统文化特色学校，基本形成了“校校有特色、一校一品牌”的发展格局，每个学生都能根据自身的兴趣、特长选择适合的学校，使每个孩子的天赋、个性、潜能得以最大程度的发挥和发展，拥有属于自己的幸福人生。

邯郸市通过采取一系列扎实有效的创新措施，使全市义务教育向均衡化、优质化、特色化的目标迈出了实质性步伐，实现了三个转变。一是由重点发展向均衡发展转变。通过大力实施扩优扶弱工程，做大育强优质学校的同时，将更多的人力、物力、财力投入到扶持薄弱学校发展上，通过布局调整和资源重组，从加强领导班子、充实教师队伍、增加经费投入、改善办学条件、调整生源结构等方面着手，对基础相对薄弱的学校进行重点改造和建设，使义务教育阶段各学校校际差距明显缩小，基本实现了硬件设施的无差别，尤其是一些曾经薄弱的学校，办学条件得到极大改善，在校舍建筑、仪器设备、信息化手段等方面甚至超越了优质学校，使全市义务教育阶段优质教育资源由原来的“点上开花”变为“百花齐放”的局面。二是由普及提高向优质特色转变。义务教育在普及水平不断巩固提高的基础上，一些基础较好的学校抓住近几年教育发展的大好机遇，充分依托学校自身优势资源，寻找突破点和生长点，不断丰富和积累，快速提升办学水平和办学层次，不但跻身优质学校行列，而且初步彰显了办学特色。三是由规模发展向内涵发展转变。邯郸市在教育教学活动中，突出“以学生发展为本”的理念，着力培养学生的科学精神、人文精神、创新精神和实践能力，不断创新素质教育载体、全面推进精细化管理、积极推进课程改革、加强学校文化建设、大力创建特色学校，培育了优良的学风、教风和校风，使现有教育教学资源达到更大的利用效率，从而实现了教育教学质量和办学水平的大幅提高，进一步提升了区域义务教育均衡发展的层次和水平。

邯郸市创造的“邯郸模式”也受到广泛关注，2009年全国推进义务教育均衡发展现场经验交流会在邯郸成功召开后，全国各地教育考察团百余批万余人次到邯参观考察。中宣部理论局组织编写的《从怎么看到怎么办——理论热点面对面·2011》一书收入了邯郸市有效解决“择校”问题的做法。《中国教育报》头版头条以《从消除择校到聚焦内涵》为题，深入报道了邯郸市推进义务教育深度优质均衡发展的经验和成果。《人民教育》也大篇幅关注邯郸从均衡发展向内涵发展的行动智慧。《中国教师报》以《邯郸“学”步》为题、用9个整版深入报道了邯郸市创建新课堂情况。一位外地来邯考察学习的中学校长在谈到邯郸市推进义务教育均衡发展的做法时认为“邯郸模式”整体上体现了四个特点。第一，扩张了优质资源。邯郸市义务教育均衡发展不是“削峰填谷”，把优质学校拉下来，实现低水平、低层次上的整齐划一；而是坚持“填谷造峰”，把相对薄弱学校提上去，使好的更好，弱的变好，缩小差距，使优质教育资源不断扩张。第二，培育了办学特色。均衡发展不是搞“千校一面”，让所有的学校都按照一套办法、一个模式发展，而是在办学条件、师资水平相对均衡的情况下，创造性地探索适合自身条件的发展道路。邯郸市通过学校文化建设、特色学校创建，形成了一校一品、各具特色的办学局面。第三，张扬了学生天性。均衡发展不是按照固定的价值目标和统一的培养模式来教育学生，应该关注每一个学生，根据其个性、潜能、禀赋因材施教，让每名学生都能获得适合自身的发展，从而为终身发展奠基。邯郸市在实施素质教育方面进行了大胆的创新，像“双爱好”、素质教育“十个一”等活动，形式新、效果好，值得借鉴。第四，注重了内涵发展。科学配置资源是义务教育均衡发展的重要保障，但不是均衡发展的决定因素，内涵发展才是均衡发展的核心。邯郸市在科学配置教育资源的基础上，通过资源的优化整合产生的积极效应，不断生成新的优质资源、推进了教育内涵发展。

目前，邯郸市在校安工程和标准化学校建设工程取得阶段性成果，办学条件基本均衡的基础上，坚持以《教育规划纲要》为指导，把义务教育均衡发展的目标定位于深度优质均衡，在强力实施“九字方略”的基础上，坚持以校际均衡支撑和促进区域均衡、以班级均衡支撑和促进校际均衡、以师资均衡支撑和促进班级均衡、以团组均衡支撑和促进师资均衡、以教育教学的深度改革支撑和促进教学质量均衡、以素质教育的载体化和实效化支撑和促进育人水平均衡，不断巩固、扩大义务教育均衡发展成果，努力将“邯郸均衡教育”这个品牌擦得更亮。

四、典型案例

（一）薄弱学校转化

邯郸市在推进区域教育均衡发展过程中，一大批薄弱学校得到改造转化，成为了独具特色的学校，取得的显著成效得到校长、教师、家长、学生以及社会各界的肯定和认可。

几年前，邯郸第二十六中学是一个办学条件差，教学质量低，学生流失严重的薄弱学校，学生的散漫、教师的自卑、家长的不信任和来自社会的舆论压力曾一度使学校陷入内外交困的境地。邯郸市教育局采取多项措施，启动了扩强扶弱工程，推动学校特色发展，在短短的一年半时间，扶植起一所薄弱校，有效解决了市区北部突出的择校矛盾。在市教育局实施的扩优扶弱工程中，学校的硬件设施得到了全面改善，学校紧紧抓住创建特色学校的有利时机，积极开发校本课程，深入开展社团活动，倾力打造国学特色校园，让中国优秀传统文化浸润师生心灵，从而提升其精神境界和生活品位，挖掘学生潜力，使学生会做人，会求知，会动手，会创造，在短短的一年半时间，学校由一所薄弱校转变成了特色校，教育教学质量稳步提高，解决了片内生流失问题，赢得了社会的认可，从而有效解决了市区北部突出的择校矛盾。

类似邯郸市第二十六中学由弱变强的学校还有很多，这是强力推进均衡教育发展的结果，让人民群众真真切切感受到了教育改革发展成果。

一位荀子中学的学生家长说：

> 荀子中学是郊区学校，以前这学校给我的感觉很破，房屋都让人感觉不结实。教师的教学工具也只有教鞭和粉笔。现在教室都有了多媒体，电脑课和语音课也可以上了。这不和城里的学校一样了吗？我们这些当家长的，最大的心愿就是孩子将来能有个出息。而孩子有个好学校才能学习好。现在好了，孩子家门口就有好学校，

这下不用再为孩子上学的事情发愁了。不光不用发愁了，还省了不少钱呢，以前送孩子到城里上学，除缴纳择校费外，每年还要再花 8 000 元租房陪读，全年包括孩子学习和生活开支多达 1.5 万余元，而她丈夫每年在外打工总收入也才 2 万余元，均衡教育真的是为我们老百姓做实事啊！

邯郸市始终坚持义务教育城乡一体化发展，主城区与农村统筹推进。在农村，最漂亮、最高的建筑往往是教学楼，孩子们最愿意去的地方是学校。曲周县安寨镇河固村的袁书亮把孩子从县城一所小学转了回来，对河固小学的教育环境赞不绝口。他说：

以前把孩子送到县城上学，就怕农村学校的教学水平不行，耽误了孩子。现在，农村学校课程全开，老师教得也好，离家又近，孩子在这里上学又放心又方便。

在农村，与袁书亮有着同样感受的大有人在，各县（市、区）“择校热”大幅降温，义务教育阶段学生全部实现就近入学。

（二）新课堂创建

邯郸市强力推进的“强力提师能、创建新课堂”也取得了明显成效，一大批新课堂模式不断涌现。

复兴区以“生态课堂”作为践行“新课堂”构建的一种具体形式，构建了“一体三元四环多态”导学模式。“一体”指强调学生在课堂上唯一的主体地位；“三元”指重视学生、教师和环境三个元素在导学中的重要作用；“四环”指协调运用好“启智探究—合作交流—反馈研讨—提升拓展”四个导学环节；“多态”指鼓励和倡导在一体三元四环导引下，适宜不同学情的多种形态。在“一体三元四环多态”导学模式的引导下，复兴区各学校形成了各具特色的教学模式群。例如，岭南路小学“3S 多元自组”教学模式、百花小学“五步三展三测调”、前进小学的“目标导学法五步二循环”教学模式、铁路小学“2131”课堂教学模式等，有效地推动了学校的教学工作，提高了教育教学水平。

邯山区十余所学校结合多年来课程改革积累的经验成果以及学校的办学特色，进行了校本创建，融合“启智、启思”等十几个关键词，生成了具有学校特色的课堂学习模式，创建了“问题导学·智慧课堂”的模式群。例如：渚河路小学以探究学习为特色的问题·启知课堂学习模式；光明南小学以赏识学习为特色的问题·启明阳光课堂学习模式；农林路小学以探索学习为特色的问题·起航课堂学习模式；滏园小学以求异学习为特色的问题·启思课堂学习模式；育德路小学以发现学习为特色的问题·启智课堂学习模式；邯山小学以心智学习为特色的问题·启慧型课堂学习模式；浴新南小学以展示学习为特色的问题·启德精致课堂学习模式；绿化路小学以绿色学习为特色的问题·启悟课堂学习模式；胜利街小学以合作学习为特色的问题·启能课堂学习模式；南关小学以创新学习为特色的问题·启新课堂学习模式；等等。

丛台区永和学校构建了“三环节六我”师生和谐新课堂模式。“三环节六我”师生和谐新课堂模式内涵为：学生的“学”体现“我预习，我寻疑；我合作，我解惑；我收获，我提升”。教师的“教”体现“我预设，我整合；我引导，我欣赏；我反思，我提升”。此外，丛台小学的“四步五环”教学模式，外国语小学的“321”模式，沁河小学的“三先三后”模式，东门外小学的激情评价新课堂模式等也各具特色。

邯郸市第十二中学创建了“三段四环节”教学模式：“三段”是指将课堂时间分为“5 + 35 + 5”三个时间段；“四环节”是指识标—讨论—精讲—小结四个课堂基本环节。其中小组讨论、学生精讲是课堂的主体部分。

广泰中学创建了“自主·合作·高效“12345”课堂教学模式。一个中心：让学习成为学生自己喜欢的事情；两大主题：自主、合作；三个环节：课前预习、课中探究、课后延伸；四个模块：情境激趣导入→小组合作交流→展示·反馈·矫正→回扣·反思·升华；五大改革：化零为整，调整教学关系，强化学情分析，实施大结构教学，精简作业。

市实验小学创建了“三型五步，幸福课堂”的教学模式。三型：自学尝试课，合作展示课、复习提升课。五步：激趣树标，自主学习，小组合作，展示提升，当堂检测。

邯郸市第二十三中学创建了“四环节导学一体”教学模式。“四环节”是课堂的结构，是在新课堂理念指导下教学活动的基本框架，包括激情导入—明确目标—自主学习—巩固提高四个环节。“导学一体”是课堂的实质，是落实学生主体、教师主导、导学合一新课堂理念的具体要求。

邯郸市第二十五中学创建了“三式五步”教学模式。“三式”指的是三种课型，学科不同，课型不同。比如：语文课的“三式”有阅读课、写作课、综合实践课；英语课的“三式”有新授课、阅读课（或听说课）和复习课三种类型；物理课的“三式”有：新授课、实验探究课、复习课。“五步”是指教学环节的五部分。比如，语文阅读课堂教学的“五步对话”：学习准备（生本对话）—交流分享（生生对话）—聚焦文本（师生对话）—探究提升（对话作者）—总结评价（对话自己）；语文作文课堂教学的“五步对话”：学习准备（对话生活）—交流分享（生生对话）—聚焦文本（师生对话）—总结提升（思想对话）—书写心灵（自我对话）；语文综合实践活动课堂教学的“五步对话”：活动准备（对话生活）—交流分享（生生对话）—初步探究（对话现象）—深度探究（对话文化）—个性表达（对话自我）；英语学科教学“五步对话”：热身导入—整体输入—熟练运用—巩固提高—归纳总结。

随着创建新课堂活动的不断深入，局长、校长、学生真切地感受到行动的力量，感受到了新课堂的力量。

邯郸市临漳柳园镇中学学生郭慧鑫说：

原来的我是一名“灰色生”，可是自从实行新课堂后，我发现自己慢慢变得“亮丽”了。班里实行积分制，组与组之间积分评比，学生与学生之间积分评比。我不甘落后，课前认真预习，上课积极发言。更让我想不到的是，老师竟然在班里宣布让我们互相当“老师”，并且比一比看哪个“老师”的方法好。这可把我这名“灰色生”乐坏了，我每天都发奋学习，希望当一名“好老师”，成绩也因此提高了很多，老师和同学们也都对我投来赞许的目光。我每天都特别盼望上课，因为那里，是我最向往的地方。

邯郸市第七中学教师许丽说：

作为一名一线教师，在创建新课堂的过程中，越来越认识到教师不仅是课程的创造者和开发者，教师本身就是一门课程，要用自己独有的眼光去理解和体验课堂，要将自己独特的人生履历渗透到课堂。

邯郸市第三十一中校长王海说：

新课堂的创建不但需要行政层面的决策和督导，更需要实践者的勇气、方法和责任。只有破茧才能成蝶，破了老师的“茧”，他们在新课改的道路上才能化成美丽的“蝶”！

曲周县教育体育局副局长骆如印说：

新理念下的新课堂，是师生互动、心灵对话的舞台；是师生共同创造奇迹、唤醒各自沉睡的潜能的时空；是向未知方向挺进的旅程，随时都有可能发现意外的通道和美丽的图景；是点燃学生智慧的火把，而给予的火种是一个个具有挑战性的问题，让学生走出教室的时候仍然面对问号，充满好奇。

（三）特色学校创建

邯郸市全面启动了特色学校建设工程，通过加强学校文化建设、创建特色学校，凝聚师生的精气神，形成共同的价值追求，快速提升薄弱学校的社会认可度。

邯郸市广泰中学作为一所新学校，要寻求突破和发展，就要更新观念，精心设计，彰显特色。正如广泰中学校长康月兰所言：学校文化的力量更多体现为一种对价值观念的认同与理解，并由此形成“校魂”。而学校文化的育人作用，主要是在潜移默化中实现的，是文化到学校育人的“毛细血管”里的影响，形成了师生的一种气质、一种精神。

基于以上这些认识，广泰中学校了“打造书香校园，人文广泰”的校园文化定位，充分利用现有设施，彰显书香特色文化。以校园文化推动班级文化，特色文化彰显个性魅力。

1. **以营造优雅的书香氛围为基础——硬件设施到位**

为了营造浓郁的书香氛围，该校对校园进行了整体改造，力争每个角落都能散发出浓浓的文化气息，“图书馆”的名字被“书香阁”所代替，阅览室也变成了“快乐书屋”和“寻梦书吧”。图书馆的两副对联“最是书香能致远，唯有诗情可润心”以及“邯郸云霞思古梦，广泰晨夕闻书声”会让你不由地沉静下来。以古典文化为核心的内容的“怡园”，以修养身心为主题的“静园”，一动一静相映成趣。通往“书香阁”的连廊每层一个文化主题，一楼是诸子塑像及哲言，二楼是国学百科介绍，三楼是名著伴我成长，让学生处处受到熏染。主教学区内一层一个文化系列，如读书系列、中英文诗词系列、哲理漫画系列，让学生感受不同的文化冲击。大厅及每个楼层均设有开放书吧，还有一个英语读书角，让师生随时可以获得阅读的乐趣。“教师苑”及“集腋成裘”是教师的展示平台。“学情苑”是学生发挥的空间。而“读书乐园”更是学生张扬个性、抒写性灵的绝佳场所。“让读书成为师生学习和生活的方式”、“读书是一种美丽的姿态”、“让读书成为习惯，让书香飘满校园”、“读书远离平庸”，这些都是该校打造书香校园的宣传口号。融入于这样的氛围，你会不由自主地被吸引、感染，进而投入其中。

2. **以制定相关政策为导向——制度到位**

要把书香的特色做到位，必须有相应的管理配套措施。该校从学校的整体规划入手，制定了以下规定。

——阅读课制度：每班每周都有一节阅读课到图书馆去上，阅览室每月更换图书。

——奖励制度：学生的奖项及奖品设置都是与读书有关的，如书籍、书签等，教师为书卡。

——读书推荐计划：分必读和选读。每学期确定二本必读书目，每两周推荐选读书目。

——读书笔记检查与评比展览制度。教师读书笔记定期检查评比，学生读书笔记择优展览评奖。

3. 以丰富多彩的活动为依托（载体）——行动到位

围绕“书香校园”，该校设定了两大节日，上半年的“读书节”和下半年的“校园文化月”。每个节日都历时一个月，设计多项活动，融知识性、趣味性、思想性于一体，充分调动了学生参与的积极性，收到了良好效果。读书节中的“文学讲座”让学生如醉如痴，“书签设计”充分展示了学生的灵巧和用心；“我与书的故事”征文写出了同学们对书的热爱，真实感人；“古典诗词对接 PK 大赛”竞争激烈；“文化月”中的阅读演讲赛精彩纷呈，课本剧表演妙趣横生，校园文化知识和设计大赛展现了学生多样才华。丰富扎实的活动把校园文化建设推向了深入。

通过打造书香校园，广泰中学形成了具有特色的校园文化，突出了文化品位，彰显了书香特色，提高了管理水平，细化了管理措施，使办学水平得到了提升，增强了学校可持续发展的动力。学生在浓郁的书香氛围浸染下，养成了良好的学习习惯，激发了学习兴趣，逐渐修正品行。书香校园的创建改变了师生的精神面貌，使原本就是一道亮丽风景的学生礼仪表现的更加突出，学生有了更多的自信和自豪，更加热爱学校并用自己的实际行动去体现他们对学校、班级的热情，使学校教育教学步入良性发展的轨道。

五、发展改革点评：推进义务教育均衡发展需要这样的好载体

河北省邯郸市是最先培育出的全国推进义务教育均衡发展典型之一，改革全面深入，成效十分显著，打造出一个名副其实的“无择校城市”。邯郸推进义务教育均衡发展的举措和亮点很多，我们着重分析借鉴其创造出的一系列载体。载体顾名思义是运载的工具，载体将抽象目标和任务变成可操作方式和抓手。

（一）九字方略是义务教育均衡发展的形式载体

盟：在优质学校和相对薄弱学校间实行“盟校”制，使强的能够在辐射中扩大影响，使弱的能够在帮助中获得提升。

并：将优质学校与短期内难以转化的薄弱学校实质性合并，在科学规划和保障就近入学的基础上，扩大优质学校的规模，减少薄弱学校的数量。

增：通过优质学校设分校、新建优质校等方式增扩优质教育资源。针对新建、改造社区，依托现有优质学校，通过新建的方式扩大优质教育资源。

切：将省级示范性高中招生指标的 80% 切块分配到各初中，并将其中的 8% 倾斜到薄弱学校，促进生源均衡。

扶：扶持民办教育优质化规范化发展，前提是不影响义务教育发展的良好秩序，依法发展民办教育，为人民群众提供更多的选择机会。

强：强化学校文化建设，提升内涵发展水平，为学校和教育事业改革和发展提供良好的氛围和环境。

训：突出抓好师资培训提升教师素质，解决义务教育均衡发展中最核心的师资均衡问题。

改：深化教育教学改革，增添发展动力，促进内涵均衡，解决体制机制上的障碍。

投：加大教育投入力度，保障义务教育经费依法足额投入，从根本上解决发展的物质保障问题。

（二）六个缩小是义务教育均衡发展的内容载体

——把学校建设作为着力点，以缩小校际差距支撑和促进区域均衡。

——把班级建设作为着力点，以缩小班级差距支撑和促进校际均衡。

——把师资队伍建设作为着力点，以缩小师资差距支撑和促进班级均衡。

——把团队建设作为着力点，以缩小团组差距支撑和促进师资均衡。

——把教育教学作为着力点，以缩小教育教学差距支撑和促进教育质量均衡。

——把素质教育作为着力点，以缩小素质教育水平的差距支撑和促进育人水平均衡。

各地教育实际各不相同，要求教育发展战略、政策的选择必须坚持从实际出发、实事求是、因地制宜。要善于把总体目标细化为具体目标，把总体思路细化为具体措施，把别人的成功经验转化为自身的有效办法。要具体情况具体分析、不同情况区别对待，找准着力点，增强针对性，分类研究、分类指导、分类推进。要敢于突破传统思维、习惯做法和条条框框，探索符合自身实际的有效办法，大胆试验，锐意改革，勇于创新。邯郸探索总结有效载体的做法正是对这一思想的贯彻落实。

第八章　山西省晋中市多措并举实现义务教育均衡发展

一、域情教情

晋中位于山西中部，市辖区总面积1.64万平方公里，辖11个县（区、市），118个乡镇，总人口327万。晋中具有深厚的文化底蕴和良好的教育基础，是晋商文化的发源地，是革命战争年代华北抗战指挥中枢所在地。世界文化遗产平遥古城、全国农业战线上的杰出代表大寨、晋商文化的代表建筑乔家大院、王家大院、曹家大院、常家庄园等民俗大院都在晋中。

晋中市现有各级各类学校968所，其中义务教育阶段中小学903所、普通高中30所、职业高中20所，驻地和市属大中专院校15所。全市中小学教职工3.54万人，中小学在校生49万。随着山西省大学城的建成，将有10所大学入驻晋中，为晋中教育发展注入新的活力。

近年来，晋中教育工作坚持以科学发展观为指导，以办人民满意教育为出发点和根本落脚点，合理规划教育结构，不断整合教育资源，积极深化教育改革，着力推进教育均衡，努力实现教育公平，全市教育呈现了均衡发展、协调发展的良好态势。先后获得全国“两基”工作先进地区、全国职业教育先进地区、全国农村成人教育先进地区、全国义务教育均衡发展先进地区，并被国务院确定为国家教育体制改革统筹推进义务教育均衡发展试点地区。

（一）体现教育公平的义务教育均衡发展成效显著

通过科学合理调整学校布局，全市形成了3所市属高校、30所普高、20所职中、近1 000所义务教育学校的“3321”学校布局，布局结构基本合理，为校安工程打下了良好基础。通过实施校安工程，投资31亿元，新改扩建学校784所214万平方米，实现了“校安工程”全覆盖。通过实施标准化配套工程，所有县（区、市）创建成为山西省义务教育标准化建设合格县。通过实施教育信息化工程，全市基本普及了中小学信息技术教育，实现了“校校通”、“班班通”。通过推行干部教师交流制度，促进了师资均衡，从2008年开始，四年累计交流人数达到了1.2万人，公选和交流校级领导1 300人。通过实行高中招生指标100%到校和推进阳光招生、均衡编班，全市“择校”乱收费和城镇学校大班额现象基本消除，从根本上实现了无择校、无大班额、无重点班、无乱收费，实现了市域内义务教育初步均衡。晋中市探索建立的“四化两改三保证”模式被教育部誉为“晋中样本”。

（二）体现教育协调发展的高中阶段教育普及水平明显提高

普通高中教育质量大幅提升，连续多年名列全省前茅，成为全省公认的基础教育质量强市。职业教育基础建设、实训基地建设、骨干示范专业建设以及教师队伍建设“四项重点建设”得到加强，职业教育办学水平大大提高，中职学生技能大赛获奖率连续五年走在全省前列。中职学生免学费实现全覆盖，职业教育的吸引力明显增强，普高与中职招生比连年稳定在1∶1，高中阶段教育普及率超过了全省平均水平，基本普及了高中阶段教育。普通教育和职业教育协调发展的格局基本形成，山西省委书记袁纯清在晋中市调研时指出：晋中职业教育规模大、机制新、效果好，为全省发展职业教育提供了新的范式。普职教育协调发展，不仅提升了教育的经济服务功能，还为实现全民终身教育奠定了基础。

（三）体现教育内涵发展的教育管理逐步规范

着力强化师资培养培训，每年组织特级教师、首席教师、学科带头人到全国教育培训机构进行提高培训；每年组织优秀中学英语教师到国外进行强化培训；每年组织教育行政管理干部、中小学校长、各级教研人员进行高级研修；每年对 5 000 名县级骨干教师进行市本级培训，全市近三年累计培训 1 万多人次。坚持教育干部和教师业务能力“三年一考”制度，通过大考试，促进了教师大学习，通过教师大学习，促进了素质大提升。全面实施素质教育，在全市中小学开展“德育序列化活动”和“阳光校园”主题活动，开展创建文明宿舍、文明班级、放心食堂、卫生厕所、绿色校园、平安校园“六大创建”活动，整体提升学校文化品位。开展“走向现代学校”试点工作，探索一校一章程、一校一规划、一校一制度、一校一特色、一校一评价、一师一典范、一生一专长、“七个一”管理模式和发展特色。全面深化课程改革，扎实推行“有效教学”，着力探索“轻负担、高质量”的课堂模式，使教育教学质量整体提高。

（四）体现社会满意度的政风行风建设全面加强

党风廉政建设、政风行风建设和师德师风建设不断加强，教育行风彻底扭转，人民群众对教育的满意度明显提升，群众关注的乱收费等教育热点难点问题得到了有效解决。

二、亮点成效

（一）瞄准教育现代化目标，办学条件发生了历史性变化

全市把校安工程作为市长、县长工程，抢抓机遇，统筹规划，高质量建设，大力度推进。三年累计投入31亿元，新改扩建学校784所，80%的学校建成了标准化校舍，成为晋中教育史上建设规模最大、建设标准最高、投入资金最大的民心工程和教育重点工程，校舍面貌得到彻底改观，晋中市校安工程综合考评为全省第一，连续两年受到省政府表彰。全市持续推进义务教育“千校达标”，争取国家农村薄弱校改造资金，大力推进学校标准化建设，安排近3亿元，完成了榆次、太谷、榆社3个县区的高标准配套任务，启动了平遥等6个县的建设项目。2012年5月，教育部在晋中召开了农村薄弱校改造现场会，并对晋中薄改工作给予了高度评价。全市教育信息化快速推进，在投资4亿元实现1 000所学校“校校通”的基础上，10个县区的城区学校基本实现了“班班通”，100所学校启动了“数字化校园”建设，教育信息化走在全国前列，成为国家级试点。全市全面启动了学前教育三年行动计划，投资2.7亿元建设了60所公办标准化幼儿园，缓解了“入园难”问题，成为校安、薄改工程之后的又一教育重点工程和民心工程。

（二）深化教育制度创新，教育公平取得了新突破

晋中是全国义务教育均衡发展先进市，也是国务院确定的“统筹推进义务教育均衡发展”试点市。最近几年，晋中市持续深化制度创新，在实现市域义务教育初步均衡的基础上，强力推进义务教育向基本均衡、优质均衡迈进，教育均衡发展实现了新突破。一是继续推进教师交流，3 300多人参与交流，全市四年累计交流教师1.2万人，整体激活了教师的工作热情，彻底解决了由择师引发的择校。二是继续推行阳光招生和

均衡编班，从根本上消除了实验班、重点班，为教师、学生和学校创设了公平竞争机制。三是实行优质高中招生指标 100% 到校政策，引导学生免试、划片、分配、就近入学，稳定了薄弱学校和农村学校生源，为办好每一所学校奠定了生源基础；四是实现了义务教育无择校、无大班额、无乱收费，成为全国治理教育乱收费的典范。2011 年 6 月，山西省人民政府在晋中召开了义务教育均衡发展现场会，发出向晋中学习的号召；2012 年 4 月，晋中市人民政府在全国治理教育乱收费会议上做了经验介绍；教育部在北京举办晋中教育专题新闻发布会，向全国进一步推广晋中经验。

（三）全面贯彻教育方针，教育质量效益得到整体提高

一是持续推进名师名校长“三五”工程，对 4 万名中小学、幼儿教师实行三年一次业务考试，三年一次教学技能大赛，三年一次大型表彰，通过大培训、大练兵、大比武，提升了教师的专业素养。二是以开展德育序列化活动为先导，深入实施课程改革，扎实推进有效教学，整体提高了学生综合素质。三是全面开展“五规范”“六创建”和现代学校制度建设，管理水平和质量效益显著提升：体现基础教育质量的高考达线率、万人达线率、达线总人数连续 5 年名列全省前茅；体现职业教育质量的中职技能大赛连续 5 年获全省团体第一；体现人才培养质量的高中教育普及率、职业教育学生就业率连续 5 年走在全省前列。晋中市教育局被山西省政府、省文明委表彰为优秀公务员单位、文明和谐单位，并记集体一等功，还作为全市唯一的社会管理部门，荣获首届“市长质量奖”。

（四）优化行业作风，社会满意度和影响力不断扩大

全市教育系统全面加强党风廉政、政风行风和师德师风“三项建设”，扎实开展学生评教师、教师评校长、校长教师访家长“三评一访”，对管理不善、履责不力的 13 名校长进行了免职处分，全市教育行风由五

年前的倒数成为2010年的第一，2011年得到免评，有8个县区的教育行风名列当地社会管理部门前茅。国务院教育体制改革领导组以简报形式，先后两次面向全国系统介绍了晋中经验；2012年全国“两会”期间，《中国教育报》两次、大篇幅、头版头条介绍了晋中的做法。2011年，全国10多个省（区、市）和30多个地市来晋中考察交流，晋中教育走出山西，在全国产生了较大的影响。

三、探索与举措

（一）持续推进学校标准化建设

1. 科学合理调整学校布局

晋中坚持科学规划、循序渐进、因地制宜，积极稳妥地推进学校布局结构调整。在调整中，尊重教育规律，尊重客观实际，尊重群众意愿，并将布局调整与学校新改扩建结合，与城镇化发展结合，与新农村建设结合，与旧城改造结合。在小学领域，坚持按照就近的原则整合撤并，在偏僻山区结合群众需求，保留了88个教学点；在初中领域，坚持办好每一所农村初中，全市118个乡镇均有初中，在规模较小的乡镇，兴建了28所九年一贯制学校。同时，按照先建后并的原则，创办了343所标准化寄宿制学校。全市义务教育中小学校由五年前的1 590所整合为903所，优化了教育资源，节省了教师编制，提高了规模办学效益和经费使用效益，也为最近三年实施的校安工程打下了良好基础。在具体操作中，各县结合实际，不断探索，形成了四大布局调整模式。

一是县乡统筹模式。突出兴办寄宿制学校，解决山庄窝铺孩子就读成为山区县优化学校布局的主要途径。左权县在县城创办了两所大规模、标准化寄宿制学校，并为寄宿学生免费提供每人每天一杯豆浆和每年三个月的伙食补助，为家庭特殊困难学生提供每年 800—1 500 元的特困补助。灵石县前几年，抓住煤炭产业发展迅猛的机遇，筹资 2.5 亿元，建成了 36 所寄宿制学校；晋中东山的榆社、和顺、昔阳、寿阳等县加大县乡投资，积极兴办寄宿制学校，实现了农村小学生就近走读为主体，高段学生寄宿为补充的办学格局。

二是村村联办模式。地处晋中平川的榆次、太谷、祁县、平遥、介休等县，考虑学生交通便利、服务半径适中、能够就近入学等情况，坚持学生单程步行半小时和先建后撤的原则，实现村村联办。祁县古县镇闫漫、蒲桑、大桑、小桑 4 村投资 110 万元新建学校实行联合办学。太谷县范村镇 20 个行政村原来办有 16 所小学，其中 9 所为“单师校”，该县通过定点规划、村村联办的形式，撤并为 8 所小学，撤并后每所小学之间的距离不足两公里，学生全部走读入学。

三是初中资源重组模式。城镇化建设深入推进、人口出生率持续下降、家长对优质教育资源追求日益强烈，农村初中特别是边远山区、薄弱初中学生外流严重，学校规模日趋萎缩，教育质量效益低下，初中学校资源整合成为提高初中教育质量的重要举措。介休市原樊王乡中学和原化家窑乡中学都是两轨制初中，在校生分别为 238 名和 158 名，班容量不足 30 人。两所初中合并后，在校生达到近 400 人，班均学生 44 人。平遥卜宜乡与果子沟乡合并后，将原果子沟乡办中学撤并到卜宜乡一中，使学校规模达到 1 000 人以上，原果子沟中学校址用于果子沟、石城等 5 所小学，联办为同心寄宿制小学，使有限的教育资源得到充分利用。

四是学区一体化模式。学区一体化是以农村小学中心校为基本单元组建学区，学区内各分校领导共同组成校务委员会，实行中心校长负责制，同一学区实行一体化管理。目前，全市 80 多个乡镇实施“学区一体化”管理模式，使教育资源得到共享，教育资金集中使用，教研活动联体开展，促进了教育教学质量的整体提升。

2. 大力实施中小学校舍安全工程

2009年实施校安工程以来，全市投资31亿元，新改扩建学校784所，80%学校建成了标准化校舍，使农村孩子和城里孩子一样住上了坚固、安全、漂亮的校舍。中小学校舍安全工程是晋中有史以来建设项目最多、规模最大、投资最多、标准最高的学校建设工程。学校成为了全市建筑最漂亮、最安全、最让家长放心的地方。在工程推进中，突出以下特点。

一是全面排查。2008年后半年，晋中坚持县不漏校、校不漏舍的原则，聘请专业鉴定机构，以县成立专门领导组，对全市所有中小学进行了全面排查鉴定。经排查，全市存在不达国家抗震设防标准的校舍共有127万平方米。按照山西省政府校安工程全覆盖的要求，晋中将不达国家抗震设防标准的校舍全部纳入建设规划，全面铺开了451所学校、828个项目的中小学校舍案例建设工程。同时，将中小学校舍安全工作作为“市长工程”，作为为民承诺兴力的十件实事之首。

二是多元融资。晋中作为内陆地区，财政收入居山西中游。但是晋中市委、市政府坚持“花明天的钱，办今天的事，培养未来的人”的理念，多渠道融资15.94亿元，确保校安工程顺利实施，其中国家投资4 147万元，省级投资4 943万元，市级配套4 045万元，县级配套4 684万元，国家开发银行贷款8亿元，各县通过乡村自筹、社会捐资和企业融资筹措6.16亿元。此外，全市积极落实工程收费减免政策，全部免除了行政事业性收费和政府性基金，适当减免了服务性收费，累计减免工程费用3.1亿元。同时，财政、审计、监察、教育等部门对工程资金使用情况进行全程参与、全面监督、跟踪审计，发挥资金最大效益。

三是扎实推进。在建设规划上，该市立足实际，着眼长远，坚持三结合，全面推进建设规划，即：把“校安工程”建设与优化学校布局相结合，与中小学标准化建设相结合，与城镇化发展、新农村建设相结合，最大程度地满足人民群众追求优质教育资源的需求。在工程推进中，该市以“抓质量、促进度、保工期、保安全”为重点，实行四个一管理，即：一旬一报告、一月一督察、一月一排队、一月一通报，确保了工程质量、工程进度、资金安全和工程安全。“校安工程”实施后，晋中校舍面貌发生了翻天覆地的变化，学校成为当地最漂亮的建筑，成为新农村建设一道亮丽的风景线，学校标准化建设和城乡教育均衡发展提高到了一个更高更新的水平。

3. 持续推进“千校达标”工程

“千校达标”工程是晋中改造薄弱学校、推进学校标准化建设、提升办学水平的一项教育民生工程，是晋中在实施中小学布局优化整合的基础上，对保留下来的 1 000 所左右学校实施标准化建设的一项工程。从 2007 年开始，全市坚持每年 1—2 个重点，投资 12 亿元，开展了寄宿制食宿条件改善、图书仪器配备、音体美器材补充、食堂厕所改造以及“校校通”、“班班通”和“数字化校园”建设等一系列配套工程，缩小了城乡学校之间办学条件的差距，促进了城乡教育一体化发展，所有县（区、市）都通过了山西省人民政府义务教育标准化建设合格县评估验收。目前，该市正按照“农村薄弱学校改造计划”，全面推进新一轮学校标准化建设。在推进“千校达标”过程中，晋中突出以下四大特点。

一是分级负责，以县为主。按照义务教育“以县为主”的管理体制，义务教育标准化建设由省、市两级人民政府统筹规划，县级人民政府具体组织实施，积极落实办学责任，不断加大经费投入，努力消除县域之间、城乡之间、学校之间义务教育办学条件和办学水平的差距，确保义务教育公共资源均衡等化，为加速教育现代化奠定良好的基础。

二是科学规划，分步实施。以薄弱学校改造为重点的新一轮“千校达标”工程以校为单位进行达标建设。根据实际，晋中分三年推进。2011 年，将榆次、太谷、榆社 3 个县确定为首批薄弱学校改造县份；2012 年，将平遥、和顺、昔阳、介休、寿阳和左权 6 个县纳入农村薄弱学校改造计划；2013 年，灵石和祁县完成农村薄弱学校改造任务。通过努力，全市 11 个县区全部完成薄弱校改造工程，实现标准化建设“全覆盖”。

三是统一标准，适度超前。晋中新一轮“千校达标”工程，以《山西省义务教育阶段中小学办学标准（试行）》作为统一标准，较山西省提出的 2015 年完成农村薄弱学校改造任务的时间要求，晋中提前两年进行规划和实施。各县区在实施推进中，根据县域实际和发展要求，全面进行规划设计，适度提高建设标准，确保高规格、高质量、高标准完成薄弱学校改造任务。

四是突出重点，全面建设。实施新一轮“千校达标”工程，既要保证办学条件，包括校舍、场地、教育技术装备、办学经费、教师队伍等达到标准化要求，又要保证规范管理、教学改革、校园文化、教育质量等内涵发展达到要求。介休市在推进薄弱学校改造中，不仅注重新改建学校的科学设计，而且注重水暖电、硬化绿化美化、现代化教学设备、音乐艺术教室、塑胶操场等功能室和活动场所的配套，更注重了通往学校油路建设以及校园周边的绿化和校外接送孩子车位的配备。

（二）制度化推进干部教师交流

1. 改革背景

推行义务教育干部教师交流，既是教育法律法规的要求，也是从根本上消除义务教育“择校热”等教育民生问题的重要选择。这项工作之所以能够顺利开展，是有其背景和缘由的。

（1）上级有要求

党的十七大提出：教育是民族振兴的基石，教育公平是社会公平的重要基础。《义务教育法》明确规定：县级人民政府教育行政部门应当均衡配置本行政区域内学校师资力量，组织校长、教师的培训和流动，加强对薄弱学校的建设。2010 年颁布的《教育规划纲要》也明确提出，要“建立健全义务教育学校教师和校长流动机制”。《山西省实施〈中华人民共和国义务教育法〉办法》规定，县级教育行政部门应当建立校长、教师交流制度，均衡配置本行政区域内的教师资源，提高农村学校和城镇薄弱学校教育教学管理水平，并要求县级以上教育行政部门根据管理权限，负责教师的职务评聘、交流、考核和奖惩等工作。可以看出，推行教育干部教师交流，不是个别人、个别地方的意志，而是国家的意志、法律法规的要求。

（2）群众有期盼

居高不下的“择校热”，是与老百姓切身利益息息相关的社会问题，社会关注度很高。一些群众拖儿带女、举家搬迁，为的就是给子女选择一个好学校，让子女接受一个好教育。晋中市委、政府和教育行政部门一致认为，“择校”现象的存在，除与一些家长盲目跟风有关外，区域之间、城乡之间、学校之间的办学条件不均衡、教育管理水平和教学质量不均衡以及教师资源配置不均衡等也都是诱因。教师作为第一教育资源，无疑是引发“择校”的主要因素，学生“择校”的实质就是“择师”。

（3）各地有典型

2008年以前，国内外不少地方在教育人事制度改革方面推出了一些新举措，创造了许多好的经验。安徽铜陵、河南新郑、辽宁沈阳、四川成都市青羊区等地方都在教师交流发展取得了良好效应，为晋中率先在山西省推行教师交流提供了可资借鉴的经验。在借鉴国内外先进经验的基础上，晋中市把教师交流作为党委和政府行为，多次召集有关部门进行专题研讨，多次深入基层开展专题座谈，多次组织召开政府常务会和市委常委会，出台了《晋中市中小学教师队伍管理暂行办法》和《关于推进中小学干部教师交流工作的意见》等一系列文件。在此基础上，组织县级党政主要领导和教育行政部门负责人，就交流工作进行了安排部署。

2. 实践探索

为顺利推进干部教师交流工作，晋中坚持市设计、县实施的思路，统筹设计了一套既有可操作性，又相对科学合理的制度，并在实施中逐步健全完善。

（1）具体规定

第一，义务教育阶段男50周岁、女45周岁以下的教师，在同一学校任教满6年以上，应实行定期交流；中小学校长在同一学校任职满6年必须交流。第二，实施之初，县城学校教师在县城学校之间交流，农村学校教师在农村学校之间交流；2010年，逐步推开了城乡教师交流。第三，交流教师必须完成一轮教学任务，即初中代完一轮课，小学分高、低段完成一轮教学任务，防止因中途换教师引发家长不满。第四，中级以上职称的教师和县级以上模范教师、教学能手、学科带头人、特级教师应积极主动带头交流。第五，在申报晋升高一级教师专业技术职务以及评选特级教师、市级以上模范（优秀）教师、先进教育工作者以及教学能手、学科带头人时，必须有在异校交流经历；在评选其他层次的模范（优秀）时也要把交流经历和业绩作为优先考虑的因素。第六，教师交流由县（区、市）教育局组织，每年交流的比例一般为专任教师的10%—15%。

（2）实施办法

在操作中，坚持了“一个原则”，把握了“两个注重”，实行了“三个结合”，采取了“四种办法”。

① 一个原则。从2008年起，坚持“以县统筹、因地制宜、均衡配置、合理流动”的原则，依法推开了义务教育教师交流制度。

② 两个注重。一是注重政策激励。开始推行交流制度时，为激励教师参与交流，该市规定，积极参与交流的教师，在评聘职称、评模评优、提拔任用时优先考虑。从2009年起，教师晋升专业技术职务、评选学科带头人和特级教师时，必须有异校交流经历。通过四年的激励和引导，教师由起初的“被动交流”转变为“主动交流”，由“要我交流”转变为“我要交流”。二是注重“人性化”交流。开始推行这项制度时，实行的是“区域内”交流，也就是，县城学校教师在县城学校交流，农村学校教师在农村学校交流，县城教师交流范围一般为家校单程3公里内，农

村教师在中心校之间交流的要求，并提出了城市“一刻钟”、农村“半小时”交流圈，这样交流，一般不会给教师的生活带来大的困难。

③ 三个结合。一是组织安排交流和个人自愿交流相结合，对正在怀孕、产假和哺乳期的干部、教师以及确实有特殊情况的教师，不安排交流；二是学校岗位设置和核编定员相结合；三是教师队伍结构需要和学科结构需要相结合。

④ 四种办法。一是校级领导先行交流。这样做的好处是消除一些校长怕好教师外流而带来的阻力。二是“人走关系留”。起初的时候，为鼓励教师积极参与，市里规定，教师可以根据个人意愿，在“人走关系留”和“人走关系动”两种交流方式中选择。在区域内实行人走关系留的教师，交流时间一般为三年，三年期满可返回原校。三是“人走关系动”。从去年开始，为推开城乡交流，市里规定，只有城镇教师到农村交流时，才可以采取“人走关系留”办法，属于区域内交流的教师，全部实行“人走关系动”。四是优质学校和薄弱学校之间对口交流。市教育局引导县区探索建立了校际间捆绑交流、盟区内城乡交流新机制，实现了教师从超编学校向空编学校合理流动，从优质学校向薄弱学校对口交流。比如，榆次区将城区小学分为五个大学区，一所示范小学带动 3 所薄弱学校；城区初中实行优质学校与薄弱学校捆绑交流，实行优劣互补，合作共进。

（3）操作程序

整个交流工作在市里的宏观安排下进行，并对各个程序的时间节点、具体做法提出了明确要求。交流工作分四大程序进行。

一是制定方案。县级教育行政部门根据本地义务教育均衡发展的整体规划和要求，结合学校领导干部调整、区域内学科结构、骨干教师比例以及干部、教师的学历结构、职称结构等制定交流方案，将交流计划统筹下达到学校。学校根据市、县教育行政部门的要求，制定本校的实施方案，并提交学校教职工代表大会通过，并召开动员大会。

二是确定人选。教师提出交流意向，学校确定人选。县级教育行政部门审核批准学校交流方案和交流人员名单，备案存档。

三是组织实施。由双方学校组织交流人员，开展欢迎会和欢送会。相关学校及有关部门按规定办理交流干部和教师的聘用（聘任）和解聘手续。

四是上报备案。县级教育行政部门将县域内干部教师交流工作的总结和交流人员名单上报市教育局，市教育局进行实名制备案和管理，以便与评模、评优、职称评聘以及考核挂钩。

3. 实施成效

经过四年的探索和实践，晋中形成了制度化推进教师交流的良好局面。归纳起来，主要取得了以下成效。

（1）促进了教师资源大整合

全市四年交流义务教育学校干部教师 1.2 万人，公选和交流教育干部 1 300 余人，年均交流人数占到义务教育学校专任教师总数的 10% 以上；通过公开考试考核，新补充录用教师 4 133 人，89% 以上的新教师补充到农村学校和薄弱学校。区域内教师学科结构、学历结构、年龄结构、职称结构和骨干结构得到调整，为超编学校“消了肿”，为缺编学校“补了空”，师资配置趋于均衡。

（2）带来了人事制度大变革

“六年一流动”，打破了过去教师“从一而终”的生涯模式，“人走关系动”使教师由“学校人”变为“系统人”，身份的转变改变了部分教师随遇而安的懒散思想，也为教师由“身份管理”向“岗位管理”转变奠定了坚实的基础。在实践中，还探索出了不少有效的教师管理模式，比如，太谷县设立了城乡教育六大盟区，对同一盟区内的教师实行城乡交流，他们规定：盟区内的城镇教师到农村交流享受农村任教津贴；到离县城 10 公里及以外的农村校交流者，服务时间为两年，到离县城 10 公里以内的农村学校交流者，服务时间为三年，并从交通、食宿等方面为交流教师提供便利。这样做，既体现了人性化，也有利于交流教师全身心投入农村教育，是晋中解决城乡教师交流难题的一个有益尝试。

（3）推动了教育观念大融合

新的学校、新的领导、新的团队，新的学生，促使教师重新定位，将交流带来的压力变成不断进取的动力，教师队伍人心思进、竞相发展、昂扬蓬勃的良好局面正在形成。看似简单的人员流动，可以使不同的管理理念、教学方式、不同的校风、教风、学风互相碰撞，融会贯通，整体提升。比如，榆次五中与榆次八中是对口交流学校，目前已有 24 对 48 名教师进行了交流。榆次五中交流教师李富变在交流期间被评为晋中市首批首席教师，而且带动八中教师素质整体提升；榆次八中的交流教师高玉合交流期间，被提拔为五中中层领导，参与学校管理，回到八中后，将好的管理办法带到了本校。看似简单的教师交流，不仅使双方的交流教师实现了双赢，还使双方学校实行了双赢。

（4）实现了质量效益大提升

通过实施教育干部和教师交流，促进了不同学校之间教育质量的整体提高，解决了由“择师”引发的“择校”问题。加之近年来实行学校标准化建设“千校达标”工程、义务教育阶段起始年级电脑随机配位、均衡编班，以及优质高中招生指标 100% 到校等一系列配套措施，有效地解决了义务教育“择校”乱收费现象，解决了“大班额”问题，解决了教师之间、学生之间、班级之间、学校之间的畸形竞争，营造了实施素质教育的良好氛围，促进了市域义务教育均衡发展，教育公平迈出了重大步伐。

4. 感受体会

榆次五中校长王红梅说：

交流三年来，明显感觉到交流给薄弱校带来了诸多变化。一是名师带动，激活薄弱学校。教师交流前，榆次八中学生外出择校多，在校学生少，有的班级只有 30 人，教师缺乏积极性。实行交流后，从五中过去的教师，不仅带去了先进理念和教学方法，而且带去了敬业奉献精神，为八中注入了新鲜血液，使薄弱学校焕发出勃勃生机。当年就有300余人就近入学。八中校长深有感触地说，该校校长见人说：“五中八中一家亲，教育均衡齐头进”、“是交流促进了融合，是强校带活了弱校。”二是互帮互助，实现共同成长。交流出去的教师，在新的学校示范带动，发挥了更大作用。比如，李富变被评为全市首席教师。交流进来的教师，学校通过实施“名师拾贝”工程，建立了“名师共同体”，给他们铺路子，压担子；鼓励他们找位子，上台子。在新的学校快速成长，成为中坚力量。

从太谷实验小学交流到太谷县水秀乡郭村小学的教师智美焰说：

在交流过程中，重点在提升教师素质、课程实施与课堂教学改革、书香校园建设、改变学生学习方式等方面开展工作。通过交流团队的努力，郭村小学由外到内都在发生着质的变化。一是学生变得更加活跃；二是课堂教学模式发生了根本改变；三是教师们变得更有追求；四是学校变得更有品位；五是促进了新农村建设；六是促进了交流团队自身的发展。学生的快乐、学校的发展、教师的成长、乡亲的支持，感动着、激励着、影响着交流团队，只有尽心尽力地上好每一节课，带好每一位学生，帮好每一位教师，做好每一件小事，才能对得起他们。

（三）阳光招生均衡编班让学生享受公平起点

1. 总体情况

学校办学行为是否规范，直接影响着学校的办学质量与社会声誉。晋中市从招生编班、教师从教、课程开设、作息时间、教育收费等五个方面制定了《中小学常规管理五个规范》，严格规范办学行为。尤其是在规范义务教育招生编班方面，从2009年开始，由县级教育行政部门统一实施“阳光招生”和“均衡编班”，扭转了过去学校自行招生编班引发的乱象，杜绝了义务教育择校乱收费，基本消除了择校，全部消除了重点班，真正让每一个学生都享受到了教育公平。

2. 具体做法和效果

一是通过阳光招生遏制择校。在晋中，义务教育学校招生，全部依法实行“免试、就近、划片、分配”入学。每年招生前，由县级教育行政部门制订当地中小学招生方案，确定学校招生划片范围，制作划片示意图，并向社会公示划片结果，接受社会监督，保证学生就近入学，杜绝择校现象。市教育局对具体情况进行审核备案。

二是通过均衡编班遏制择班。“择班”是“择校”的延伸，凡有能力“择校”的家长，大多要挤破头去为孩子“择班”。过去，晋中的优质小学和初中大多超班容量，一个班六七十人普遍，最多的曾达到 120 人。为了创造一个公平的氛围，晋中市从 2009 年开始，在太谷、寿阳等 5 个县试点“阳光编班”，2010 年在全市全面推开。每年秋季开学前，县级教育行政部门要组织所属学校，集中时间，集中地点，把学生按入学后的学业水平测试成绩和男女生编排输入电脑，实行电脑配位，随机编班。把班主任和任课教师通过强弱搭配，以班编组，由班主任现场“抓阄”，确定所代班级。整个编班过程实行“三公开、三不动”。“三公开”就是现场公开接受人大代表、政协委员、家长代表、媒体记者、纪检纠风部门的监督；现场公开宣布学生编班花名；现场公开宣布班主任和任课教师花名。“三不动”就是编班花名和任课教师花名公布后不得变动；未报到学生入班时不得变动班级；编班后校际间学生不得变动，如因实际情况确需变动，必须由县级教育行政部门根据相关学校的班级学位情况统筹安排，并报市教育局审核备案。

“阳光编班”消除了实验班、关系班和大班额现象，创设了公平的竞争机制。“阳光编班”虽然触动了一些人的利益，但晋中市将权力置于阳光下运行，用制度规范办学行为，靠阳光遏制歪风邪气，还教育一片净土，让普通百姓真正享受到了教育公平公正，增强了教育的公信力和群众的满意度。这几年招生期间，市县教育行政部门领导和学校领导再也不用东躲西藏，手机照样开，熟人照常见。所不同的是，群众找到晋中市，晋中市就给他们讲政策，讲制度。不少家长到现场看了阳光编班整个过程后，深有感触地说："像这样分班，谁也做不了手脚，晋中市民很满意。"

3. 基层感言

介休市教育局长张晓峰说：

改革创新是教育发展的一条必由之路，而改革肯定要触动部分人的直接利益，如何使改革既稳妥进行，又能取得积极的效果？作为政府职能部门，有责任向社会公开必要的信息和行为，坚持遵循阳光操作这一基本原则。阳光操作理念贯穿在了教育改革的各个环节，特别体现在招生编班环节当中，全市每年都要通过各种方式公布招生划片示意图，让老百姓清楚知道孩子在哪里上学，到了编班阶段，公开举行编班仪式，由市人大、政协、纪检、纠风办等部门，以及家长、媒体进行现场监督。阳光操作以后，权力始终在阳光透明的状态下运行，不仅确保了学生教育起点的公平，也塑造了晋中教育的良好形象。

榆次逸夫小学校长成永建说：

过去学校编班，作为校长有很多困扰，造成诸多不满意。如，家长托人找关系，领导写条子，各种各样的关系网铺天盖地而来，造成家长不满意。本校教师子女可以任意挑班，关系户跟着一起挑，形成所谓的"教师子女班"、"关系班"，班主任老师谁也不想带，教师不满意。班级人数放到不能再放，男女比例严重失调，学校领导不满意。在操作上，几位校领导悄悄找一个不被人们找到的地儿"藏"起来，通宵达旦，平衡关系，忙上一整夜，才能结束。过后还有埋怨，编得好了是你应该，编得不好就说你不办事！最严重的是这样编出来的班违背了教育规律，教师失去了积极性，最后真正受害的是学生。现在好了，公平又公正，程序阳光了，一举消灭了重点班和普通班，谁也做不了手脚，班额一致；老师也不找了、教师子女班没有了；校长可以均衡编排教师了，无人干扰了！老师的积极性提高了，家长满意了，教师积极性得到了提高，最终换来的是社会的满意，学生的发展。

平遥实验中学学生家长冀春娥说：

2011 年，我孩子郝望丞顺利通过划片招生就读平遥实验中学，而且无须关系找人，全部均衡编班，教育公平政策让晋中市老百姓真正得到了实惠。第一，机会公平了。均衡编班以前，有能力的家长会给孩子择班，利用手中的特权享有好的资源，现在好了，不管你是市长的孩子也好，普通干部的孩子也好，还是大街上钉鞋卖菜的，都是公平对待，都有同样公平的机会。第二，人格平等了。以前分成重点班和普通班，把孩子贴上了标签，自然分成了三六九等，家长也跟着分成三六九等，造成了人格的不平等。现在大家都一样，就看在同一起跑线上谁的孩子更有竞争力。第三，心情舒畅了。没有均衡编班以前，孩子一旦成绩有问题，就会为不能分到好班而耿耿于怀，造成心理失衡，现在好了，分班不再成为一个心中的疙瘩，心态也越来越健康。

（四）率先实行优质高中指标 100% 分配到校

1. 实施过程

从 2000 年开始，尝试改革高中招生办法，先将优质高中招生名额的 5% 分配到初中学校。2006 年提高到 20%，之后以每年 10 个百分点的递增幅度到校比例，2010 年达到了 60%，2011 年和 2012 年两年要保持在 80%。2010 年入学的初一学生，到 2013 年中考时，将把优质高中招生名额的 100% 合理分配到初中学校。

2. 分配办法

把优质高中招生名额的 100% 分配到各个初中，其中的 80% 按照学生人数分配，20% 根据对学校的评估结果分配。各校不设最低分数线，名额不做任何调整。晋中将对初中学校开展严格的质量评估，评估的主要指标是“五率两看一倾斜”，“五率”，即学生初中三年保留率、学生学业成绩合格率、学生综合素质评价合格率、学生实验技能和音体美合格率、学生学业成绩优秀率；“两看”，即看学校争先创优情况，看学校特色发展情况；“一倾斜”，即指标到校分配向农村薄弱学校适度倾斜。以此综合评价的办法，引导整个初中教育从单纯的升学竞争转向办学水平的竞争，由关注少数学生转变为关注每一个学生。优质高中招生名额到校，不仅是促进义务教育均衡发展的有效机制，而且是促进义务教育学校实施素质教育的有效机制。

3. 享受条件

一是在户口服务区范围内入学建籍，不存在“择校”现象；二是三年始终在所属初中校就读；三是不存在留级休学现象。这就意味着，三年后凡是上初一时“择校”的学生，没有资格享受优质高中到校指标。晋中还定了一条特殊政策，已经“择校”的初二、初三学生，2010 年 10 月底以前返回划片范围内学校的，可以享受到校指标，以后再出现类似情况，不再享受特殊政策。

4. 实施成效

从 2010 年开始，将优质高中招生指标均衡分配到初中学校，以此引导城镇和农村“择校生”回流，由于政策导向，全市成千上万名义务教育“择校生”返回片区内和乡镇学校就读，极大地减轻了城市和县城优质学校的压力，调动了薄弱学校特别是农村学校的办学积极性。如果说，教师交流解决的是因择师而引发的择校问题，均衡编班解决的是择班问题，那么优质高中招生指标 100% 到校则是解决的广大农村地区和薄弱学校学生择校问题，解决的是农村学校“空而弱”，城市学校“挤而强”的问题。

5. 典型学校

榆次北田中学，在改革之前，全校仅有七八名学生能上优质高中，

2011 年，这所学校有 42 名学生享受到了优质高中到校指标，学生及其家长对改革非常欢迎。

榆社河峪中学，是服务范围覆盖 24 个行政村 1.3 万人的初中学校，2010 年 6 月，全校只有 87 名学生，多数学生外出借读。2010 年 9 月，在优质高中招生指标到校政策的引导下，一次性回流 229 人，当年初一招生 111 人，且无一人外出借读，在校学生增加到 384 人。2011 年中考后，有 51 名学生被榆社中学录取，其中 46 名学生享受了到校指标，与上年只有 11 人被榆社中学录取的情况形成了鲜明对比。

（五）全方位实施素质教育

1. 积极实施“德育序列化活动”

结合中小学生年龄特征，分习惯养成教育、健康人格教育、公民素养教育和理想信念教育，实施了德育序列化工程。

小学阶段，侧重抓“八大习惯”养成教育，即：让学生养成文明礼仪习惯，特别是待人接物的习惯；养成良好的自主学习习惯，特别是自主预习的习惯；养成良好的阅读习惯，特别是在阅读中思考的习惯；养成良好的写作习惯，特别是坚持每天写日记的习惯；养成良好的健体习惯，特别是每天锻炼一小时的习惯；养成良好的卫生习惯，特别是不随地吐痰、不乱扔杂物的习惯；养成勤俭朴素的习惯，特别是不追求名牌服饰、不买垃圾食品的习惯；养成热爱劳动的习惯，特别是做家务的习惯。

初中阶段，侧重抓青春期心理健康教育，搞好标准化心理辅导室建设和心理健康教师队伍建设，关注全体学生，关注个体差异，关注问题学生。

高中阶段，以世界观、人生观、价值观、审美观和生涯发展规划的“四观一规划”为侧重，重点抓理想信念教育。

在整个中小学阶段，贯穿公民素养教育，引导学生正确处理人与人、人与自然、人与社会、民主与法制的关系，强化公民意识，提升公民素质，培养合格现代公民。晋中每年都要对校长、政教干部和班主任进行德育培训，每年都要召开一次德育工作推进会，每年都要举行大型家长教育报告会，每两年举行一次青年学生辩论赛，并充分依托青少年校外活动中心、德育基地和劳动实践基地，培养学生创新精神和实践能力。

2. 全面深化基础教育课程改革

全面深化基础教育课程改革对于缩小城乡之间、区域之间和学校之间的内在差距，具有显著功效。晋中以促进义务教育均衡发展为目标，全面提高新课程实施水平，致力于提升教育发展内涵。在实践中，把握“一个理念”，就是现代教育理念；促进“两个转变”，就是转变教师教的方式和学生学的方式；落实“三个维度”，就是知识与技能、过程与方法、情感态度与价值观；实现“四个突破”，就是以校本研训为突破创建学习型学校，以研究性学习为突破探索新的学习方式，以教学设计为突破优化课堂教学，以学业评价与综合评价为突破建立新的评价体系；抓好“五个有效”，就是围绕“有效教学”而提出的有效备课、有效课堂、有效作业、有效训练、有效评价。通过大力度的课改，广大教师基本树立起了现代教学理念，初步实现了教学民主化。围绕新课程改革，每学年（每学期）都要分小学、初中、高中开展大型的校长论坛和联片教研、网络教研、校本教研“三类教研”活动，较好地扭转了应试本位的教学观、知识本位的课堂观和分数本位的评价观。全市形成了“学案式”“二十四字”“三五三”“二三五”等一批有效的课堂教学模式，提高了教学质量和效益。

3. 扎实开展“阳光校园”主题活动

晋中统一开展了“让校园充满生机，让学生健康成长”阳光校园主题活动，基本项目是“四姿、三声、两操、一活动”。“四姿”就是培养学生正确的握笔姿势、端正的坐姿、标准的站姿和优美的舞姿；“三声”就是让教室里洋溢琅琅的书声，让校园里飘荡嘹亮的歌声，让操场上响彻雄壮的呐喊声；“两操”就是早操和课间操；“一活动”就是保证学生每天要有一小时体育活动。同时，扎实推进“体艺 2+1”活动，全面铺开 20 项体育技能和 10 项艺术技能“考级”活动，让每名学生都能掌握 2 项体育技能和 1 项艺术技能。在阳光校园主题活动中，学校扭转了死气沉沉的局面，焕发了勃勃生机，真正成为学生幸福成长的乐园。

4. 切实减轻中小学生过重的课业负担

晋中制定出台了《晋中市减轻中小学生过重课业负担的实施意见》和《晋中市减轻中小学生过重课业负担的十项规定》，建立落实了教学活动安排公示制度、义务教育毕业生试卷质量评估制度、学生体质健康情况通报制度、课业负担征求意见制度、加重学生课业负担责任追究等一系列制度。规模以上学校建立了中小学家长委员会，广泛开展家庭教育、积极开展家校合作，共同减轻中小学生过重的课业负担。

（六）着力培养高素质专业化教师队伍

1.“四个关注”基本理念

培养一支师德高尚、结构合理、业务精湛、充满活力的教师队伍是教育改革和发展的关键。晋中市围绕提升教师素质，从关注教师的师德修养，关注教师的专业发展，关注教师的精神需求，关注教师的生命质量“四个关注”入手，为教师的成长创造条件、搭建平台，有效促进了市域教育高质量均衡。

2. 主要措施

（1）让教师有高尚的道德情操

一是“八个倡导”引领师德建设。晋中市始终将师德建设放在队伍建设的首位，下发了《晋中市加强普通中小学校常规管理“五个规范”》，对教师从教行为从 10 个方面进行了严格规范；制定了《晋中市加强师德师风建设的“八个倡导”和“八个禁令”》，提出了师德建设的努力方向，明确了师德规范的具体要求。出台了《晋中市中小学教师职业道德实施意见》，将师德建设与加强教师队伍建设统一规划、统一部署，保证教师职业道德建设有目标、有内容、有氛围、有实效。制定了8大项41小项的《晋中市中小学教师职业道德考评参考标准》，完善了师德师风考核实施办法，年年考核，年年表彰，并将师德考核结果作为评选先进、专业技术职务评定和职务聘任、绩效工资分配的重要依据，严格实行一票否决制。对于有偿家教和学生补课等热点难点问题，严格禁止义务教育学校和教师利用暑假以各种名义组织学生集体上课和补课。晋中市还联合纪检、宣传及相关媒体等部门加强动态督查，重点解决教师责任心不强，敬业精神淡漠等问题，对有偿补课、体罚和变相体罚学生等失德行为进行重点整治，切实维护教师队伍的良好形象。

二是推行“三评一访”，提升教师的职业情操。一所负责任的学校是由负责任的教师组成的，教师和学校的好坏优劣，群众是最有发言权的。晋中市每年都要开展以“学生评教师、教师评校长、家长评学校、校长教师访家长”为内容的“三评一访”活动，通过对全市学生、教师和家长问卷调查，全市有95%以上的学生对教师满意。教师的职业幸福源于学生的尊重，源于家长和社会的信任。“三评一访”活动不仅检验了教师的师德修养，还使广大教师体验到了职业幸福感。

（2）让教师在学习和培训中提高专业素养

教师的专业素养应该在学习、思考、实践和反思中，不断超越、不断提升。

首先，倡导教师成为学习者。晋中市要求教师把学习作为自己基本的生活方式，积极引导他们向书本学、向网络学，向专家学、向同伴学，并结合“书香校园”创建活动，为教师提供读书清单，组织教师进行读书比赛、交流和研讨，使他们逐步养成了良好的读书和学习习惯，促进了专业发展。

其次，强化培养培训。晋中市启动了“三五”工程，即：选拔培养50名名师、名校长，500名省市级学科带头人，5 000名县级骨干，形成了教学能手、学科带头人、首席教师递次提升的骨干教师梯队结构，这支骨干队伍占全市3万名中小学专任教师的20%。同时，晋中市对骨干教师进行分层次、高质量的培训，市教育局每年组织特级教师、首席教师、学科带头人到北京师大、华东师大、陕西师大、东北师大进行培训；每年组织优秀中学英语教师到英国、澳大利亚接受培训；每年组织5 000名县级骨干教师参加市本级新课程培训；每年组织3 000名农村青年教师参加教学能力免费脱产培训。通过培训，使他们拓宽了视野，更新了观念，提高了专业素养，造就了一支带动全市教师专业化发展的领军团队。

再次，开展教师成长系列活动。晋中市坚持“三年一周期、一年一主题”，每三年进行一次中小学教师和校长业务知识全员考试；每三年进行一次青年教师课堂教学技能大赛；每三年进行一次师德师风表彰奖励。这项系列活动坚持了十多年，通过大考、大赛、大表彰，大面积提高了广大教师的专业素养和职业情操。

（3）让教师在研究和互动中增长实践智慧

为了使教师成为思考者、思想者和研究者，晋中市大力倡导“问题即课题”“工作即研究”，积极引导广大教师在研究互动中增长实践智慧。

一是拓宽教研途径，在有效教学和有效研训中生成智慧。教师的专业发展途径很多，在工作实践中，晋中市体会到，校本教研、联片教研和网络教研是教师专业成长的捷径和沃土。校本教研就是从课改以来，晋中所有学校坚持开展“5 + 0.5”校本教研活动，每周坚持半天教研；联片教研即跨区域联合教研，市里重点组织高中学段的跨县区联片教研，县里重点组织初中学段的跨乡镇联片教研，乡里重点组织小学学段的跨学校联片教研；网络教研已成为晋中教师教研活动的普遍形式。目前，共建立了1 200多个网上工作室和网上教研协作组，形成了有效的网络研训平台。通过开展三类教研，形成了教师资源共同体，使教师在彼此互动中形成了先进的教育理念和教学方法。

二是组织学科带头人“送教下乡”，在城乡教师互动中生成智慧。晋中连续七年组织省市级500名学科带头人开展了“送教下乡”，服务范围遍布全市 118 个乡镇 1 000 多所学校；连续五年组织城镇教师支援农村教育工作，全市 4 000 多名骨干教师深入农村全职或兼职支教，促进了城乡教育均衡发展。

三是管理重心下移，教育干部在教学指导和研究中生成智慧。晋中市出台了《教育局长、校长和教研员听课带课制度》，要求县教育局局长、副局长和分管教学业务的副局长每学年听课分别不少于 10 节、20 节和 50 节；校长及学校中层领导听课节数不少于 100 节。对教研员的要求，过去是“四项基本功”和“五个硬性要求”，现在是“十个一”要求。教育干部和教研员深入课堂教学第一线与教师切磋研究，不仅提高了他们指挥教育教学的权威，还在很大程度上指导了教师的专业化发展。

（4）让教师在工作和生活中体验职业幸福

晋中市积极努力让教师把职业当作事业来追求，静下心来教书，潜下心来育人，更好地实现人生价值。

一是营造尊师重教浓厚氛围，提升教师的职业尊严。晋中的各级党委、政府积极为教师办好事、办实事，不仅按照要求，为义务教育阶段教职工兑现了绩效工资，还设立了省市级学科带头人政府津贴，并大张旗鼓地表彰功勋校长、功勋教师、模范教师和优秀班主任。近年来，晋中市教师巨亚宏和乔志勇分别代表“全国优秀教师”和“全国教书育人楷模”受到了胡锦涛总书记的亲切接见。在晋中，全社会尊师重教的氛围很浓，教师切实感受到了从教尊严和从教乐趣。

二是坚持教师一年一体检制度，提升教师的生命质量。健康是生命的支柱。教师没有健康的身体，就很难全身心地投入工作，就很难实现专业发展。为此，晋中市通过人大代表建议，建立了教师一年一体检制度，体检经费由政府埋单，使教师有病早发现，早治疗，为专业发展提供了基本的健康保障。

三是积极鼓励教师成名成家，提升名师的工作待遇。晋中市从省特级教师和省市级学科带头人和教学能手中，聘任了 46 名市级首席教师，他们是晋中市教育的师德表率、育人楷模、教学专家、学科领军人。市教育局为首席教师提供优厚待遇：每人每年有一次公费外出培训、交流、考察的机会；安排他们与全国知名学者、专家师徒结对；为首席教师开设“名师工作室”，并免费赠阅《人民教育》《中国教育报》；为教师提供教育科研经费；为教育教学思想先进、教学艺风格鲜明、教育科研成果突出的教师举行学术研讨会等。通过这些措施，全市教育系统呈现了“学名师风采，走名师之路，创名师业绩”的好局面。

四是设立教师培训专项经费，提升培训质量效益。多年来，市级财政设立教师培训专项经费，并逐年增长；县级财政按教职工工资总额的 2.5% 划拨教师培训经费；全市实现了教育费附加的 10%、义务教育阶段学校公用经费的 5% 用于教师培训。晋中市教师培训全免费，实现了政府埋单，教师受益。

（七）“六大创建”和“百校行动”提升办学品位

晋中市着眼于整体优化育人环境，办好每一所学校，出台了《关于实施“六大创建”活动，打造和谐文明校园的工作方案》，开展了创建文明宿舍、创建文明班级、创建放心食堂、创建卫生厕所、创建绿色生态校园、创建平安校园的“六大创建”活动。

1. 实施过程

一是制定时间表。用三年到五年的时间，在全市打造 1 000 所标准化中小学校、30 所优质高中、20 所中等职业学校，整体提升全市中小学的文化品位和办学水平，塑造良好的行业窗口形象。2009 年 40% 的学校达标，2010 年 60% 的学校达标，2011 年 80% 的学校达标，2012 年要求全部达标。经过两年努力，全市已经有 592 所学校通过了市级验收。63 所学校验收为“六大创建示范校”。

二是明确创建标准。依据六大创建六方面的内容制定了具体的创建标准，并且对一些重点内容设定了一票否决项。定性评价和量化打分相结合，依据不同的分数标准设为优秀、合格、不合格等级。如在对放心食堂评估中，制定了四个A级指标和八个B级指标，满分为400分，根据项目划分了不同的权重。考评项目不仅涵盖食堂的基础建设、制度管理等硬件方面的标准，而且注重餐厅文化的创设、饭菜的营养均衡搭配和食品价格、学生就餐的文明礼仪等软环境的要求。创建标准和评估细则的设定，让学校有清晰的努力目标。2012年，又出台了《关于进一步加强中小学食堂管理工作的意见》，对学校食堂标准化建设情况进行检查验收，并挂牌认定、分类管理。具体为：2012年底以前，全市所有食堂全部创建成为“放心食堂合格单位”，其中一半以上创建成为“放心食堂规范单位”，有50个创建成为“放心食堂示范单位”；再用一到两年时间，把全市所有学校食堂全部建成“放心食堂规范单位”。

三是落实奖惩制度。每年教育工作会议，都要以市表彰奖励先进学校和先进项目单位。各县（区、市）教育局同时组织县级督查评估和认定表彰。对创建过程中总结出的好经验、好做法，在全市树立典型，进行推广。对不能按期完成创建任务，影响全市创建工作大局的，追究相关责任单位和人员的责任。

2. 创建成效

一是缩小了硬件差距。“六大创建”强化了政府对学校的硬件投入，缩小了校际间的办学条件与管理水平的差距，改变了薄弱学校学生睡通铺、雨中打饭的状况；改变了厕所脏乱臭的现象，形成了干净整洁无死角的校园环境；改变了校园风天扬沙、雨天泥泞的状况，建成了春有花、夏有荫、秋有果、冬有绿的生态型、花园式校园。全市寄宿制学校的学生睡上了钢木床，换上了新桌凳，吃上了放心食品，用上了干净厕所，走上了硬化道路，学校真正成了每个孩子健康成长的家园。

二是提升学校品位。“六大创建”给全市教育事业的发展带来的变化是全方位的，学校变漂亮了，有了内涵，有了文化，有了品位，每一面墙，每一个角落都发挥出了育人的效果，真正成为了学生高质量学习、快乐生活的场所。例如，昔阳西大街小学提出了“严格的常规管理是学校特色形成的基础”这样的制度文化。榆次张庆中学楼道文化建设注重了一层一主题，一楼为公民素养篇，二楼为励志哲理篇，三楼为爱国教育篇；而且在楼层空间还精心设计了“知识长廊”，一楼为国际组织介绍；二楼为英语单词荟萃；三楼为中国节日介绍。

3. 实施走向现代学校“百校行动”

近两年，晋中市积极开展“走向现代学校”课题研究，出台了《晋中市“走向现代学校”建设工程实施方案》。2009 年，确定 111 所试点学校，启动了走向现代学校“百校行动”。主要围绕“一校一章程”“一校一规划”“一校一制度”“一校一特色”“一校一评价”“一师一典范”“一生一专长”的“七个一”展开，力争使每一所学校都能够办出特色，都能够成为可持续发展的学校。

（八）教育督导全覆盖保障义务教育均衡发展

晋中市坚持督政与督学并重，监督与指导并重，围绕全市教育工作大局，不断完善教育督导制度，积极改进督评方法和程序，为推进义务教育均衡发展，提高教育质量发挥了重要的保障作用。在晋中，每一项重大教育决策，都有相应科学的督导评估体系做保障，做支撑，体现了一定的权威性。

1. 科学健全的评估体系

一是分类考核制度。近年来，晋中市针对不同的督导对象，相继出台和完善了《晋中市县（区、市）党政领导教育工作责任考核暂行办法》、《县（区、市）教育局发展性评价的考核办法》、《中小学校督导评估办法》、《初中学校年度考核评估指导意见及指标体系框架》、《“六大创建”活动评估细则》等督评体系。每项督评体系都有严格的考核细则、考核程序、考核结果运用，使教育督导为教育改革发展服务的功能得到了充分发挥。

二是督导通报制度。每次组织的督评工作，督导结束后都要组织汇报，进行总结通报。对于在督导过程中发现的问题，及时下发《整改通知单》，要求被检查单位限时整改，并建立督导台账制度。2010 年共下发整改通知单 16 份，所涉及的问题基本得到了解决，少数问题学校一时解决不了的向政府进行了报告，由政府来及时整改落实。整改情况纳入年终对政府、教育局的综合考核。在 2010 年对学生流失、教师在编不在岗等情况进行专项检查后，及时下发通报，给予相应责任人一定的行政处罚。比如，免去 13 名校长的职务，给予 5 名校长行政处分，对 1 位中学校长进行诫勉谈话。

三是督学责任区制度。将全市合理划分为四个督导责任区，实行驻区督学工作责任制，将督学的视线直接聚焦到一线基层学校，实现督学全覆盖，指导无盲区，真正让每一所学校都得到了发展。

四是督学管理制度。出台了《晋中市督学管理办法》，对督学聘任的范围与任期、享有的权利和义务、组织和管理进行了详细规定，督学管理进一步趋于制度化。

五是重点督导制度。每年都要根据当年推进义务教育均衡发展的重点工作，对班容量、流失率、校园安全、五等进行专项督导，确保教育目标的完成。2012 年 4 月 27 日晋中市组织 48 名干部，带着支教名单和初二初三学生名单，直接深入到 50 多所学校进行了暗访督查。此次暗访做到了三保密，检查人员保密、检查县市保密、检查学校保密，同时还对检查程序提出了严格的要求，目的就是要真正摸清情况，为下一步决策提供依据。

2. 扎实督政，确保政府法定责任得到落实

县级政府落实教育工作情况，直接关系到县域教育的整体水平和民生改善，关系到义务教育均衡发展能否得到落实。2008 年，市委组织部、市教育局和市政府教育督导室联合制定了《晋中市县（区、市）党政领导教育工作责任考核暂行办法》，依法启动了市政府对县级党政领导履行教育工作责任考核工作。通过坚持多年持续开展督政，各县（区、市）政府依法落实教育工作责任的责任感越来越强，有力促进了各县（区、市）政府优先发展教育，积极主动地承担起了发展区域教育的重要职责，教育投入不断增大，教育水平大幅提升。

一是规范督导程序。为体现督导考核的客观公正，真实反映被考核县（区、市）政府履行教育工作职责情况，晋中市制定了比较规范、周密的工作方案，实施严格的督导评估程序。督导评估小组每到被检查县（区、市），都通过召开专题汇报会议、查阅资料、实地查看学校等方式进行督察，以客观地掌握各县教育工作的真实情况。

二是完善指标体系。每年要根据教育形势的新任务、新要求，紧紧抓住县级政府领导和管理教育工作的基本职能，优化考核指标。2011 年，晋中市将考核内容重点调整为教育摆位、经费投入、重点工程、队伍管理、学校安全、教育水平、教育督导、创优争先 8 个一级指标。比如，经费投入部分分值最高，占到了总分值的三分之一，突出考核“三个增长”“两个比例”“两个附加”“一个计提”“五个专项”，考核指标的修订，促进县级政府在教育改革发展中能够抓住重点，突出要点，加大推进义务教育均衡发展力度。

三是合理使用结果。每年的考核结果按量化积分，以县（区、市）进行排队，而且对每一项考核指标的具体完成情况都要下发通报。考核结果作为市委、市政府评估县（区、市）党委、政府教育工作的主要依据；作为评选表彰教育书记、教育县长的重要依据；作为年度教育工作会议表彰的直接依据；作为考核党政主要领导和分管领导政绩以及提拔重用的参考依据。对连续两年不合格的县（区、市），给予黄牌警告。

3. 深入督学，确保均衡落到实处

一是围绕教育决策开展专项督导。均衡编班、教师交流、布局调整、优质高中招生指标 100% 到校是晋中市推进义务教育均衡发展的四大经验。除一年一度对政府进行考核外，晋中市每年要对政策执行情况进行数次督导检查，深入班级清点人数查有无超班容量，深入家长学生查学校有无择校乱收费，有无违规补课办学、课程开设、作息时间等。严格的督导检查，有效推进了义务教育均衡发展，保障了教育公平。仅 2011 年，晋中市就开展了 10 多次专项督导，全部下发通报。

二是科学评估推动学校发展。为了适应新的教育决策，在原有中小学年度督导评估办法的基础上，重新修订出台了《初中学校年度考核评估指导意见及指标体系框架》，形成了一整套中小学年度发展督导评估制度，评价体系充分体现了评价导向、育人为本、教育公平原则。在对初中考核评估中，突出考核"五率"和"两看"，考查学生的思想道德合格率、中考成绩合格率、中考成绩优秀率、体育艺术科技合格率，学生初中三年保留率；看学校"办学特色"和"争先创优"。而且不用"一把尺子"评价学校，让学校拥有主动发展权。晋中市还创造性地设立"学校自拟指标"，引入"协商式"评价。即：从学校评估指标体系中给学校留出一定分值，由学校根据指标体系中提供的"菜单"自主拟定指标。学年初督导人员深入到各学校，帮助学校确定 5—10 项发展性指标；学年末以学校自主确定的指标，由县评估组人员和学校自评小组成员采用"协商式"评价的方法进行评估。这样，学校不再是像以往一样被动接受检查，而是成为评估中的主体参与到评估中，使评估真正成了督导部门与学校之间的互动。同时，避免了用"一把尺子"评价所有学校的弊端，有效促进了学校自主发展，便于形成自己的办学特色。

四、典型案例

（一）创建教育盟区，推进城乡教育一体化发展

太谷县素有尊师重教的优良传统。近年来，在市教育局的精心指导

下，该县着眼城乡教育一体化发展，探索建立了城乡教育“六大盟区”管理模式，整体提升了县域内义务教育发展水平。

1. 盟区的组建

六大盟区是一种“区域联动，整体推进，共同发展”的管理模式。以教师提素质，管理上水平，教育大发展，人民得实惠为终极目标。按照“强校引领、资源共享、捆绑考核、互动发展”的工作思路，根据学校办学水平、教育教学质量、教师队伍、教学研究、地理位置等情况，把全县学校划分为一、二、三类，坚持学校类别、乡镇数、学校数、学生数基本均衡的原则，组建了以恒达中学、明星中学、太谷五中为龙头的三大初中盟区和以实验小学、明星小学、太师附小为龙头的三大小学盟区。每个盟区都由城区优质学校、城区薄弱学校、农村学校、边远山区学校等不同层次的学校构成。盟区实行区长负责制，旨在统筹推进盟区内校际间管理互促、研训联动、质量同进、文化共建，实现教研一体化、管理一体化和捆绑式考核。盟区各学校仍实行校长负责制，负责本校教育、教学、经费、财产和教职工日常管理、考核工作。

2. 运作方式

教育盟区不是一种简单的学校组合，县教育局制定了详细的实施方案，提出了明确的目标任务、责任职责、推进策略、实施要求、保证措施等。在具体运作中，做到“四统筹”。

（1）统筹教育管理

为了使城内学校的先进管理理念辐射到盟区内其他学校，各盟区都建立了学校管理互动平台，通过定期开展校长论坛、文化沙龙、校长挂职锻炼、文艺汇演、家长互动、城乡互访、学生体验交流、图书漂流等活动，定点打造、重点帮扶，实现学校间的取长补短，共同提高。如实验盟区建立了盟区内校长定期论坛制度；恒达盟区每年为成员学校提出一份有关学校管理、教育教学、文化建设、学校发展等方面富有针对性的建议书；太谷五中派出了教导主任、教研室主任到小白中学担任副校长；实验小学派出了两名副校长到两所农村小学担任管理工作，这些措施办法都提高了农村学校的管理水平，促进了特色办学。

（2）统筹教师交流

在教师交流、调配方面，太谷县制定了以盟区交流为主，跨盟区交流为辅的交流模式，给予各盟区以更大的权力。每年暑假，盟区都要按照年级、学科、岗位对接、均衡的原则，在“相对稳定、合理流动、资源共享”的前提下，由盟区长统一协调盟区内干部教师交流。2011 年，全县共交流教师 346 人，达到专任教师的 16%，其中城乡教师交流达 132 人。

晋中市规定：城内教师到农村交流，全部实行“人走关系留”，并全部享受农村任教津贴；到离县城 10 公里及以外的农村校交流者，服务时间为两年，到离县城 10 公里以内的农村学校交流者，服务时间为三年，为确保交流效果，各盟区都制定了考核办法和激励政策。在交通、住宿等方面努力为参与交流的教师提供便利，使教师的归属感更浓，工作责任心更强。

与此同时，各盟区还通过紧缺专业教师流动教学、引导超编学校的富余教师向农村缺编学校流动等形式促进盟区内师资水平的均衡。此外各盟区都成立有交流试点校，每年盟区都会选一名城区学校副校长带上四、五名骨干教师组成帮扶团，重点帮扶一个薄弱学校。

如实验小学盟区，由实验小学全国优秀教师智美焰副校长带领 4 名教师交流到离县城 10 公里外的水秀乡北郭小学任教。不仅带动了农村学校文化品位、教研氛围的提升，作为全国课堂教学改革研讨会的参观点，深受与会代表好评。与此同时，教师交流激发了村干部关心支持教育的热情。村集体投资 1 000 多万元新建了现代化学校，建起了村民学校，引导村民相夫教子，和睦邻里，孝敬长辈，北郭村被评为全国社会主义新农村建设的典范，在 2012 年 2 月接受了国务委员刘延东的视察。

（3）统筹教研教改

为了使盟区内所有教师都能够接受先进的教育教学理念和教学方

法，各盟区积极发挥名优教师的引领作用，广泛开展师徒结对活动，利用每周的师徒研讨日，实现面对面、零距离交流；通过网络教研平台和QQ群，全方位辐射先进教育理念和教学方法；通过送教下乡、开展教学诊断活动、同题异构和定期举办“名师论坛”、“名师讲堂”“盟区新秀赛讲”、“师徒同台赛”等形式，促进农村教师专业化成长，整体提升农村学校的教育教学质量。

（4）统筹考核评价

在考核评价方面，建立了《太谷县中小学六大盟区评估考核方案》，将对盟区内相对薄弱学校的教育教学质量的考核，作为对龙头学校考核的重要指标进行捆绑考核，有效激励了城内优质校支援、带动农村学校发展的内驱力，形成了一套资源共用、责任共担、利益共享、整体联动的考核评价机制。例如，附小盟区把书法校本教材和书香校园建设经验与盟区内各校共享；实验盟区把范村学校的精细化管理文化和实验小学家长学校建设文化分享到盟区各小学。经过不懈的努力与积累，城乡教育盟区学校的学校文化得到发展，师生的精神家园进一步丰富，学校的办学层次也得到了提高。

城乡教育“六大盟区”这一模式，是促进城乡教育一体化发展，全面提高县域内义务教育质量，使优质教育资源利用最大化的有效办法。这一做法，打通了城区学校与农村学校共同发展的通道，增强了盟区内校际间的凝聚力，融合提升了不同学校的特色文化，真正实现了优质教育资源共享、优势互补和协作共赢，大大缩小了城乡间和校际间的差距。如今，太谷县的农村学校也和城区学校一样，认真实施精细化管理，推进以养成教育为主要内容的德育序列化活动，积极优化课堂教学模式改革，扎实开展阳光运动一小时和体艺“2＋1”项目活动，努力营造学校的文化氛围，逐步培育办学特色，学校管理水平、办学品位、教师的专业化发展、教育教学质量有了显著提高，这些都得益于城区教育六大盟区这一方式的实施。

（二）“回流”带来大变化，农村学校现生机

河峪乡位于榆社县悟云山下，云竹湖畔，全乡人口1.3万，面积220平方公里，辖24个行政村，服务半径15公里。榆社县河峪中学位于河峪乡河峪村，是服务全乡的唯一初中，在校学生384名，教职工37人，专任教师27人，其中中学高级教师2人，中学一级教师7人，特岗教师8人，教师学历100%达标。

1. 困境中的希望

由于地处偏远，交通不便，信息闭塞，加之2005年全县布局调整后小学教学点的大量撤并，2006年以来，全乡80%的学生流往县城学校上学，在校学生人数锐减，学校招生陷入恶性循环。截至2010年6月在校学生人数：初一26人，初二29人，初三32人，学校一度陷入办学困境，家长怨声载道，教师垂头丧气，学校面临生存的威胁。

正在一筹莫展时，2010年7月，晋中市教育局出台了《关于做好中小学招生编班和控辍工作的规定》，榆社县教科局依据市局精神，制定了《榆社县义务教育阶段学校招生工作方案》，规定了六项招生原则。一是坚持属地管理原则。由县教科局统一组织实施本县范围内义务教育阶段中小学校的招生和编班工作。二是坚持公平、公正、公开原则。招生、编班工作实行“阳光作业”，接受社会监督。三是坚持“两为主”原则。即：进城务工农民工随迁子女，按照“流入地为主，公办学校为主”平等接受义务教育。四是坚持“划片、就近、免试、分配”原则。适龄儿童少年按划定的学区就近入学，不举行任何形式的考试录取新生。农民工随迁子女按学校规制、班容量统一分配。五是坚持以“户籍”划片的原则。从2013年起，高中招生指标100%分配到初中学校，享受高中招生下校指标优惠政策的学生，必须学籍和户籍相统一。凡2010年10月底前回流户籍所在地学校上学的初二、初三学生，可享受高中招生下校指标的特殊照顾。六是坚持“自主自愿”的原则。家长选择子女到非服务范围内学校就读时，须签订“借读协议”，自愿放弃享受高中招生下校

指标优惠政策。有政策推动，靠制度保障，2010年河峪中学秋季入学招生出现了意想不到的可喜变化：初一招生111人，当年小学毕业生100%在划定服务区域入学；初二从县城回流学生100人，年级学生共计129人；初三从县城回流112人，年级学生共计144人。户籍所在地初二、初三回流学生达98%，在校学生数回升至384人。沉寂已久的校园又充满了学生的欢声笑语，活蹦乱跳的学生又唤起了教师的信心、责任心和工作激情，河峪中学勃发出前所未有的生机和活力。

2. 挑战中的智慧

由学生人数不足100人、仅有3个教学班，骤然变成近400人、8个教学班的学校，全校欣喜万分，与此同时刚走出招生困境的河峪中学又面临着教学管理和教育教学质量提升的挑战和压力。不得不承认：学生的稳定和“回流”在很大程度上是政策导向之下家长无可奈何的抉择！面对家长的观望、期待和怀疑，学校领导审时度势，果断决策，变压力为动力，全校上下心往一处想，劲往一处使，抓管理，抓教学，决心向全乡父老乡亲交一份满意的答卷。在教科局、乡政府的关怀和大力支持下，河峪中学新建了学生餐厅、宿舍楼，首先解决好学生的吃、住问题，让家长不再为孩子的吃、住担忧。接着又开工新建教学楼，在着力改善基础设施条件的同时，在县教科局的指导下，学校领导班子认真分析了学校办学现状，明确了工作思路和采取的措施：在办学思想上，以课程改革为中心，以提高教师综合素质为核心，以创办特色管理为重心，以培养学生良好的生活习惯和学习习惯为目的，使教书与育人同步，学习与做人同行，全面提高教育教学质量。在工作重点上，加强教师职业道德建设，使教师爱岗敬业，向岗位要质量；加强常规管理工作，把工作做细做实，向常规要质量；充分利用各种资源，加大校本研训力度，向课堂45分钟要质量。在队伍建设上，河峪中学教师队伍结构不太合理，50%以上是新上岗的特岗教师。特岗教师个人素质好，有工作的积极主动性，但把握教材、组织教学的经验相对欠缺。为加快他们的成长，学校实行一学期一次的教学理论考试、讲课过关制度。考试即：考课标、教材、新的教学理念等；讲课即：所有科任教师人人面对评委讲一节过关课。考试、讲课情况与教师的绩效考评挂钩。通过“学习转变观念”“常规锤炼内功”“校本提升素质”“课改创新模式”等，促进了教师的专业化成长。为全方位调动教职工工作的主动性和积极性，学校还出台了《教职工考评方案》，分别从师德师风、考勤、岗位职责、教学成绩等方面考评。通过教师自评、教职工互评、学生家长测评，最大限度激发教职工的工作热情。在学生管理上，大胆尝试和改革学校政教工作，通过出台班级量化考评方案、成立学生会、开播校园之声以及在假期推行“做人和学习监督卡”制度，极大地调动了同学们自主管理、自主学习、自我评价的能力，使学生管理走上了一条良性发展的轨道。

3. **收获中的喜悦**

短短的一年时间，可以说河峪中学发生了翻天覆地的变化。规模轨制有了显著变化，从不足百人的单规制学校变成近四百人的三轨制学校；教师的工作状态有了显著变化，从唉声叹气混日子到生龙活虎求上进；教育教学质量有了显著变化，学生学业成绩稳中有升，综合评估各项指标名列全县前茅；社会评价有了显著变化，家长看到孩子成绩不仅没因“回流”受到影响，反而在学校的精心管理下，养成了良好习惯，懂得了做人道理，怡养了品德性情，原来的担心转变成放心，原来的怀疑转化成信任，原来的期待变成了现实。在学校召开的家长会上，家长们表达了对高中招生指标 100% 分配到初中学校政策的理解，对老师的感谢，对学校工作的支持和认可。

（三）平遥岳壁三中绝处逢生，活力大增

平遥岳壁三中是偏远山区的一所农村寄宿制初中，在晋中市大力推进均衡发展政策的支持下，这所曾经濒临倒闭的学校从外到内发生了脱胎换骨的变化，真正让农村孩子和城市的孩子共同生活在了同一片蓝

天下。

1. **学校标准化建设，改善了农村学校的办学条件**

2009年前，岳壁三中校舍70%是危房，围墙是土墙，年久失修，连一间传达室都没有。师生走在校园里晴天一身土，雨天一身泥。图书、仪器等配套设施几乎没有。

2009年，随着校安工程的实施，政府投资260万元新建了高标准教学楼，投资60万元完成了学生宿舍的加固，投资30余万元完成了校园的硬化、绿化，体育场的建设。目前容纳600人学习的教学区、300人住宿的生活区、200米跑道的活动区已投入使用。学校校舍面貌设发生了根本变化。同时学校配套设施迅速改善，新增图书3 000册，实现了网络办公和“班班通”，学生宿舍实现了公寓化管理。真正实现了学校基础设施设备和城区学校一样标准。

2. **优质高中指标到校，稳定了农村学校的生源**

在晋中市优质高中指标到校政策的引导下，该校在城区学校借读的学生纷纷回校就读，近年来再无学生外出借读。学校学生迅速增加，最多时达580人。可是几年前的岳壁三中，由于种种原因导致学生70%外流，在校学生仅170多人。那时，教师面对的是冷冷清清的校园、上课无精打采的学困生，没有心思教学，千方百计想离开这所学校。现在学生回来了，学校有了生气，教室有了书声，教师们笑了，昔日的斗志回来了。教学成绩提高了。以中考为例，省级示范高中平遥一中录取人数从2009年以前的零人数，三年共输送36人，同时还有61人被市级示范高中平遥二中录取。

3. **教师城乡交流，均衡了农村学校的师资**

前几年教师严重缺编，三分之二是民办转正，60%高中学历，平均年龄44岁。学历低，年龄大，很难适应教学。近年来，政府建立了对农村薄弱校教师倾斜补充长效机制，为该校新补充教师10名。2008年，晋中市推行教师交流，该校先后有13人次进行交流，一批优秀学校的骨干教师交流到该校。现在岳壁三中教师学历本科以上50%，还有两名研究生，平均年龄35岁，师资结构发生了深刻变化，师资水平丝毫不逊色城内中学。教师的交流，不仅是数量上的变化，更带来了无穷的活力。

学校硬件设施齐备了、生源保证了、教师素质提高了，学校又把精力投入到学校管理、教学改革、校园文化建设等方面。辛勤的汗水换来丰硕的果实：学校先后获得了县“十佳寄宿制学校”、“教学质量评估先进校”、“有效教学先进校”等荣誉。

五、发展改革点评：教育综合改革需要加大顶层设计

解决义务教育择校难题的办法有多种渠道，我们叫作“组合拳”：一方面是治理乱收费，加大查处的力度。另外一方面，就是立足于治本，推进义务教育均衡发展。通过改造薄弱学校、教师交流等措施，使相对薄弱的学校能够尽快地提高水平，使全体学校条件相应的差不多，使家长们不必要又找人又花钱，又花很多时间送孩子上学。

“组合拳”是科学发展观要求的统筹兼顾的工作思路和工作方法的具体体现。山西省晋中市正是通过加大顶层设计，推动制度创新，多举措全方位推进义务教育均衡发展，进而治理和缓解义务教育阶段择校，才从根本上破除了发展中面临的难题，使全市义务教育阶段中小学基本实现无择校、无大班额、无重点班、无乱收费目标，全市教育质量效益和社会声誉明显提升。

（一）做好顶层设计要确立基本架构

晋中市围绕义务教育均衡发展的战略性任务和全面实施素质教育的战略主题，把办好每一所学校、教好每一名学生、发展好每一位教师、

让学习成为每个人的生活方式作为最大的追求，探索建立了以“四化两改三保证”为抓手，全市一盘棋、城乡一体化推进义务教育均衡发展。

一是设计“四化”确立改革基本点。即学校建设标准化、教师交流制度化、教育管理规范化、教学手段信息化。这样才能使各学校条件基本相同。

二是设计“两改”确立改革攻坚点。即改造薄弱学校、改革高中招生制度。这样才能使薄弱学校在提升办学条件，获取好的生源方面得到特殊的扶持。

三是设计“三保证”扫除改革盲点。即保证贫困生不失学、保证学困生不流失、保证农民工子女和城市学生享受同等待遇。这样才能使整个工作不留短板，确保在推进均衡发展中不会产生新的不均衡。

（二）做好顶层设计要在明确重点中强化统筹

一是要找工作重点。在工作推进中，晋中围绕教育优先发展，统筹推进，重点突出了“一优先”“两统筹”“三督导”“四理念”四大重点。这样才能在明确各项任务后进一步明确工作内容，在增强工作可操作性的基础上扎扎实实地推进工作。

二是统筹均衡发展各项措施。重点从学校标准化建设、干部教师交流、阳光招生均衡编班、优质高中指标100%下校四方面进行统筹。这样才能使各项措施形成合力，不至于出现单项措施“治标不治本”失效的情况。

三是统筹提高质量各项措施。围绕全面实施素质教育，整体提高教育质量，重点抓好全面贯彻教育方针的大事、提升教师专业素养的难事、课程改革的新鲜事、精细化管理的具体事。这样才能使均衡发展始终不偏离素质教育的方向，不会出现千校一面的结果。

第九章　浙江省海宁市实现义务教育阶段“零择校”

一、域情教情

海宁市地处浙江省北部，杭嘉湖平原南端，东距上海120公里，西与杭州接壤，下辖8个镇、4个街道、3个省级经济开发区，总面积700.5平方公里，户籍人口65万，暂住人口25万。

海宁是一个极具竞争实力的城市。改革开放以来，全市上下抢抓机遇，发挥优势，加快发展，区域经济不断壮大，综合实力显著增强。2011年，全市实现生产总值531.27亿元，完成财政总收入71.79亿元，其中地方财政收入38.82亿元，城镇居民人均可支配收入和农村居民人均纯收入分别达到33 188元和17 397元。综合实力保持嘉兴首位，地方财政收入名列浙江省各县市前列。近年来先后被命名为全国、全省科技工作先进县（市）、中国优秀旅游城市、国家级生态示范市，浙江省首批小康县（市）、省示范文明城市、省首批平安县市、省教育强市、省卫生城市、省双拥模范城、省体育强市、省园林城市等称号。

近年来，在以科学发展观统领城乡一体化发展进程中，海宁市紧紧围绕建设教育强市、办人民满意教育目标，坚持深入推进均衡发展，服务于“精神富裕、经济富裕”海宁发展战略，不断更新发展理念、加大教育投入、深化教育改革，为海宁经济转型、社会发展提供强有力的教育保障，全市城乡教育呈现出均衡、协调、开放发展的良好态势，并不断向教育现代化迈进。

义务教育均衡发展。全市有小学 41 所，初中 22 所。适龄儿童少年入学率、巩固率均达到 100%，初中毕业生升入高中段学校比例达到 99.31%。

新居民子女（进城务工人员随迁子女）教育持续发展。新居民子女接受义务教育达到 100%。目前新居民子女在本市就学总人数为 22 191 人，其中在公办学校就读的人数为 17 916 人，公办学校解决新居民子女就学率达 80.74%。

民办教育规范发展。其中基础教育阶段班级总数 111 个，就学人数 4 764 人。

根据国家深入实施科教兴国战略和人才强国战略，海宁市委、市政府提出“十二五”期间坚持教育优先发展，推进市域义务教育均衡发展，创建省级教育现代化市的战略思想。深入持续推动社会教育事业改革，提高教育现代化水平，切实保证经济社会发展规划优先安排教育发展、财政资金优先保障教育投入、公共资源优先满足教育和人力资源开发需要。确保财政教育支出增长高于财政经常性收入增长，到“十二五”期末，教育经费支出占财政经常性支出达到 26% 以上。高质量普及 15 年基础教育。深入实施名师培养工程，加大名校培育力度，使开放发展的海宁教育继续保持全省领先地位，力争率先在全省基本实现教育现代化。

二、亮点成效

2006 年，海宁市已经全面落实“以县为主”的基础教育管理体制，义务教育阶段中小学校建设标准化率达到 100%，十五年教育全面普及，优质教育资源进一步扩大。当年海宁经济地区生产总值 255.66 亿元，财政总收入28.61亿元，其中地方财政收入13.47亿元。经济事业与社会事业已到达一个高峰的海宁市，将“坚持以人为本，保障公平正义，着力构建和谐海宁”作为新的战略任务。2007年3月，温家宝总理在政府工作报告中明确“教育是国家发展的基石，教育公平是重要的社会公平”，提出要大力“促进教育发展和教育公平”的要求。经过较长时间准备的“零择校”政策在那一年如期出台。海宁也成为浙江省第一个推行“零择校”的县（市），走在全国前列。因为这破冰之举，当时海宁被浙江省及全国多家媒体称为“浙江省率先啃下择校硬骨头的县（市）”。六年来，海宁在“零择校”举措上从未动摇过，且以此为推动全市教育均衡发展的基础，着力于全面提升义务教育质量。

（一）“零择校”的特点鲜明

海宁市“零择校”特点鲜明，主要体现在以下四个方面。

1. 择生学校数为零

全市各所公办中小学校都严格遵守招生政策，没有一所学校自定政策，所接收的每一位学生都经过学校、教育局审核，并向社会公示。同样可以说，没有一个公办学校的校长可以自行收一个学生。以往为学生入校问题忙碌不堪的校长不必再为此而烦恼，主要的工作放在按学校发展思路，定计划，明措施，全力推进学校内部改革，着力提高学校办学质量。

2. 择校学生数为零

全市学生进小学或初中就读只需要对照教育局对外公布的招生方案，家长不必再为自己的孩子选择哪一个学校而发愁。以2011年新生入学为例，包括新居民子女在内，全市7 922名一年级新生和72 811名七年级新生，都是以实际条件为依据，以招生政策为标准，按学区就近学校入学就读。

3. 入学收费为零

海宁市坚决贯彻实施《中华人民共和国义务教育法》和《浙江省义

务教育条例》，坚持义务教育公益性原则，免除全市所有公办学校中小学生的学费与杂费。包括新居民子女在内，在义务教育阶段，每一位学生都可以在公办学校“零交费”上学。

4. 择校投诉为零

“零择校”政策实行后，虽涉及面广，但对政策不明白的人却逐年减少。六年来，向市教育局、市人民政府及以上投诉公办义务阶段学校“择校收费”的事件没有一例。

（二）义务教育均衡发展的特点鲜明

海宁市“零择校”政策实行以来，全市把关注点放在在教育均衡发展上。海宁市义务教育均衡发展呈现出六大特点。

1. 资源配置均衡，学校建设同步推进

按照“初中向中心镇集中，中心小学向镇所在地集中，新增教育资源向城镇集中”的原则，科学规划，高起点、高标准实施与城乡建设规划匹配的城乡教育设施布局专项规划——《海宁市中小学布局规划》，建立了学校建设与居住区建设相配套的制度，并按布局规划和国家、地方有关标准进行建设，切实加大学校基本建设和农村薄弱学校建设力度，积极稳妥地推进布局规划调整工作。加大教育设施、教育装备的投入力度，其中大部分经费用于农村中小学教学设备的添置和更新。

2. 学生生源均衡，教育实施科学有序

从整治择校乱象以来，海宁市城镇及农村学校的生源相对稳定，不再出现“多少不均”现象。农村学校缩班或班额不确定情况得以控制，城区学校之前一个班 50 多人甚至 60 多人的情况也有了根本扭转，班额稳定在 40 人左右。稳定的生源，使农村薄弱学校去除了校长与教师的担忧，也使城区传统的优质学校致力于实施教育精致化工程。

3. 特色创建均衡，差别发展稳步推进

六年来，海宁市已有 11 所学校被评为浙江省体育、艺术教育特色项目学校，41 所学校获得“海宁市 A 级特色学校”称号。于历史传承与现实需要，我市大力推进“一校一特色”“一校一文化”的差别化发展。实验小学的“卓越成长”工程，让学生的潜能充分发挥；紫微小学的“生态化德育”，培养学生的社会担当意识；石路中心小学的“民乐教育”，使民族音乐塑造人格；南苑中学的“自主教育”，把管理的自主权还给师生；周王庙初中的“心灵阳光”工程，给学生播撒生命的阳光；长安镇初中的“科技创新”，让学生在科技活动中开拓进步。

4. 共同发展均衡，队伍建设多措并举

海宁市全面实行“以县为主”的管理体制，城乡中小学教师福利待遇按同一标准纳入预算，同时对农村中小学教师每月发放 50 元至 150 元不等的工作奖励，农村名优教师奖励在原有基础上翻一番。同时加大城乡教育共同体建设，实施优质资源推广计划，着力推动城乡校长、教师交流工程，打破城乡校际差异，加大农村学校教学改革力度，提升农村学校教育质量。

5. 教学改革均衡，智慧课堂多样构建

实施“零择校”以来，一定程度上说，天然的生源质量差异减少，这就使学校把提升教育质量重点放在课堂教学改革上。对于原来的城区优质学校，也形成了课堂质量倒逼机制。课堂教学更加注重学生的个性差异，更加注重学生情感体验、思维提升与智慧形成。即使是一些农村学校，也坚持着力推进“10 + 30”、“单元教学模式”、“网络平台阅读教学”等课程教学模式，这就使全市的课堂教学改革不断走向深入。

6. 开放办学均衡，教育视野不断扩大

“零择校”也在很大程度上激活了学校办学思路，内外并举，开放办学成为全市义务教育阶段学校的共识。除了市政府与华东师范大学合作办学举措外，学校自主开放办学的能力也在不断增强。海宁市开阔的教育视野，进一步增强了教育发展的生机和活力，促进了教育的稳定和协调发展，促进了教育的国际化个性推进。10 多所学校与美国、英国、日本和马来西亚等国相关学校结为友好合作关系。如农村小学丰士小学的英语教学法引起了英国康沃斯学院的关注，该学院现与丰士小学结成友好学校，并曾派出6位教师前来访问学习。

海宁市持续推进“零择校”，执行阳光就学政策，社会满意度持续上升，2011年、2012年，通过对市民和新居民多种形式的调查，全市对海宁教育工作总体满意度分别达到86.7%和91.1%。

“零择校”的做法及成效引起广泛关注。2009年，在浙江省教育局长会议上，海宁的这一做法作了专题介绍；2010年，在浙江省教育工作会议上，作为唯一的县（市）代表，海宁经验又被重点介绍。2011年，《海宁市：规范招生实现“零择校”》在国家教育部推进义务教育均衡发展专题网站上介绍；2012年2月16日，《“零择校”画出公平“起跑线”》又在《中国纪检监察报》专版刊登。2012年，《全力破解择校收费难题 率先实行阳光招生工程》被选送为浙江省教育改革典型经验。海宁实行“零择校”对浙江省阳光招生也产生了积极影响。《浙江日报》、《浙江教育报》、《教育信息报》等也先后详细予以报道。杭州市政府2012年4月宣布，公办义务教育完全按学区招生，即实现“零择校”目标，引发社会广泛关注。浙江省已明令2012年下半年全面推行义务教育中小学“阳光招生”，公办中小学择校率要坚决降到5%以下或做到大幅度下降，从制度上遏制“择校热”。

三、探索与举措

六年来，海宁市一直坚持并完善“零择校”政策，使教育政策运行在阳光之下，使这一惠民利民工程落到实处。同时，海宁以此为契机，持续地推进义务教育均衡发展。而不断提升的义务教育均衡发展质量又为“零择校”的持续推进提供了充分保障与强力支持。

教育资源分布的不均衡，以及优质教育资源的相对稀缺是产生择校现象的根源。由于家长对优质教育资源的不懈追逐，使得一条隐藏其后的灰色利益链条屡斩不断，其中关系错综复杂，教育择校乱收费屡禁不止。资源向优质学校集聚，使教育难以于均衡差别化发展，使老百姓难以共享优质教育资源，也使社会公平公正的追求难以畅行。因此要着力推进义务教育均衡发展，必须坚决实施“零择校”政策，必须坚决制止择校收费乱象，从而在起点处为义务教育均衡发展开设绿色通道。为此，勇开风气之先的海宁市，率先实行“零择校”，全力破解择校收费难题。

（一）树壮士断腕之改革决心

1. 坚守“一政策”断退路

海宁曾遇到与各地相似的难题：每到招生季节，家长们都会使出浑身解数，为孩子寻找心目中的品牌学校。家长、学校、社会各方面怨言颇多，市委、市政府决定，对似已积重难返的“择校热”下猛药进行根治。

在市委、市政府的领导下，海宁市教育和房管、工商、社保及司法等部门协调沟通，广泛倾听群众意见和建议，经过反复调研，初步形成了“阳光招生”的思路，制订了《海宁市城区公办初中小学新生入学招生办法》。该方案提交市政府常务会议讨论后通过。海宁市分管副市长通过海宁电台的一档民生节目向市民们公开承诺：规范招生，阳光操作，杜绝择校现象。市委、市政府主要领导非常重视此项工作，大力支持“零择校”。市委、市政府主要领导明确表态，海宁招生政策就一条，从市领导到一般市民，包括外来务工人员，都对照着政策办。机关主要领导有想法，工作市里来做。机关同志有想法，工作由局主要领导做。一定要把这项政策做实、做好。

市教育局局长沈林华说：

有人说，择校政策可以给我们教育局带来很多方便甚至利益。

但是，作为教育局长，最大利益就是给老百姓公平公正的教育环境。六年来，我们教育局把义务教育阶段招生的权利交还给老百姓，刹住了以权招生的不良风气，我作为教育局长也和普通老百姓一样，就学就按政策办。

政策坚守，则无退路。由于市委、市政府的始终坚持，触动人心，曾以“史无前例”、“破天荒”等词形容并承受巨大压力的“零择校”政策，现在已从争议归于平静。

2. 严把“两维度”直通道

一是开前门，明确招生条件。《海宁市城区公办初中、小学新生入学招生办法》以刚性文件规定了城区初中、小学新生入学办法，具体明确了新生入学条件。如本市户口并且父（母）持有城区住宅用房有效房产证件的新生、非本市户口并且父（母）持有新居民居住证和城区住宅用房有效房产证件的新生，按照房产证所在的学区入学。凡符合规定的，“走前门”上学。而对与祖父（母）事实居住者或是新居民子女等就学条件，也作了具体规定。

二是堵后门，严把招生政策。不符合招生条件的，坚决不办，无论其职位多高、财力多大都不能干预正常的招生秩序。这就意味着：在政策面前，凡符合条件的，都能在城区学校接受公平教育；不符合招生条件的，不管是谁都不能“通融”。

2012 年 8 月，新建于海宁市区南面的紫微初中的新生招生工作顺利完成。学生既有来自马桥农村的，有来自伊桥社区的，也有来自高档小区百合新城的，分布线较长，但由于市政府前期已做好了街道和教育局、公安局、工商局等部门间的协调工作，并听取了社会多方意见，所以 347 名七年级新生都是严格按照招生政策进校入学的。

为促进教育的公平，政策制定时，就充分考虑到外来新居民情况，也对新居民子女的就读政策作了明确规定。如父母持有城区企事业单位劳动合同和养老保险（或医疗保险）满一年以上，且有城区固定居住地的海宁户籍新生和父母持有海宁市新居民居住证的新生等，均可在城区学校就读。

这样，只要符合相应的条件，即使来自外省市的新居民，都可以与海宁本地的孩子一样依据公平的就学政策，共同享受海宁经济发展的成果。

下面是来自贵州的一位农民工子女家长的感受：

> 当年我从偏僻的山里出来，先后在好几个省里打过工，现在和妻子在海宁白领氏皮业有限公司上班。从孩子出生起，我们就担心，要是孩子不能在这里读书，只能送回老家了，那样平时我们根本照顾不了孩子的读书和生活。有时候经过市区漂亮的小学时，我心里想，要是孩子能到这样的学校就好了。可是凭我们打工的条件，不要说交择校费，就连想法也不敢有。2007 年 5 月，海宁市公布了新生招生办法，利用劳动合同和养老金（保险）证明也可以到市里来上学。我就抱着怀疑的心理，去市教育局试着问了一下，结果我的孩子还真的可以顺利来到这边上学了。她在学校觉得很开心，成绩也很好。现在六年过去了，我的孩子将读六年级了，我不再担心孩子读初中的事了。政策我记得很熟，我的孩子一年后，就会到实验初中读书了。海宁的“零择校”，真的是把我们外地人当成本地人看待。

3. 铺设“缓冲带”定民心

从 2007 年起，市政府、市教育局坚守原则，只对学区和招生条件进行适当微调，使招生工作更加科学精细。为了使入学政策更加惠民、利民，2009 年招生工作从往年的 7 月改到 5 月，提前给家长吃下“定心丸”。在 8 月份增加一次补报的机会，使一些因种种因素错过报名时间的学生，还能及时补报，以最大程度保证符合条件的孩子入学。

（二）建全程追踪之改革态势

1. 信息阳光，公开受理报名申请

城区义务教育阶段公办学校招生前，在《海宁日报》、海宁教育网公开城区公办初中小学新生入学招生办法，公开学区划分范围，明确规定了新生入学条件；同时在海宁剧院广场举行城区公办初中小学新生入学政策咨询会，印发宣传资料，解释相关政策。通过广泛宣传，利用多种媒体，让新的招生政策、学区范围等招生信息公开透明，家喻户晓。招生政策公布后，采用预报名核实新生入学资格等办法，互相监督。然后按照预报名反馈情况组织市区小学、幼儿园集体办理城区毕业学生的升学登记；同时公布受理非城区毕业学生报名申请的时间和地点，集中办理申请手续；并随时接受由于种种原因错过集中报名的新生申请。

下面是鹃湖学校六年级班主任王敏芬老师的感受：

学生读初中是大事。招生政策虽然具体明确，但我们这所城区学校，处于城郊接合部，城郊和来自外省的孩子比较多，这些孩子升初中后会分在不同的城区初中。一些家长文化程度不高，理解起来还是有些困难。虽然“零择校”的政策大致相同，但我们还是要逐句逐字地研究，真正做到烂熟于心。这样才能在每年4月的家长会上向家长们解释得清清楚楚。有些家长如果有事不能来参加家长会，会后我请家长来学校，耐心地给他们解释清楚。我们辛苦些不要紧，毕竟可以让家长和孩子预先有底，也真正享受到我们海宁的这一民生政策。

2. 过程阳光，规范新生入学程序

招生过程中，教育局严格按照政策对新生报名信息进行全面梳理、汇总，严格按政策办事，规范操作。分学区确定预录取名单，向招生学校下发新生预录取名单，统一各校办理预报名的时间，由学校通知新生到学校办理预报名手续，并公示新生录取名单。

3. 结果阳光，强化各方监督力度

分学区公示拟录取新生名单后，全面接受社会各界监督。对户籍有争议的相关人员，有来信来访的，按照实事求是的原则，有诉必理，有错必纠。市教育局纪委全程参与、全程监督，设立受理违规招生举报投诉电话，及时受理、查处有关违规招生的举报和投诉。并邀请学校领导、教师代表、家长委员会、社区干部、行风监督员参与监督，确保整个招生过程公开、公平、公正。通过海宁电台的“行风热线”直播、“12345市长热线”等多种途径，市教育局主要领导与市民直接交流，主动接受咨询，同时也接受群众监督。

（三）行步步为营之改革策略

1. 抓制度建设，守住规范教育收费的“突破口”

一是设置防线，确保招生行为公开公正。城区义务教育阶段公办学校招生前，在《海宁日报》和教育网上公开新生入学招生办法，同时利用多种方式、多种媒体，让招生与阳光同行，与“零收费”同行。

二是加强组织领导，形成收费管理联动机制。由纪委、纠风、教育、财政、审计和物价等部门组成的市治理教育乱收费领导小组并召开局际联席会议，每年对教育收费工作提出明确要求；按照“谁主管，谁负责”的原则，层层签订责任状，形成上下联动，多管齐下，分级管理的教育收费管理工作格局。

三是落实追究制，强化责任意识。全市历来把严格执行财务制度，零择校费等作为对学校（单位）和党政一把手的重要考核内容。初期海宁市教育局集中惩戒了两名违纪违规的校长，再无校长违规收费之例。

下面是海宁市紫微小学校长徐晓良的体会：

> 到外地碰到一些校长，人家都以为我们这所百年名校每年招生可以有很多钱。海宁是全国有名的经济强市，一个学生收一二万，甚至五六万不成问题。当我告诉他们，“零择校”就意味着“零收费”时，他们都感到很惊讶。除了代收保险费外，学校真的不能收一分钱。像课本、作业本甚至连纯净水费用都是政府买单。我当校长，现在很少听到“要开个后门进来这样的话”，收费方面更是想都不用想。其实，我考虑更多的只是把紫微小学的教育质量提高上去，

让每一个家长，每一个孩子放心，让紫微小学百年名校优良之风能传承下去。

2. 抓经费调配，启动规范教育零收费的“资金锁”

一是加强财务管理，规范教育经费使用行为。近年来先后将市属学校和农村中小学财务全部纳入市核算中心教育分中心，分类独立核算，规范了学校经费收支管理。

二是坚持收费公示，提高收费工作的透明度。采用多种形式严格执行教育收费公示制度。做到每一项收费项目向媒体公开，向家长和学生公开。

三是严格教材管理，限额订购。教材与作业本都已由海宁市财政支出，学生不必为此付费。

3. 抓资金投入，守住规范教育零收费的“平衡门”

为促进城乡师资设备的均衡配置，海宁市既有严格的宏观调控政策，又有实在的鼓励措施，在政策上做到“刚柔相济”。加大教育投入，均衡城乡教育资源配置。在安排教育经费，确保学校教育教学工作的正常开展的同时，加强学校基础建设，不断改善学校办学条件。将原由镇（街道）承担的义务教育阶段教育经费基数全部上划到市，明确市、镇（街道）两级的办学责任。做到城乡学校生均公用经费和“四项购置费”同一标准，重点向“贫弱”学校倾斜。2007 年对三所新居民子弟学校投入 50 万元购置各种设备，并从总盘中调剂大批电脑、课桌椅等用以改善新居民子弟学校办学条件。2012 年，海宁市新居民子女在公办学校就读的已达到 85%。

4. 抓监督检查，把住教育零收费的“长效关”

一是加强收费检查，确保监督经常化制度化。每学期开学初，海宁市纪委、纠风办、教育局、财政局、物价局组成联合检查组，对全市中小学收费情况进行抽查，每次抽查的比例都在 30% 以上。

二是畅通信访渠道，严肃查处教育收费投诉。涉及收费的来信来访做到及时调处、及时回复，同时还整合了市长信箱和市长电话、纠风投诉电话，使群众投诉渠道更加畅通。

三是加强内部审计，规范经费的使用。在加大校务公开力度的同时，海宁市每年组织开展教育内部审计工作，定期对学校收费、财务管理、资金使用等方面进行审计。

四是加强行风建设，学校收费纳入评议范围。海宁市聘请了由人大代表、政协委员、有关部门领导担任的行风监督员，通过暗访调查、听取群众反映、参与专题督查活动等形式对教育局及各学校的收费情况和行业作风进行监督。多年来，教育系统行风建设满意率都达到 95% 以上。

下面是海宁市政协委员张亚琴的体会：

> 作为教育局的行风监督员，我有时也要受邀对城区公办义务教育学校进行收费检查。虽然海宁经济发达，绝大多数家长也不差钱，但是教育局始终把招生收费作为高压线，谁碰谁处理。为此，我们的督查也是很细致认真的。这些年来，每年有近一万多新生读一年级或七年级，没有听到、见到哪一所公办学校，哪一位校长收过一分“择校费”。把每一所学校建好，真正实现教育的均衡优质，使教育普惠于民，这才是真正的教育。

（四）夯实均衡发展的物质基础

2006 年，海宁市率先建立了“以县为主”的城乡教育管理体制，逐年增加公共财政对教育事业的投入力度，通过布局调整、标准化学校建设等措施，努力改善办学条件。

1. 实施中小学布局调整工程

科学规划，高起点、高标准制订了与城乡建设规划匹配的城乡教育设施布局专项规划——《海宁市中小学布局规划》，经海宁市十二届人大第二十六次会议审议通过施行。建立了学校建设与居住区建设相配套的制度，并按布局规划和国家、地方有关标准进行建设，切实加大学校基本建设和农村薄弱学校建设力度，积极稳妥地推进布局规划调整工作，学校网点布局科学、合理。近些年来，撤并村小 33 所，完成了 6 班以下小学和 12 班以下初中撤并工作，全市中小学校的平均班额不超过国家规定标准。对一些薄弱学校特别是农村薄弱村校进行改建、撤并，使这些学校的学生能够享受到优质学校的资源，这在很大程度上控制了择校现象。

2. 实施标准化学校建设工程

出台《海宁市“百校标准化建设工程”实施规划》，加快了学校标准化建设，目前 49 所城乡教育中小学校均已成为省标准化学校或达到省标准化学校基本要求，标准化率达 100%。建立了中心小学、村校同步管理机制，实行统一的整体化管理模式，任课统一调配，教研同步开展，继续教育同步进行，校园建设和设备添置同步解决，教师福利待遇一致，并加大对村校的硬件与现代教育教学设施设备的配备力度，使村校拥有与中心小学大体相当的教育装备。实施了村校校园建设与改造工程，使 12 班规模以下的村校拥有两个专用教室、一个篮球场、60 米直跑道等基本办学条件。2009 年 10 月底，完成了对全市 81 所中小学、613 幢单体建筑物、90 万平方米校舍的排查鉴定工作，编制完成了学校三年加固改造规划，制订了《海宁市教育系统 2009 年至 2012 年学校建设规划表》。三年规划重建和加固改造项目 15 个、总建筑面积 92 469 平方米。到 2011 年年底，开工项目 15 个，开工率 100%，竣工面积 100%；共完成投资 21 624.6 万元，占总投资的 102.31%。

下面是双山实验学校一位六年级学生的体会：

2007 年，我在双山双圩小学读一年级。这所小学好小啊，每个年级只有一个班。没有操场，没有足球场，也没有一个篮球架。上课的时候，老师只有粉笔和小黑板。有的老师上课还用土话，我们听着要笑出来。听我表姐说，她那里什么都有，有多媒体教室，有塑胶跑道，篮球板还是全透明的。每次听她说，我都很泄气。爸爸对我说，他正攒钱准备在城里买一套房子，这样我就可以到城里读书了。可是看着爸爸每天辛苦的样子，我想把爸爸累坏了怎么行啊？好在第二年我的好运来了，这所村小被撤并到表姐的双山实验学校了。我可以和表姐一起学习了。这里的环境比表姐说的还要好。老师更加年轻，声音真好听。我们甚至经常模仿老师上课的样子。我还是三好学生。下个学期我要在这所农村九年一贯制学校读初中，我更要好好学习，将来要考上大学，当一个翻译家。当然，爸爸也不必为了我读书非要到城里买房子了，这样他就不用太辛苦了。

（五）强化均衡发展的师资保障

拥有一支扎根农村、安心从教的教师队伍，对于促进城乡教育均衡发展非常关键。为此，海宁市始终重视和加强教师的引进、培养、使用和管理，努力建设一支数量充足、结构合理、素质优良的教师队伍。主要体现在“三大抓手”。

1. 足额配备教师编制

海宁市从2007年始，实行农村、城镇义务教育学校同标准核编政策，小学统一按城镇标准1∶19核编，初中统一按城镇标准1∶13.5核编。2011学年，全市小学生43 816人，实有在职在编教职工2 324人，配足率100.78%；全市初中学生21 995人，实有在职在编教职工1 647人，配足率101.10%。小学、初中专任教师100%具备教师资格；小学教师专科及以上学历达到89.93%、初中教师本科及以上学历达到87.55%。音体美、科学、英语、信息技术、劳技等专职教师配备满足学校教学工作要求，且乡镇中心校均有专职教师。城乡教育学校学科教师配备合理，师生比达到省定编制标准。

2. 完善教师交流机制

一是建立校长、教师合理流动制度。规定校长在同一所学校任职一般不得超过9年（三届）。校际之间跨校聘用的信息、程序公开、透明，2011年，98名教师在城区与乡镇学校间流动。2011年参加全职支教教师

29 人，参加兼职支教教师 100 人。

二是稳定农村学校教师队伍。从 2006 年起，城乡教师年度奖金按同一标准进行预算，做到城乡同类学校教师收入总体同一水平，并对在编在职的农村中小学教师每月发放 50—150 元的农村任教津贴（2008 年开始执行省标准，每月 60—400 元），实行农村名优教师奖励在原有基础上再翻一番、对农村教师发放公交车补贴、中高级职称评审农村教师通过率高于城市学校标准、事业单位岗位设置农村学校高级岗位比例与城镇学校执行相同标准等措施，使农村教师工作生活待遇得到不断改善，有效稳定了农村学校教师队伍。

下面是沈士初中校长徐云良的感受：

> “零择校”政策的贯彻实施可以说救了我们沈士初中。我们这所位于海宁西部的农村初中学校规模本来就很小，现在三个年级 16 班规模。但就是这样的规模 2007 年前每年流向城区学校、附近质量好些的农村学校七年级新生数字超过 100，有时候甚至超过 150 人。每年暑假，我这当校长的就没睡过一个安稳觉，总担心学生生源太少，学校开门困难。这些年来，随着学校硬软件的全面提升，再加上城区实验初中结对帮扶，我们的生源逐渐稳定，教育质量稳步上升。2012 年九年级学生上省一级重点中学录取线的就有 19 名。而在 2006 年以前，有时仅为几名学生，在当地讲话都没有底气。生源流失导致教育质量下降，教育质量下降导致生源流失的恶性循环已成旧例。现在，很多家长都愿意让孩子在我们学校就读，我们教师都攒着一股子劲，要让自己教的学生将来不输给城区的学生。

3. 推进教师素质工程

一是全面实施绩效工资。海宁市于 2009 年 8 月下发《海宁市城乡教育学校绩效工资实施办法》，全面实施城乡教育绩效工资改革，中小学教师平均工资水平与当地公务员的水平同步增长；教师养老、医疗、失业、生育、工伤保险及住房公积金等社会保险政策全部落实到位，医疗保险与公务员享受同等待遇。

二是落实教师培训经费。市财政设立教师培训专项经费，满足教师培训需求。2012 年出台《海宁市教师培训经费使用管理办法（试行）》，严格执行培训专项经费使用相关规定，做到专款专用。

三是加强教师培训。2011 年出台《海宁市中小学教师专业发展培训实施细则（试行）》，全面实施中小学教师专业发展培训制度。仅 2011 学年，市教师进修学校组织各类培训班 200 余个，参训学员 1.1 万余人次，总计 31 万余学时，其中 90 学时 26 个班、120 学时高中理科教师全员培训、其他各类短训班 150 余个。

（六）创建均衡发展的公平环境

海宁市把教育公平作为办人民满意教育的重要内容，让所有孩子共享同一片蓝天，充分保障弱势学生权利。

1. 保障新居民子女受教育权利

建立健全政府牵头、多种模式接收新居民子女就学的工作机制。2009 年市政府出台了《关于海宁市新居民子女接受义务教育的实施意见》，保障符合条件的新居民子女平等接受城乡教育，推进教育公平。2011 学年新居民子女即外来务工人员子女在公办学校就读比例达到 80.74%。同时加强对新居民子女学校的扶持和管理力度，确定了四所优质公办学校与四所新居民子女学校建立结对关系，确保办学行为的规范和教学质量的稳定。

2. 保障贫困学生受教育权利

加大对家庭经济困难学生“教育券”资助工作，2011 年全市共有 272 人次享受教育券资助，资助金额达 36.1 万元；继续开展“爱心营养餐”工作，义务教育阶段有 4 798 人次享受爱心营养餐，共计资助金额 88.7 万元。对 145 名符合条件的家庭经济困难学生提供了营养餐，共计营养餐费 2.9 万元；对品学兼优的学生实施了奖学金制度，奖励人数为

497 人，奖励金额为 49.7 万元，做到应助尽助。在此基础上，还完善了党员结对帮扶、社会各界结对帮扶等扶贫助学的长效机制，不让一名贫困学生因贫失学。

下面是来自四川省巴中市通江县的一位学生的体会：

> 我的老家在很远很远的四川，那里到处都是山。两年前，我离开老家跟着爸爸到海宁盐仓学校读书。这里一半以上都是像我这样来自外省的学生，有的比我还要远。我们和海宁的学生一样读书、玩，可开心了。有时候作业做不出，老师就留下来，给我们辅导。有时候辅导晚了，他们就会误了回城里的公交车。为此，我真想读好点，不让老师担心，可是读书真的好难啊。这个学期还没开学呢，爸爸得病了，不能上班了；妈妈既要上班，又要照顾爸爸和我们，真辛苦。黄老师在假期里知道这件事后，开学就为我办好了减免午餐费的手续。镇里和厂里的叔叔阿姨还给爸爸送来好多钱，让爸爸安心养病，让我好好读书。班级里好多同学也不用交午餐费，听说这是国家规定的。我不用担心读不起书，虽然我成绩不好，但也会加油的，让爸爸妈妈多点放心，让老师少点担心。

3. 保障残疾儿童受教育权利

海宁市对所有的残疾孩子都建立了一对一跟踪帮扶机制。2011 年海宁市有 151 名残疾儿童少年在校随读，“三类”残疾儿童少年入学率 100%。市培智学校在招收聋哑学生的同时，还招收部分智残儿童入学，2011 年市培智学校有学生 9 班，99 人。其他残疾儿童少年在普通中小学随班就读 52 人，其中在小学就读 29 人，在初中就读 23 人；对残疾情况特别严重的学生，由学区内学校安排教师上门送教。

（七）激活均衡发展的机制活力

1. 规范帮扶机制

2009 年 9 月，海宁市制定了《关于组建城乡教育办学共同体的实施意见（试行）》，以本市范围内城区优质教育资源为依托，采取“城区学校 + 农村学校”的方式，组建了 5 对城乡教育办学共同体，形成城乡教育均衡优质发展新模式，进一步推进城乡教育均衡发展。2011 年，进一步扩大结对帮扶面。通过城乡学校教师交流、名优教师引领、联动教研、改进课堂教学策略等手段提高农村教师的专业素养和教学能力，促进了农村学校的快速发展。全市各级名优教师累计超过 1 500 人，农村学校名优教师已占到名优教师总数的 46.1%。教师特别是名优教师队伍的相对稳定，对全市义务教育阶段学校生源的稳定、教学改革的实施等都起到了积极的推进作用。

比如，实验小学与位于市东南角的尖山开发区行知小学是城乡共同体。实验小学副校长长期驻校，负责行知小学教育管理。实验小学常利娟、丰国红、於丹、殷张萍等 13 位嘉兴市级、海宁市级名优教师与行知小学的 20 位青年进行了师徒结对。除了结对教师在两校互相开课，以提高行知小学教师教学能力外，实验小学的教师还在课题研究、班级管理及个人成长方案等方面加以悉心指导。细致有效的结对活动，使 2008 年 9 月启用的行知小学在课程管理、青年教师专业成长等方面渐见气象。

2. 追求课堂效率

“零择校”实施，必须以全市各校优质的教育质量为支撑。提升教育质量，关键在课堂教学质量。所以，聚焦课堂，提高课堂教学质量，一定程度上说，就是提升义务教育阶段均衡质量的金钥匙，也是推进“零择校”的密码。

无论是原来底子相对薄弱的农村学校，还是原有的城区优质学校，要生存，要发展，要创品牌，课堂教学效率都是关键。“零择校”把天然的生源差异缩小，而把课堂质量的权重进一步放大。海宁的课堂教学改革，已向深海区推进。当前，课堂教学以学生为主体，关注学生的个性差异，更加注重学生情感体验、思维提升与智慧形成。即使是一些农村学校，也坚持着力推进“10 + 30”、“单元教学模式”、“网络平台阅读教学”等，不同的课堂模式，都是为了达到尽可能高的效率。

“零择校”倒逼一些传统名校重新定位。过去，城镇优质学校好的生源挤破头。人家戏言，在这样的学校，不教好学生也很难。但“零择校”后，生源优势不复以往，确保质量只能从内部挖潜，只能从课堂中来。海宁市紫微小学过去班额60多人，这两年班额稳定在40人左右，学生在教室里活动有了空间，教师上课的时候能够更好地关注每一个孩子。

关注课堂，提升效率，也使一些薄弱学校，在课堂教学改革中迅速走强。桃园小学是海宁市区北部的一所学校。由于办学条件差，教学质量薄弱，常年招不足学生，最少的一年，连招生计划的一半都达不到。2007年“零择校”实施，学生数量提高了，学校也能正常开学了，但用什么来留住学生，用什么来证明自己。这是当年全校上下必须面对的问题。无特色，则无课堂教学质量；无课堂教学质量，则会失民心。

在多地考查的基础上，桃园小学与杭州刀茅巷小学结对，并取得了浙江省教育科学研究院专家的大力支持。走小班化之路，以“亮丽每一个”为口号，学校踏上了复兴的征程。学校为每个学生建立成长档案，开展个案研究，同时设双班主任管理，使小班更小，营造民主和谐的成长乐园。教学上关注细节，构建自主灵动的生命课堂，让每个学生享受成功喜悦。创办书法特色教育，以兴趣、习惯、知识、技能四大模块，把书法教育融入基础教育，营造书香环境，提升学生的艺术素养，形成学校的传统文化根基。学校还多管齐下，将课题研究与学校工作统整，减轻教师工作负担；开展连环跟进的校本研修，创设团队合作的活动氛围，引导教师享受职业幸福，感受专业成长的乐趣。如今，学校的社会美誉度与日俱增。在2011年和2012年的调查中，分别有92.3%和94.1%的家长认可学校的小班化办学。一些家长甚至想重新买房子，让孩子到桃园小学就读。

下面是桃园小学校长姚淑华的感受：

2007年“零择校”实施之初，家长们是满怀着不情愿把孩子送到桃园小学。有些跟我熟悉的家长还问我，“姚校长，你能保证把我的孩子教好吗？”“我能保证。”但说实话，自己底气还不是很足。小班化项目刚引进，老师们满怀疑惑，各种压力纷至沓来。“只能向前，硬是要给桃园小学闯出一条新路来！”六年过去了，桃园小学不仅没有倒，反而赢得了社会的普遍认可。这条路现在看来是走对了。小班教学，是要我们的教师把更多的爱给学生，让每一个孩子更有成长的天空。“亮丽每一个”，就是要让每一个桃园小学的学生成为独一无二的“每一个”，也让我们的老师成为独特的“每一个”。

下面是桃园小学四年级英语教师丁春晓的体会：

小班化教育，就是让每一个孩子得到老师更多的关爱，而关爱孩子，前提就是要了解孩子。反思我与雯雯同学的交流，发现我之所以能够走进雯雯心灵世界，其实并没有刻意去要求过她什么，我也没有要求她达到什么教育目标，我只是尽可能地让她感到老师在关心她，会及时给她赞美和鼓励，在她需要倾诉时聆听，给她创造一个安全、愉悦、舒适的心理环境。这样做的结果是她感受到了我对她的关注和尊重、关爱和信任，逐步放松对陌生环境的戒备，自然而然地打开心门。在形形色色的教师职业素质规定中，最为根本的一条应该是让你的孩子喜欢你、信任你，从心里愿意和你在一起。每一个教师都该明白儿童的世界和成人的世界不同，都该去主动探询儿童内心世界的特殊性，只有这样，教师才能顺利地走入孩子的世界，才能更好地促进他们的成长。

如果说师德是素质教育的灵魂，那么“三心”（爱心、耐心、平常心）则是老师关注学生差异、进行个别化教育的一把钥匙。它可以帮我们解决诸多困难！只要心中有爱，就有希望！我坚信！

下面是桃园小学一位五年级学生的感受：

我是一个文静乖巧的小女孩，在桃园小学五（2）班上学。桃园小学的“小班制”教育非常适合我们每一个小朋友。我们五年级2

班只有三十个小朋友，那么每个小朋友每堂课都有好多发言的机会。老师离我们很近，我感觉老师的眼神没有离开过我。每堂课，我们都在热烈地发言，都想告诉老师，我能行！老师说，你们都是可爱的天使。是啊，我们都是最可爱的天使，都有一双美丽的翅膀！

下面是桃园小学一位六年级学生家长的体会：

我们不能否认人是有个体差异的，正因为有了这种差异才造就了我们这个世界的丰富多彩。许多家长都承认小孩在身体上的差异而往往忽略了孩子在智力上的差异。一般家长往往不会强求一个不满一米七的孩子去成为一个姚明，却在学习上要求孩子去做类似如此大差距的事情，其结果是适得其反，造成孩子厌学。古人说的好“天生我材必有用”，每个人都有他的一个合适的定位，教育是不能唯成绩论的，所以我认为桃园小学的小班化教育更有利于因材施教。

（八）提高均衡发展的管理水平

海宁市始终坚持人本管理，促进教育质量的提高和教育秩序的和谐稳定，努力营造良好的育人环境，为学校的可持续发展提供必要的保障。

1. 推动特色创建，促进差别发展

海宁市学校特色创建与“零择校”相伴而行。全市所有学校均制定了特色学校创建规划，成立了 11 个特色学校研讨共同体，搭建了特色学校创建工作研讨平台，通过召开现场会、研讨会、展示会、征文比赛、专题讲座、特色论坛等活动，有效地推进特色学校创建进程。目前，海宁市已有 13 所中小学校的 14 个艺体项目被评为浙江省体育、艺术教育特色项目，48 所学校获得海宁市 A 级特色学校称号;《海宁市特色学校建设》专刊和《整体推进中的特色创建——地方教育科学和谐发展的海宁战略》专著正式出版。特色学校的发展，学校特色项目的建设等，对于学校生源的稳定也起到有力的保障作用。

下面是石路中心小学一位六年级学生的感受：

自从我到了石路中心小学后，我就参加了学校的民乐兴趣班。我们学校的少儿江南丝竹队可有名了。虽然我们只是一所农村中心小学，但已有26年历史的丝竹队曾经在嘉兴、宁波、杭州、上海、北京大剧院表演过。2012年7月6日晚上，我们学校和海南省民族管弦乐学会联合主办的“浙江省海宁市石路中心小学（海南）民乐交流音乐会”在海南师范大学音乐学院隆重举行呢。爸爸妈妈曾经想让我到城里实验小学读书，我才不愿意呢。我在这里每天要学练古筝，我参加过2008年东方青少年艺术明星推选活动全国总决赛，还获得了古筝少年A组金奖呢。当然，像我这样的“知名人士”我们学校还有好多好多。他们和我一样，原来也可以转到城里的学校读书，但我们都爱这所小学，爱我们的江南丝竹队。

2. 坚持校本研修，增强发展动力

科研立校是提高学校自身发展动力的必由之路。多年来，海宁市始终关注推动校本研修工作，以学校和教师在实际工作中发现、思考和迫切要解决的实际问题为研究对象，改进学校的课程与教学，提升办学水平和教育质量，促进教师专业化发展和提高。这其实是海宁还治校权于学校的重要举措，最大程度地激发校长及教师自我提升的积极性，从而最大程度地发挥学校的潜能。

海宁市丰士中心小学是一所农村小学，学校设有24个教学班，共有1 112名学生。多年来和上海愉快教育研究所密切合作，以“快乐学习任务单”的研究为抓手，推动了“学习者的有效学习”，促进了学校、教师与学生的共同发展。这所规模不大的农村小学，吸引了来自山东、江苏、上海等地的领导和教师来参观，甚至引起了英国康沃斯学院的关注。该学院曾派出6位教师前来访问学习。一些年轻的教师，也到全省各地开示范课。这所学校终于走出了“生源外流严重”的困境。

学校管理有“目标管理任务单”。以“信（明理诚信）、新（改革创新）、兴（科研促兴）”的办学宗旨，让每一位教师和学生，实现主动发展。从校长到中层管理人员，根据自己的所在岗位，认领一个相对应的任务，自行设计一个可操作的任务单。比如：教务主任在广泛听取各学科组长意见的基础上，确定学期任务目标，制定学科组学期任务单，按照任务单开展学科研究活动。每一个任务单，都有非常具体的操作策略。比如学校的年级组长，中层干部都有以下的一个任务单。月初做好工作任务分解，每天对照实施，月末小结交流评价。从实际问题出发—目标定位—任务分解—措施跟进—反思提升连续跟进，反过来可检测性非常强，怎么反思？倒过来看：我的措施是否完成了任务——我的任务完成了，目标是否达成了——这个目标的达成是否解决了实际的问题。这样的管理路径，有效地提升了管理效能。任务单还有需要严密评价，主体包括对照任务目标自我反思评价等四个方面。

教师教学有“有效教学任务单”。研究重点在“学习任务的设置”，通过“教学任务”的设置，明确在课堂的每个进程中学生学什么、教师教什么，以提高课堂教学效率，从而使师生共同感受学习之乐趣。

学生自主学习有“快乐学习任务单”。“快乐学习任务单”的设置注重关注学生之间的能力差异，分析不同学生的阅读需求，提供多元的学习任务，让学生根据自己学习能力和需求自主选择，为获得终身学习能力和发展能力打好基础。

下面是丰士中心小学校长王雅萍的体会：

落实扁平化管理的理念，学校推行“任务单管理”，由学校的中层或骨干教师承担学科组长、年段组长，和所在组的老师一起围绕学校的中心议题分解工作任务、选择内容、组织活动。自下而上的“任务单管理”极大地助推教职工的主人翁意识。老师们依据自身的特长，主动认领各项任务，学校创造了半个篮球场中诞生海宁市女子篮球第一名的奇迹，在市级比赛中屡获金奖。教师在教育教学比武中勇获一等奖。我们的学生不再为学校硬件设施弱而另选他校，相反吸引了附近乡镇的孩子来校就读。学习任务单管理以来，我校教学质量普遍提高，2011 学年全市教学质量抽测中，语文和科学名列全市第一。

下面是丰士中心小学团支部书记、少先队大队辅导员冯小燕的体会：

“任务单”让我的工作更加有目的、有条理，也使我负责的德育工作有了新的收获。采用扁平化管理活动模式，少先队、德育组、年级组共同商定“每月一乐”活动要求，中队围绕主题自主开展体验活动，提高师生参与面，提高德育的针对性。我校先后开展了“大手牵小手，春风暖童心”、“红心向着党，青春献祖国”、“爱心手拉手，快乐你我他”、“植绿护绿忙，环保齐动手”等主题教育活动。2012 年起发挥学校网络教研优势，利用“魔灯”平台管理“每月一乐”，每月方案、总结、活动掠影等上传“魔灯”，促进相互学习、共享活动成果。任务单管理，激起了我工作的热情，学校少先队被评为 2010 年度海宁市“红旗大队”，团支部 2011 年 11 月命名为海宁市“青年文明号”，2012 年 5 月被评为 2011 年度海宁市“五四红旗支部”。

下面是丰士中心小学五年级 4 班语文教师费顺国的感受：

“模块化面向学生的动态学习环境实验”是我校的特色项目，通过任务单管理，明确发展目标，有效促进了教师的专业成长。在任务的引领下，我们团队合力，紧紧抓住信息技术与学科有效整合，建设开发有特色的信息化课程包，每一次都是挑战，每一次都让我们向前。在中国教育技术学会，省、市电教馆多媒体课件制作比赛中我们屡获佳绩；在全国、省、市的比赛中，我们不再是旁观者。在任务单的驱动下，以“模块化面向学生的动态学习环境实验”的技术研发为平台，我的个人网站更加专业化，研究的领域更为前沿化。我们的课堂更加开放，教学目标更加明确，教学手段更为丰富，而我们自己的特色发展更为有效。丰士中心小学虽只是一个普通的农村小学，但这里有让我们自由飞翔的天空。

下面是丰士中心小学五年级一位学生的感受：

“丰小平台”是我们的乐园，这里有老师根据学习内容，为我们精心定制的快乐学习单——主题学习课程。这里的学习素材可谓五花八门、包罗万象，我们在课前、课外时间都可以根据自己的基础和兴趣去学习。印象最深的是，魔灯可以让我们及时地分享同学的学习成果，在讨论区写下感受，还能和老师、同学进行交流互动、评价提醒。我们都是学习的主人，我们都会点亮神奇的“魔灯”！

下面是丰士中心小学五年级一位学生家长的感受：

学习任务单适合不同层次的孩子需求，他们可以根据自己的情况进行选择。这样，做什么，怎么做，做得好不好，孩子自己有数。我们再也不用像以前这样，一天到晚盯着他，让他怎么做了。他更加懂事了，能管理自己了，我们真放心了。

现在，如果一家人自驾出去旅游，有时候他还是总导演呢。时间怎么安排，路线怎么走，费用怎么用，怎么找住宿等，他也能做得很好。他还懂得关心人了，不再像两年前那样，好吃的好玩的都自己要。有时候我和他爸爸晚点来，他总是会耐心等。我们进门时，他会给我们开门，把鞋子给我们准备好。真想不到这样一个脾气急躁的人，变得这么体贴人了。我想这所学校的老师真好，叶老师、张老师他们为了这些孩子真是用尽了心思。作为家长，非常感谢他们。

3. 健全督导体系，优化评估机制

海宁市创建了学校发展体系，学校健全了内部的管理体制与机制，以精细化管理为抓手，严抓细节、实抓过程，完善学校各项规章制度，建立依法治校的管理制度，使学校管理从“人治”的因素中摆脱出来，走上依法治校、规范管理的轨道。每一年全市都要对所有的义务阶段学校进行发展性评估，各校预先都熟知评估方案。方案采用定量与定性相结合、规范要求与自主选择相结合的方式。例如，“自主评价机制”一栏中，评价要素包括“有与其匹配的评价标准”“有自我诊断机制”等，相应的认定要求明确为“有自评方案和实施方案得 1 分”“全员参与评价得

1分”等，这是推动学校自我评估、自我认识的重要举措，当前义务教育阶段学校绝大多数都已创建成标准化学校。海宁市在争创浙江省教育现代化县（市、区）工作中，又明确了人民政府及教育、财政、建设等部门的职责，使加快中小学建设进程、增加教学资源等工作都有法可依。比如，按照争创要求，市政府要承担“加快落实海洲街道中心小学、海昌街道双山实验学校扩建的土地指标及许村中学、丰士中心小学、丁桥小学、丁桥初中的易地新建的土地指标；建立完善学校房产证、土地证办理机制”等。

四、发展改革点评：推进义务教育均衡发展的关键是决心

义务教育阶段的择校及收费，不符合全教育公平与社会公平的要求，长期以来为人们所诟病。因其涉及关系错综复杂，触及较长的利益链条，虽经多方努力，但始终难以解决。有些地区，虽也宣称已解决择校问题，但往往也留有回旋余地。坚决制止零择校，就需要上下一致，下定决心，一以贯之。

（一）下定决心

海宁实现“零择校”固然因为采取了一系列措施，坚持了一系原则，但根本上还是真正下定了决心。把人民群众满意不满意当做办教育的首要标准。领导干部无私心，教育行政部门无私心。这是一种觉悟，更是我们推进义务教育均衡发展，缓解热点、难点问题乃至整体推进教育改革和发展所最为珍贵和需要的立场和态度。有了这个决心，其他都是“技术”的问题，一切都可迎刃而解。没有这个决心，再好的“技术”都实现不了预期的目的。

（二）接受监督

义务教育阶段“零择校”要真正实现，就要将招生政策运行在阳光之下，无论是市委书记、市长还是普通百姓，都平等地以此政策为唯一依据。海宁如此做了，就形成了公信力，人民群众处处明白，人人自然满意，即使教育现有功能和作用不尽如人意，但群众仍然十分满意。

（三）标本兼治

择校问题根本原因在于优质教育资源的相对缺乏，或者说既有的优质教育资源与群众的需求之间存在着差异。在义务教育阶段，办好每一所学校，使每一所学校成为优质学校，才能有效实现“零择校”。刚性的政策固然重要，但人性的关怀尤为重要。前者可能是短期的，而后者一定是长期的。义务教育均衡发展，可以有效地保障“零择校”的实施，并促使其不断完善。

提高义务教育均衡质量，任重而道远。不能只重追求均衡不重提高水平，要把提高均衡水平与提高发展水平统一起来。要防止只重制定目标，签订承诺，不重视创设保障条件，缺乏具体措施和落实。

义务教育均衡发展既是“两基”后的新任务，是新的历史阶段提高义务教育总体水平的更高要求。推进义务教育均衡发展正在按照教育发展水平与教育均衡水平并重，入学机会公平与办学条件保障并重，总体目标相同与承认区域差异并重，量化评估标准与质性评估标准并重，指标体系评估与群众实际感受并重的同样原则稳步进行。

这就需要我们既满怀理想，更脚踏实地，付出长期的艰辛努力。推进义务教育均衡发展，一方面对教育资源存量进行整合与再分配，另一方面对教育资源增量通过政策倾斜合理配置。只有让每一所学校、每一位教师和每一名学生都获得差异性发展，教育均衡量发展的意义才能真正体现。教育才能因普惠济世的实效而推动着社会的公平与进步。“择校收费”才会真正成为历史。

附录　国务院关于深入推进义务教育均衡发展的意见

国发〔2012〕48 号

各省、自治区、直辖市人民政府，国务院各部委、各直属机构：

为贯彻落实《国家中长期教育改革和发展规划纲要（2010—2020 年）》，巩固提高九年义务教育水平，深入推进义务教育均衡发展，现提出如下意见。

一、充分认识义务教育均衡发展的重要意义

1986 年公布实施的义务教育法提出我国实行九年义务教育制度，2011 年所有省（区、市）通过了国家“普九”验收，我国用 25 年全面普及了城乡免费义务教育，从根本上解决了适龄儿童少年“有学上”问题，为提高全体国民素质奠定了坚实基础。但在区域之间、城乡之间、学校之间办学水平和教育质量还存在明显差距，人民群众不断增长的高质量教育需求与供给不足的矛盾依然突出。深入推进义务教育均衡发展，着力提升农村学校和薄弱学校办

学水平，全面提高义务教育质量，努力实现所有适龄儿童少年“上好学”，对于坚持以人为本、促进人的全面发展，解决义务教育深层次矛盾、推动教育事业科学发展，促进教育公平、构建社会主义和谐社会，进一步提升国民素质、建设人力资源强国，具有重大的现实意义和深远的历史意义。各级政府要充分认识推进义务教育均衡发展的重要性、长期性和艰巨性，增强责任感、使命感和紧迫感，全面落实责任，切实加大投入，完善政策措施，深入推进义务教育均衡发展，保障适龄儿童少年接受良好义务教育。

二、明确指导思想和基本目标

推进义务教育均衡发展的指导思想是：全面贯彻党的教育方针，全面实施素质教育，遵循教育规律和人才成长规律，积极推进义务教育学校标准化建设，均衡合理配置教师、设备、图书、校舍等资源，努力提高办学水平和教育质量。加强省级政府统筹，强化以县为主管理，建立健全义务教育均衡发展责任制。总体规划，统筹城乡，因地制宜，分类指导，分步实施，切实缩小校际差距，加快缩小城乡差距，努力缩小区域差距，办好每一所学校，促进每一个学生健康成长。

推进义务教育均衡发展的基本目标是：每一所学校符合国家办学标准，办学经费得到保障。教育资源满足学校教育教学需要，开齐国家规定课程。教师配置更加合理，提高教师整体素质。学校班额符合国家规定标准，消除“大班额”现象。率先在县域内实现义务教育基本均衡发展，县域内学校之间差距明显缩小。到 2015 年，全国义务教育巩固率达到 93%，实现基本均衡的县（市、区）比例达到 65%；到 2020 年，全国义务教育巩固率达到 95%，实现基本均衡的县（市、区）比例达到 95%。

三、推动优质教育资源共享

扩大优质教育资源覆盖面。发挥优质学校的辐射带动作用，鼓励建立学校联盟，探索集团化办学，提倡对口帮扶，实施学区化管理，整体提升学校办学水平。推动办学水平较高学校和优秀教师通过共同研讨备课、研修培训、学术交流、开设公共课等方式，共同实现教师专业发展和教学质量提升。大力推进教育信息化，加强学校宽带网络建设，到 2015 年在有条件的地方解决学校宽带接入问题，逐步为农村学校每个班级配备多媒体教学设备。开发丰富优质数字化课程教学资源，重点开发师资短缺课程资源、民族双语教学资源。帮助更多的师生拥有实名的网络空间环境，方便其开展自主学习和教学互动。要调动各方面积极性，在努力办好公办教育的同时，鼓励发展民办教育。

提高社会教育资源利用水平。博物馆、科技馆、文化馆、图书馆、展览馆、青少年校外活动场所、综合实践基地等机构要积极开展面向中小学生的公益性教育活动。公共事业管理部门和行业组织要努力创造条件，将适合开展中小学生实践教育的资源开发为社会实践基地。教育部门要统筹安排学校教育教学、社会实践和校外活动。学校要积极利用社会教育资源开展实践教育，探索学校教育与校外活动有机衔接的有效方式。

四、均衡配置办学资源

进一步深化义务教育经费保障机制改革。统筹考虑城乡经济社会发展状况和人民群众的教育需求，以促进公平和提高质量为导向，加大投入力度，完善保障内容，提高保障水平。中央财政加大对中西部地区的义务教育投入。省级政府要加强统筹，加大对农村地区、贫困地区以及薄弱环节和重点领域的支持力度。各省（区、市）可结合本地区实际情况，适当拓展基本公共教育服务范围和提高服务标准。

推进义务教育学校标准化建设。省级政府要依据国家普通中小学校建设标准和本省（区、市）标准，为农村中小学配齐图书、教学实验仪器设备、音体美等器材，着力改善农村义务教育学校学生宿舍、食堂等生活设施，妥善解决农村寄宿制学校管理服务人员配置问题。继续实施农村义务教育薄弱学校改造计划和中西部农村初中校舍改造工程，积极推进节约型校园建设。要采取学校扩建改造和学生合理分流等措施，解决县镇“大校额”、“大班额”问题。

五、合理配置教师资源

改善教师资源的初次配置，采取各种有效措施，吸引优秀高校毕业生和志愿者到农村学校或薄弱学校任教。对长期在农村基层和艰苦边远地区工作的教师，在工资、职称等方面实行倾斜政策，在核准岗位结构比例时高级教师岗位向农村学校和薄弱学校倾斜。完善医疗、养老等社会保障制度建设，切实维护农村教师社会保障权益。

各地逐步实行城乡统一的中小学编制标准，并对村小学和教学点予以倾斜。合理配置各学科教师，配齐体育、音乐、美术等课程教师。重点为民族地区、边疆地区、贫困地区和革命老区培养和补充紧缺教师。实行教师资格证有效期制度，加强教师培训，提高培训效果，提升教师师德修养和业务能力。

实行县域内公办学校校长、教师交流制度。各地要逐步实行县级教育部门统一聘任校长，推行校长聘期制。建立和完善鼓励城镇学校校长、教师到农村学校或城市薄弱学校任职任教机制，完善促进县域内校长、教师交流的政策措施，建设农村艰苦边远地区教师周转宿舍，城镇学校教师评聘高级职称原则上要有一年以上在农村学校任教经历。

六、保障特殊群体平等接受义务教育

保障进城务工人员随迁子女平等接受义务教育。要坚持以流入地为主、以公办学校为主的“两为主”政策，将常住人口纳入区域教育发展规划，推行按照进城务工人员随迁子女在校人数拨付教育经费，适度扩大公办学校资源，尽力满足进城务工人员随迁子女在公办学校平等接受义务教育。在公办学校不能满足需要的情况下，可采取政府购买服务等方式保障进城务工人员随迁子女在依法举办的民办学校接受义务教育。

建立健全农村留守义务教育学生关爱服务体系。把关爱留守学生工作纳入社会管理创新体系之中，构建学校、家庭和社会各界广泛参与的关爱网络，创新关爱模式。统筹协调留守学生教育管理工作，实行留守学生的普查登记制度和社会结对帮扶制度。加强对留守学生心理健康教育，建立留守学生安全保护预警与应急机制。优先满足留守学生进入寄宿制学校的需求。

重视发展义务教育阶段特殊教育。各级政府要根据特殊教育学校学生实际制定学生人均公用经费标准，加大对特殊教育的投入力度，采取措施落实特殊教育教师待遇，努力办好每一所特殊教育学校。在普通学校开办特殊教育班或提供随班就读条件，接收具有接受普通教育能力的残疾儿童少年学习。保障儿童福利机构适龄残疾孤儿接受义务教育，鼓励和扶持儿童福利机构根据需要设立特殊教育班或特殊教育学校。

关心扶助需要特别照顾的学生。加大省级统筹力度，落实好城市低保家庭和农村家庭经济困难的寄宿学生生活费补助政策。实施好农村义务教育学生营养改善计划。做好对孤儿的教育工作，建立政府主导，民政、教育、公安、妇联、共青团等多部门参与的工作机制，保证城乡适龄孤儿进入寄宿生活设施完善的学校就读。加强流浪儿童救助保护，保障适龄流浪儿童重返校园。办好专门学校，教育和矫治有严重不良行为的少年。

根据国家有关规定经批准招收适龄儿童少年进行文艺、体育等专业训练的社会组织，要保障招收的适龄儿童少年接受义务教育。

七、全面提高义务教育质量

树立科学的教育质量观，以素质教育为导向，促进学生德智体美全面发展和生动活泼主动发展，培养学生的社会责任感、创新精神和实践能力。鼓励学校开展教育教学改革实验，努力办出特色、办出水平，为每位学生提供适合的教育。建立教育教学质量和学生学业质量评价体系，科学评价学校教育教学质量和办学水平，引导学校按照教育规律和人才成长规律实施教育，引导社会按照正确的教育观念评价教育和学校。

切实减轻学生过重课业负担。各地不得下达升学指标，不得单纯以升学率对地区和学校排名。建立课程安排公示制度、学生体质健康状况通报制度、家校联动制度，及时纠正加重学生课业负担的行为。学校要认真落实新修订的义务教育课程标准，不得随意提高课程难度，不得挤占体育、音乐、美术、综合实践活动及班会、少先队活动的课时，科学合理安排学生作息时间。要改革教学方式，提高教学效率，激发学生学习兴趣。要引导家长形成正确的教育观念和科学的教育方式。要加强对社会培训补习机构的管理，规范培训补习市场。

八、加强和改进学校管理

完善学生学籍管理办法。省级教育部门要尽快建立与国家基础教育信息化平台对接的电子学籍管理系统和学校管理信息系统，建立以居住地学龄人口为基准的义务教育管理和公共服务机制。县级教育部门要认真做好数据的采集和日常管理工作，为及时掌握学生流动状况提供支持。

规范招生办法。县级教育部门要按照区域内适龄儿童少年数量和学校分布情况，合理划定每所公办学校的招生范围。鼓励各地探索建立区域内小学和初中对口招生制度，让小学毕业生直接升入对口初中。支持初中与高中分设办学，推进九年一贯制学校建设。严禁在义务教育阶段设立重点校和重点班。提高优质高中招生名额分配到区域内各初中的比例。把区域内学生就近入学比率和招收择校生的比率纳入考核教育部门和学校的指标体系，切实缓解“择校热”。

规范财务管理。县级教育和财政部门要采取切实措施加强义务教育经费监督，确保经费使用安全、合规、高效。要加强对义务教育学校财务管理工作的指导，督促学校建立健全财务管理制度，规范预算编制，严格预算执行，做好财务决算，强化会计核算，加强资产管理，提高资金使用效益。

规范收费行为。各地要强化学校代收费行为监管，规范学校或教育部门接受社会组织、个人捐赠行为，禁止收取与入学升学挂钩的任何费用。禁止学校单独或与社会培训机构联合或委托举办以选拔生源为目的的各类培训班，严厉查处公办学校以任何名义和方式通过办班、竞赛、考试进行招生并收费的行为。制止公办学校以民办名义招生并收费，凡未做到独立法人、独立校园校舍、独立财务管理和独立教育教学并取得民办学校资格的改制学校，一律执行当地同类公办学校收费政策。加强教辅材料编写、出版、使用和价格管理。

九、加强组织领导和督导评估

省级政府要建立推动有力、检查到位、考核严格、奖惩分明、公开问责的义务教育均衡发展推进责任机制。把县域义务教育均衡发展作为考核地方各级政府及其主要负责人的重要内容。教育、发展改革、财政、人力资源社会保障、编制等部门要把义务教育均衡发展摆上重要议事日程，各负其责，密切配合，形成协力推进义务教育均衡发展的工作机制。

加强对义务教育均衡发展的督导评估工作，对县域内义务教育在教师、设备、图书、校舍等资源配置状况和校际在相应方面的差距进行重点评估。对地方政府在入学机会保障、投入保障、教师队伍保障以及缓解热点难点问题等方面进行综合评估。将县域公众满意度作为督导评估的重要内容。省级政府要根据国家制定的县域义务教育均衡发展督导评估办法，结合本地实际，制定本省（区、市）具体实施办法和评估标准。省级政府教育督导机构负责对所辖县级单位基本实现义务教育均衡发展情况进行督导评估，国务院教育督导委员会负责审核认定。

国务院

2012 年 9 月 5 日

后　　记

《全面推进义务教育均衡发展》是《中国教育改革发展丛书》中的一本。在丛书编委会的统一领导下，王定华、陈东升、荣雷、赵珊、靳玉霄、郭稳世、左鸿彬等同志参与了本书的组织、选编和编写工作，王定华同志任本书的主编。

高洪同志为本书的立意选题、整体构想、基本框架等提供了重要指导意见，肖远奇同志在书稿的修改过程中提出了宝贵的意见，何金花同志在组稿过程中提供了有益帮助。

本书在编写过程中得到了北京市海淀区教委、上海市教委、四川省成都市教育局、湖北省武汉市教育局、浙江省嘉善县教育局、辽宁省大连市西岗区教育局、河北省邯郸市教育局、山西省晋中市教育局、浙江省海宁市教育局的大力支持。在此，对有关领导和专家作出的贡献致以诚挚的敬意和衷心的感谢。

中国教育出版传媒股份有限公司和人民教育出版社的有关领导、编审人员为本书的编辑、出版付出了辛勤劳动。在此，也谨向他们表示衷心的感谢。

在本书即将付梓之际，恰逢《国务院关于深入推进义务教育均衡发展的意见》发布。我们特把此重要文件收录于书后，以便大家学习、贯彻和落实。

本书编委会

2012 年 9 月 10 日

图书在版编目（CIP）数据

全面推进义务教育均衡发展 / 王定华主编. —北京：人民教育出版社，2012.9
（中国教育改革发展丛书 / 袁贵仁总主编）
ISBN 978-7-107-25263-1

Ⅰ. ①全… Ⅱ. ①王… Ⅲ. ①义务教育-发展-研究-中国 Ⅳ. ①G522.3

中国版本图书馆CIP数据核字（2012）第216988号

责任编辑 刘 捷
装帧设计 吴丽丹
责任校对 李建平
责任印制 孙云鹏
出版发行 人民教育出版社
联系地址 北京市海淀区中关村南大街17号院1号楼
邮　　编 100081
网　　址 http://www.pep.com.cn
联系电话 010-58759829
印　　刷 人民教育出版社印刷厂印装
开　　本 787毫米×1092毫米 16开
印　　张 21.5
字　　数 276千字
版　　次 2012年9月第1版
印　　次 2013年4月第2次印刷
定　　价 43.00元